中国法学会部级法学研究课题成果
山东建筑大学特色名校建设工程成果
绿色、工程、文化与法治研究系列成果

环境侵权群体性诉讼制度研究

王翠敏　著

图书在版编目（CIP）数据

环境侵权群体性诉讼制度研究 / 王翠敏著 . —北京：知识产权出版社，2017.9
ISBN 978-7-5130-5117-0

Ⅰ. ①环… Ⅱ. ①王… Ⅲ. ①环境保护法—侵权行为—行政诉讼—研究—中国 Ⅳ. ①D922.684

中国版本图书馆 CIP 数据核字（2017）第 220847 号

责任编辑：彭小华　　　　　　　　　　责任校对：王　岩
封面设计：SUN 工作室　　　　　　　　责任出版：刘译文

环境侵权群体性诉讼制度研究

王翠敏　著

出版发行：知识产权出版社 有限责任公司	网　　址：http://www.ipph.cn
社　　址：北京市海淀区气象路 50 号院	邮　　编：100081
责编电话：010-82000860 转 8115	责编邮箱：huapxh@sina.com
发行电话：010-82000860 转 8101/8102	发行传真：010-82000893/82005070/82000270
印　　刷：北京嘉恒彩色印刷有限责任公司	经　　销：各大网上书店、新华书店及相关专业书店
开　　本：787mm×1092mm　1/16	印　　张：12.25
版　　次：2017 年 9 月第 1 版	印　　次：2017 年 9 月第 1 次印刷
字　　数：242 千字	定　　价：48.00 元
ISBN 978-7-5130-5117-0	

出版权专有　侵权必究

如有印装质量问题，本社负责调换。

前　言

一、问题的提出

自然环境是人类赖以生存的场所，在"满足人的自然属性所需各种物质和能量的同时，也是人类通过劳动形成社会关系，创造物质文明与精神文明不可或缺的要素。因此，自然环境具有延续自然生命和增长社会财富的双重功能"。[①] 伴随着近代工业化的进程，人类对于自然资源进行了过度的开发，使得自然环境、生态平衡遭受了严重破坏。美国铁匠研究所（Blacksmith Institute）在2007年发布的调查报告显示："中国、印度和俄罗斯被列为世界污染最严重地区，城市水污染和农村空气污染是中国目前环境污染中的两大焦点。"[②]

严重的环境污染和生态破坏必然会损及社会主体的人身、财产和环境权益，也引发了环境纠纷数量的爆炸性增长。"从20世纪80年代到90年代中后期，我国的环境纠纷一直保持在10万件左右，1998年以后，环境纠纷数量迅速增加，2003年达到53万件，2008年更突破了70万件。"[③] 自1996年以来，环境群体性事件的数量一直保持29%的增速，2011年，重大环境事件的数量比上年同期增长120%。[④]

在环境纠纷激增的社会背景下，选取环境侵权群体性诉讼制度研究[⑤]作为本书的题目主要基于以下几点考虑：

一是民事诉讼作为环境侵权纠纷的司法救济途径，未能为受侵害的私法上的人身权、财产权和环境权提供畅通的救济途径。"以2005—2009年的数据来看，

[①] 吕忠梅等著：《侵害与救济：环境友境友好型社会中的法治基础》，法律出版社2012年版，第2页。
[②] Fiona Harvey. Planet most polluted sites[EB/OL]. the Financial Times. 2007-09-13.
[③] 杨朝霞、黄婧："如何应对中国环境纠纷"，载《环境保护》2012年第Z1期，第66~68页。
[④] 王姝："我国环境群体事件年递增29%，司法解决不足1%"，载《新京报》2012年10月27日。
[⑤] 环境侵权含义的界定关涉到本书的研究范围。

与进入环境保护主管机关信访的环境纠纷数量相比，进入司法审判环节的环境纠纷数量仅占 2.2%。在已进入司法审判环节的环境纠纷中，环境刑事案件占环境案件总数的 71%，环境民事案件仅占环境案件总数的 13%。司法对环境纠纷的化解作用没有得到很好的发挥，同时民事诉讼对于实践中环境侵权纠纷解决的作用也微乎其微"[1]。当环境遭受破坏，公民人身权利、财产权利受到损害时，通过正常的司法救济途径寻求保护困难重重，很多纠纷只能通过信访这种特殊的行政救济制度进行利益表达。司法在修复受侵害的权利、缓解社会矛盾和冲突以及构建新的法律秩序上的功能无以发挥。

二是为构建环境侵权诉讼救济新机制而成立的环保法庭在实践中遭受冷遇，环境侵权诉讼模式仍需反思与深入探讨。自 2007 年起，由无锡太湖蓝藻污染、昆明阳宗海砷污染、云南曲靖铬污染等环境侵权群体性事件的催发，全国部分省市成立了环保法庭。截至 2012 年 12 月，在云南、海南、福建、贵州、江苏等地的中级人民法院和山东、陕西等地的基层人民法院共成立 95 家"环保法庭"[2]，但这些环保法庭却面临着"门前冷落鞍马稀"的尴尬。[3] 以重庆市渝北区环保法庭为例，自 2011 年 12 月 16 日成立以来，共受理各类环保案件 44 件，其中有 33 件为非诉行政执行案件、4 件环境刑事诉讼案件、1 件环境行政诉讼案件，而环境民事案件仅有 6 件。[4] 2013 年新《民事诉讼法》施行至今，环保法庭受理的环境公益诉讼的数量十分少，截至 2013 年 12 月 3 日，我国各级法院共受理环境公益诉讼 53 件。[5] 新《民事诉讼法》颁布后，2015 年 1 月至 3 月，只有两家环保组织提起了 4 起环境公益诉讼，环境公益诉讼面临叫好不叫座的尴尬局面。[6]

现有的环保法庭只是将原刑事、民事和行政审判庭中的与环境有关的案件和环境执行案件"四合一"式地纳入环保法庭的受案范围，其适用的程序规则依然是原有的刑事、民事和行政诉讼程序，各程序之间的衔接与整合尚缺乏深入的研究。虽然成立专门的环保法庭审理环境纠纷是司法适应社会需求的一种形式选择，但并非必然选择。反观美国、加拿大、德国等环境司法救济较为畅通的国家，也并没有选择成立环保法庭的形式来解决环境纠纷，而环境法的综合性和跨

---

[1] 数据来源于全国环境统计公报和全国法院司法统计公告。
[2] 郄建荣："全国已建立环保法庭 95 个"，载《法制日报》2012 年 11 月 20 日。实践中的环保法庭以环保审判庭、独立建制的环保法庭和环保合议庭三种模式存在。
[3] 高国辉、王泉："77 个环保法庭门庭'门庭冷落'"，载《南方日报》2012 年 6 月 8 日。
[4] 沈远东、张文、渝北："环保法庭保两江碧水"，载《人民法院报》2012 年 5 月 12 日。
[5] 郄建荣："各级法院受理环境公益诉讼案件 53 件"，载《法制日报》2013 年 12 月 3 日。
[6] 刘晓星："3 个月全国仅 4 起立案，环境公益诉讼为何叫好不叫座"，载《中国环境报》2015 年 3 月 31 日。

法域性需要怎样的环境诉讼机制去对接，才能更好地实现环境权的司法救济是环境侵权诉讼机制构建中面临的实质性问题。"法律的生命不在于逻辑，而在于经验"。不可否认的是，环保法庭运作中的案例为我们研究融合"公益和私益、权利与权力、个人与社会"① 的环境权益司法救济机制提供了珍贵的实证案例样本。

三是我国当前环境侵权诉讼特别是环境侵权群体性诉讼缺乏合理的程序保障，不仅面临着受理难、举证难、判决难的困境，而且缺乏完善的适应环境侵权救济的群体诉讼规则，大量的实体法内容因为程序法的缺失而无法得到实施。环境侵权特别是群体性环境侵权案件中的私益受害者，虽然是案件的直接利害关系人，却往往被法院抬高的起诉标准而拒之门外②。而针对环境公共利益提起的环境民事公益诉讼往往因原告与本案没有直接的利害关系而被拒之门外。中华环保联合会环境法律服务中心法律援助部在 2007 年作为原告起诉的 22 起环境案件中，不予立案、无从鉴定和停滞不前的案件就有 13 起。③

环境侵权纠纷举证、质证和认证的难度大、耗时长、成本高。像废气排放、噪声超标等污染行为具有即时性、反复性，常常出现无法直接取证或者直接证据毁灭的情形。环保部门虽然有专门的检测机构，但是不愿意配合民间环保组织的调查。原告诉讼及相关的取证费用需要原告先行垫付，而环境污染案件往往涉及复杂和长期的取证，成本之高并非个人之力可以承担。很多污染受害人因不能举证或无力承担高昂的诉讼费用而被迫接受权利被侵犯的现状。现有的环境侵权诉讼制度未能给寻求环境侵权民事司法救济的人提供客观上可行的救济途径。

在侵权损害赔偿方面，诉讼中环境损害的范围、程度都很难确定，主要依据鉴定结论和专家辅助人对鉴定结论提出的质询。但我国现有的鉴定机构对于一些复杂的环境侵权纠纷暂时没有能力去处理，诉讼中法院很难找到有能力承担这种司法鉴定工作的鉴定机构。我国迫切需要逐步建立独立于政府部门的专门化、职业化和规范化的环境损害评估鉴定体系。此外，由于人类活动对于环境的影响具有"科学上的不确定性"，人类活动对环境、对人类健康产生何种影响常常不知

---

① 吕忠梅："论环境纠纷的司法救济"，载《华中科技大学学报（社会科学版）》2004 年第 4 期，第 45 页。

② 如 2011 年 4 月发生的康菲溢油事故中受害渔民的索赔诉讼中，法院即以当事人未能提供证明所受损害与溢油之间因果关系的鉴定结论而拒绝受理。参见李妍："律师称向康菲索赔面临环保法律体系薄弱等困境"，载《中国经济周刊》2011 年 9 月 20 日。

③ 肖爱："我国环境侵权民事诉讼立案的困境与对策"，载《凯里学院学报》2010 年第 10 期，第 32 页。

道或需要很长时间才知道。① 因此专家辅助人提出的质询和鉴定结论均具有一定的局限性，仅能对现有科学技术水平下可预见的损害发表意见。而诉讼中对于土地生产能力损失和人体健康的潜在损害等赔偿主张法官面临着认定上的困难。除了缺乏损害赔偿范围、数额的认定规则外，环境侵权群体性纠纷中损害的分配也无相应的法律规定。

四是诉讼模式构建的前提是要明确救济权利的种类与性质，有针对性地构建适合权利实现的诉讼模式。当前关于"环境权的概念、内容、形态、属性等这些基本而又重要的理论问题，至今仍众说纷纭，莫衷一是，甚至有人提出了环境权的概念是否有必要的质疑。有的学者试图用环境权涵盖一切权利、将自然资源权、环境行政管理权、环境资源使用权、甚至国家主权统统囊括其中。有的学者混淆不同学科的概念。然而环境权不应该成为一个无所不包的权利大杂烩。应当立足于法律规范内界定环境权，那些试图将伦理上、道德上、宗教上、习惯上自然法上的权利直接识别为环境权的行为是不妥当的"②。环境权得不到法院的支持难以操作。程序法上对环境侵权侵犯的环境权具有公权和私权的复合性特点未给予回应。③ 现行民法、环境法和诉讼法的主要问题是不能融合不同的利益诉求以及调整方式分散、实体法与程序法脱节。④

五是类型化的群体性诉讼制度研究是群体性纠纷解决机制理论深化的必然要求。群体性纠纷是现代社会结构下纠纷的常见形态，如消费者侵权群体纠纷、证券欺诈群体性纠纷、大规模灾难群体性纠纷以及环境侵权群体性纠纷等。群体性诉讼也成为国内民事诉讼法学研究的一个新热点，"当前的研究更多的是从诉讼程序出发，从群体性纠纷解决的内在机理进行考察。但是从某一种具体纠纷的类型出发，对这种纠纷涉及的实体法和程序法问题进行综合分析的研究进行的较少，而这种研究进路无疑更具有建设性，因为每类型的纠纷所处的制度环境不同，涉及的实体法上的争点不同，对纠纷解决机制的要求也就不同。从实证的角度全面考察这种纠纷及其处理的实态，从法解释的角度分析这种纠纷涉及的规范问题，从法政策学的角度谨慎提出这种纠纷未来可能的解决方案"⑤。对群体性环境侵权诉讼制度建构进行论证的同时，也有益于从中提炼中国群体诉讼程序的

---

① 刘超、林亚真："环境侵权诉讼中损害认定的困境与争议"，载《湖北行政学院学报》2010年第2期，第40页。
② 邹雄："论环境权的概念"，载《现代法学》2008年第5期，第38页。
③ 吕忠梅：《沟通与协调之途——论公民环境权的民法保护》，中国人民大学出版社2005年版，第66页。
④ 吕忠梅：《侵害与救济：环境友好型社会中的法治基础》，法律出版社2012年版，第34页。
⑤ 吴泽勇："建构中国的群体诉讼程序——评价与展望"，载《当代法学》2012年第3期，第116页。

一般适用规则。

二、国内外研究现状

（一）国内研究现状

从文献检索的情况来看，"群体性诉讼""群体性纠纷"属于学界当前研究的热点问题，成果较多。"环境侵权群体性诉讼"研究成果相对较少，主要集中在环境公益诉讼。而以群体性、环境公益与众益的融合为视角系统研究环境侵权诉讼的成果尚无。国内现有环境侵权群体性诉讼的研究成果主要集中在以下几个方面：一是提出环境侵权群体性现状的严重性和司法救济途径的不畅通；二是论证了国外的群体诉讼制度如美国的集团诉讼在环境侵权案件中的适用，目前仅有一篇文章，而对于示范诉讼和团体诉讼在环境侵权领域的适用问题仅有学者在论文中提出观点，没有进行深入的论证；三是从环境权客体和性质出发提出在环境侵权群体诉讼的构建中应当改变传统公、私分别救济，三大诉讼分立模式的观点；四是介绍国外环境侵权群体性诉讼运作现状和制度，成果较少。

（二）国外研究现状

美国、加拿大设置了环境公民诉讼、集团诉讼来应对环境公益诉讼和环境众益诉讼。对于涉及不特定多数人的环境公共利益，特别是环境损害有可能发生而尚未发生或者该公民尚未受到影响的案件来讲，通过环境公民诉讼的诉前通知环节，督促主管机构履行环境监管职责，避免环境侵权的发生是以预防为主的环境侵权纠纷解决机制中非常重要的一环。而对于私益已经遭受到侵害的众多公民来讲，适用环境集团诉讼。两国在诉讼实践中形成了成熟的环境公益诉讼和环境众益诉讼并存的复杂诉讼管理规则，如主张束的划分、跨区和解集团诉讼的管理和程序规则、诉讼与非讼纠纷解决基金关系的处理、赔偿金的分配等。2003年瑞典《群体诉讼法》设立了私人集团诉讼、团体诉讼和公共诉讼三种形式的群体诉讼，为公众提供了全方位、多元化的群体性环境纠纷解决方式以满足公众接近司法正义的需求。瑞典土地环境法庭将原先分立的行政法院的职能吸收合并，环境法庭还被授权对法律特别规定的事项行使行政许可的权利，将环境行政许可、行政复议与环境行政诉讼、民事诉讼、刑事诉讼进行了一体化设计。瑞典特殊的环境行政复议及诉讼机制，使得很多环境问题在早期的行政审批与决定阶段就被较好地预防，避免了环境损害的发生。瑞典《群体诉讼法》颁布以来，瑞典环境群体性诉讼只发生了一起。日本的公害诉讼是众多受害者在现行环境法、诉讼法制度并无完善规定的情况下提出的。法院通过充分的学理解释，作出超前的判决，形成重要的判例，以这些判例推动了日本环境法律制度的完善，政府公共政策和环境诉讼制度的形成。公害诉讼属于私益聚集型的环境众益诉讼，在发展过程中出现了公益性的环境保护诉讼请求和众益诉讼请求在同一诉讼中的融合。德国的团体诉讼主要适用于公益的保护，德国没有建立具有私益损害赔偿功能的群体诉讼制度，对于私益聚集的群体性纠纷利用传统的诉讼制度来解决，如普通共同诉讼、律师代理多数当事人、利益共同体等。德国对于自己的群体性诉讼的改革方案，已经形成了三种思路：一是引入针对损害赔偿的团体诉讼；二是设立示范诉讼；三是设立代表人群体诉讼制度。

三、研究内容

（一）环境侵权群体性诉讼的基本理论

（1）"环境侵权"概念的界定。对环境侵权的界定长期存在争论，一是应否将生态破坏纳入环境侵权的范围；二是"环境侵权"的客体是否包括侵害"环境权益""环境权"；三是环境侵权与环境侵害的关系。侵权法应如何回应环境损害的救济要求并在多大程度上作出改变，对这个问题的回答不仅有助于我们解决环境侵权的定义问题，更有助于我们认清司法在修复环境损害时应承担的角色。

（2）环境侵权群体性纠纷的特征及类型分析。分析环境侵权群体性纠纷的特征，包括纠纷主体的不平等性，加害人、受害人的不特定性等。根据环境侵权侵害对象、受侵害的权益类型，环境侵权群体性纠纷可以分为侵害特定人权益的环境侵权，侵害不特定多数人权益的环境侵权和侵害人类利益的环境侵权三类。环境侵权群体性纠纷的损害后果最终及于特定社会主体的私益的聚集（又称多人公益）和社会公共利益（又称集体公益）。

（3）环境侵权群体性诉讼的法理依据。环境利益的扩散性、集合性和复杂性使得群体性诉讼为适应环境侵权的解决自身也发生了很大的变化，并在诸多方面突破了传统的民事诉讼理论的束缚，如强化法院职权管理功能及国家干预，由解决个别的环境纠纷转向通过审判来制定环境公共政策等。同时，本书重新审视和界定了传统"群体性诉讼"的概念，认为环境侵权群体性诉讼包括环境众益诉讼和环境公益诉讼。前者本质属于私益的聚集，后者本质上属于公共利益的范畴。并深入分析了环境众益诉讼和环境公益诉讼的异同。

（二）域外环境侵权群体性诉讼的考察与分析

分析了美国环境公民诉讼和环境侵权集团诉讼的基本特点和特有规范。如环境公民诉讼的通知与阻却、救济方式，环境和解集团诉讼确认、批准、预审和发现程序。公益、私益融合的复杂诉讼的管理规则，如主张束的划分、跨区和解集团中案件的合并、预审发现程序中的联络律师和原告指导委员会的设置、当事人索赔上的程序选择、法官对非讼纠纷解决基金运作的监管均为我国公益、私益融合的环境侵权群体性诉讼机制的构建提供了参照。此外，加拿大环境侵权集团诉讼的确认、因果关系的认定和集团损害赔偿的分配也值得我国借鉴。瑞典环境行政机构和环境法庭在行政许可、行政复议与环境行政诉讼、环境民事诉讼和环境行政诉讼的一体化设计，有效地预防了环境侵权群体性纠纷的发生，对我国设计环境侵权群体性纠纷解决机制有所启示。此外，日本环境公害诉讼中因果关系推定的运用，德国的团体诉讼和示范诉讼的规则也对我国构建环境侵权群体性诉讼制度有一定的借鉴意义。

（三）我国环境侵权群体性诉讼立法不足与司法困境

（1）环境众益诉讼的现状与困境。我国目前没有解决环境众益诉讼的专门程序，通常适用代表人诉讼制度。各地法院对此类案件审理的做法极不统一。有些法院不愿意受理环境众益诉讼案件，有些法院采用分别立案、合并开庭、分别判决的方式来处理。部分环境众益诉讼案件虽然得到了法院的受理，却长期搁置不审。面临着加害人难以确定、受害人负担不起诉讼费用，难以委托到有鉴定评估资格的单位进行因果关系和损失大小的评估鉴定，因果关系证明困难等问题，较为粗疏的代表人诉讼制度规则未能满足实践的需要。

（2）环境公益诉讼的现状与困境。2015年实施的《最高人民法院关于审理环境民事公益诉讼案件适用法律若干问题的解释》对环境公益诉讼的诉讼主体、起诉条件、管辖、调查取证、和解和撤诉等程序问题作出了明确的解释，并首次明确了公益诉讼和私益诉讼关系的处理。但存在将公民排除在起诉主体之外，环境民事公益诉讼管辖法院未与环境私益诉讼相协调，以行政区划为基础设置的环境资源专门审判机构及管辖制度难以适应审判实践的需要等弊端。

（3）公益、私益融合的环境侵权群体性诉讼的现状与困境。实践中环境公益诉讼和环境众益诉讼通常只能分别提起，但两类诉讼都会涉及保护较大范围内具有相同或相似诉讼请求的多数人利益，甚至会涉及保护大量的潜在利益群体。诉讼都是基于共同的环境侵害行为而发生的，在环境侵害行为的举证上、认定事实和适用法律上具有共通性。为避免矛盾裁判，提高诉讼效率，应注重对两类诉讼在审理程序中的衔接，而这方面现有的研究还很少，例如，对环境公益诉讼生效裁判的既判力适当扩张，环境公益诉讼和环境众益诉讼关联性的处理等。

（四）比较法视角下我国环境侵权群体性诉讼制度的构建思路

明确环境侵权群体性纠纷解决模式构建中的基本原则，环境公益诉讼和环境众益诉讼的设计思路，建立社会主导型的环境公益诉讼，分析环境众益诉讼引入集团诉讼、示范诉讼的可行性。此外，纠纷的预防作用基本未得到发挥，是我国当前大范围环境侵权群体性纠纷发生的重要原因，在关注环境民事公益诉讼和环境众益诉讼完善的同时，更应从预防纠纷的角度、诉讼一体化的角度系统地构建我国的环境侵权群体性诉讼制度。探讨"四合一"环境诉讼模式下环境行政诉讼与环境行政公益诉讼竞合的处理,环境民事公益诉讼和环境众益诉讼竞合的处理和诉讼关联交叉案件的程序规则。

(五) 我国环境侵权群体性诉讼制度的完善

(1) 环境侵权群体性诉讼的诉讼要件和受理标准。环境众益诉讼中的适格原告仍需与环境侵害行为有直接利害关系。对于环境公益诉讼的原告可以是与本案无直接利害关系的任何组织、个人,不应将环境公益诉讼主体资格仅限定在环保职能部门、社会团体。在环境公益诉讼对管辖问题作出明确规定后,应当设计与环境公益诉讼相协调的私益诉讼管辖制度,便于群体性的环境公益、私益纠纷并入同一法院审理。应以诉的利益的三标准作为判断是否受理案件的依据,在此基础上探讨环境众益诉讼和环境公益诉讼受案的特别标准。

(2) 我国环境侵权群体性诉讼中的证明。环境侵权群体性诉讼存在科学证明上的障碍、证据偏在上的障碍和待证事实的特殊性引发的障碍,需要采取证明责任的倒置、推定、法院调查取证、证明标准的降低等证明责任的减轻方法。通过因果关系推定、证明责任倒置在环境侵权群体性案件适用中的优缺点分析,探索合适的证明责任减轻方案。建立多层次的、多元的环境侵权证明标准体系。

(3) 我国环境侵权群体性诉讼中的诉讼保障制度。为不同特征的环境侵权设置不同的保全申请释明标准和审理模式。赋予法院对保全申请是否提供担保的自由裁量权。影响的因素包括诉讼目的公益性、保全请求对加害方影响的大小等。构建专门化、职业化和规范化的环境鉴定体系。探索构建合理的诉讼成本负担机制,非讼基金机制和诉讼和解制度,众益诉讼中赔偿金的分配规则等。

四、创新之处

(1) 以权利救济为视角重新界定环境侵权的概念。针对目前环境侵权概念的学界争论,通过对传统民法中环境侵权概念的重新界定和外延的拓展使得环境侵权的概念更具有包容性,适应对环境损害救济的要求。在提炼环境侵权群体性纠纷、环境侵权群体性诉讼概念和主要特征的基础上,梳理环境侵权群体性诉讼对传统民事诉讼理论的突破,司法在修复环境损害时应承担的角色。

(2) 重新审视和界定了传统"群体性诉讼"的概念,认为环境侵权群体性诉讼包含环境公益诉讼和环境众益诉讼两类。分析了环境众益诉讼和环境公益诉讼的关系。环境侵权诉讼体系是由环境私益诉讼、环境众益诉讼和环境公益诉讼三种不同的环境诉讼机制构成的有机整体。三种诉讼形式下的实体权利处理与程序运作呈现出既有冲突又有交叉融合的状态。如何使环境公益诉讼与众益诉讼在交叉融合的运行中并行不悖,为不同层面的环境利益提供充分而富有效率的司法保障，是环境侵权群体性诉讼制度要解决的重点和难点问题。

（3）明确了我国群体性环境侵权纠纷解决模式构建中应遵循的三大基本原则：预防优先原则、诉讼一体化原则和诉讼多样化原则。在分析我国环境侵权群体性诉讼现状及程序运作各环节存在问题的基础上，借鉴国外环境侵权群体性诉讼实践中的最新发展，论述了我国环境侵权群体性诉讼模式的选择，提出了环境公益诉讼模式的设计思路及社会主导型环境公益诉讼模式的建立。在环境众益诉讼模式的选择上，分析了引入集团诉讼的可行性，引入示范诉讼的可行性，认为将环境众益诉讼的起诉主体通过公民授权的方式赋予社会团体是我国目前诉讼上较经济和较易实现的选择。提出了代表人诉讼可能改革的方向，在此基础上提出了公益、私益融合的环境侵权群体性诉讼模式的构建思路。最后，提出我国环境侵权群体性诉讼在诉讼要件、证明责任、诉讼保障等方面程序规则的完善建议。

目 录

第一章 环境侵权群体性诉讼制度的基本理论 ……………………（1）
  第一节 环境侵权内涵的界定 ……………………………………（1）
    一、何谓"环境" ……………………………………………………（1）
    二、"环境侵权"定义的学界争论 …………………………………（3）
    三、"环境权"与"环境侵权"的关系 ……………………………（7）
    四、权利救济视角下"环境侵权"概念的界定 …………………（10）
  第二节 环境侵权群体性纠纷的内涵、特征及类型分析 …………（13）
    一、环境侵权群体性纠纷的内涵与特征 …………………………（13）
    二、环境侵权群体性纠纷的类型分析 ……………………………（17）
  第三节 环境侵权群体性诉讼的法理依据 ………………………（25）
    一、环境侵权群体性诉讼的基本特征 ……………………………（25）
    二、群体性诉讼概念的重新审视与界定 …………………………（28）
    三、环境众益诉讼与环境公益诉讼的异同 ………………………（31）

第二章 域外环境侵权群体性诉讼的考察与分析 ………………（38）
  第一节 美国环境侵权群体性诉讼的考察与分析 …………………（38）
    一、美国环境公益诉讼 ……………………………………………（38）
    二、美国环境侵权集团诉讼 ………………………………………（47）
    三、美国环境侵权群体性诉讼的管理规则
        ——以墨西哥湾溢油污染案为例 …………………………（55）
  第二节 加拿大环境侵权群体性诉讼考察与分析 …………………（68）
    一、加拿大环境公民诉讼 …………………………………………（68）
    二、加拿大环境侵权集团诉讼
        ——以科尔伯恩港口居民诉国际镍业有限公司环境侵权集团
        诉讼案为例 …………………………………………………（70）

第三节　日本环境侵权群体性诉讼考察与分析 …………………（79）
　　一、日本环境公害诉讼 …………………………………………（79）
　　二、日本的环境保护诉讼 ………………………………………（81）
　　三、日本环境侵权群体性诉讼的特点 …………………………（82）
第四节　德国环境侵权群体性诉讼的考察与分析 ………………（84）
　　一、德国环境团体诉讼 …………………………………………（84）
　　二、德国的环境示范诉讼 ………………………………………（85）
第五节　瑞典环境侵权群体性诉讼的考察与分析 ………………（87）
　　一、瑞典群体性诉讼概述 ………………………………………（87）
　　二、瑞典环境法庭的设置与环境侵权群体性纠纷的预防 ……（89）

第三章　我国环境侵权群体性诉讼的立法不足与司法困境 ……（93）
第一节　我国环境侵权群体性诉讼的立法现状及评析 …………（93）
　　一、我国环境众益诉讼的现行立法 ……………………………（93）
　　二、我国环境公益诉讼的现行立法 ……………………………（94）
　　三、我国环境侵权群体性诉讼现行立法评析 …………………（97）
　　四、立法对环境公益诉讼、众益诉讼关系的处理和存在的问题 …（100）
第二节　我国环境侵权群体性诉讼的司法现状 …………………（103）
　　一、我国环境众益诉讼的司法现状 ……………………………（103）
　　二、我国环境公益诉讼的司法现状 ……………………………（105）
　　三、公益、私益融合下环境侵权群体性诉讼的司法现状 ……（108）
第三节　我国环境侵权群体性诉讼制度构建中的基本问题 ……（109）
　　一、"四合一"审判模式下环境公益诉讼和环境众益诉讼的衔接 …（109）
　　二、环境侵权群体性纠纷的诉讼要件 …………………………（110）
　　三、环境侵权群体性诉讼的证明规则 …………………………（110）
　　四、环境侵权群体性诉讼保障制度 ……………………………（110）

第四章　比较法下我国环境侵权群体性诉讼制度的构建思路 …（111）
第一节　我国环境侵权群体性纠纷解决模式构建中的基本原则 …（111）
　　一、预防优先原则 ………………………………………………（111）
　　二、诉讼一体化原则 ……………………………………………（112）
　　三、诉讼多样化原则 ……………………………………………（113）
第二节　我国环境侵权群体性诉讼模式的选择 …………………（114）
　　一、环境公益诉讼模式的选择 …………………………………（114）
　　二、环境众益诉讼模式的选择 …………………………………（118）
　　三、公益、私益融合的环境侵权群体性诉讼模式的构建 ……（122）

第五章　我国环境侵权群体性诉讼制度的程序构建 (127)
第一节　我国环境侵权群体性诉讼的诉讼要件和受案标准 (127)
一、起诉要件和诉讼要件 (127)
二、受案标准 (132)
第二节　我国环境侵权群体性诉讼中的证明规则 (136)
一、证明责任减轻制度 (136)
二、待证事实 (137)
三、证明责任之分配 (138)
四、因果关系的证明 (140)
五、证明标准 (148)
第三节　我国环境侵权群体性诉讼保障制度 (150)
一、保全制度 (150)
二、环境司法鉴定 (152)
三、诉讼费用负担 (156)
四、非讼基金和诉前和解 (158)
五、众益诉讼中赔偿金的分配 (160)

结　语 (161)
参考文献 (163)

第一章　环境侵权群体性诉讼制度的基本理论

第一节　环境侵权内涵的界定

一、何谓"环境"

"环境"是指与某一中心事物有关的周围事务、情况和条件。① 是相对于某中心事物而言的，中心事物的不同，其内涵和外延也会相应发生变化，如以生物为中心的生物的环境、以人为中心的人的环境。"按照环境要素的形成与人类活动关系的不同，环境被区分为自然环境和人为环境。自然环境是指对人类的生存和发展产生直接和间接影响的各种天然形成的物质和能量的总体"②。人为环境是在自然环境的基础上经过人类的改造或由人类利用自然环境所提供的材料所创造的各种物质实体的总称。城市、农村、名胜古迹、公园、风景游览区、疗养区等都是人为环境的组成部分。社会环境按照组成要素分为政治环境、经济环境和文化环境。社会环境的含义与自然环境不一致的，不宜把它与自然环境放在一起讨论，也不宜将其加入以自然环境为主要内涵的环境概念之中。③

环境法所讲的环境，以环境科学为依据，却又有别于环境科学中所指的环境，是指环境法加以保护的那部分物质的客观存在，即环绕着人类而存在的由自

---

① 《现代汉语词典》，商务印书馆1982年版，第86页。
② 组成自然环境的各个成分叫作环境因素或环境介质，由于环境因素很多，重要的环境因素叫作环境要素。参见蔡守秋：《环境资源法学》，湖南大学出版社2005年版，第2页。
③ 参见徐祥民主编：《环境与资源保护法（第二版）》，科学出版社2013年版，第2页；曹明德主编：《环境与资源保护法（第二版）》，中国人民大学出版社2013年版，第4页；周训芳：《环境权论》，法律出版社2003年版，第141页。

然因素所构成的物质环境。① 目前，环境法学中尚未形成被普遍接受的环境概念。②《中华人民共和国环境保护法》（以下简称《环境保护法》）第2条采用概括加列举的方式，规定环境是影响人类生存和发展的各种天然的和经过人工改造的自然因素的总体。首先，该概念确立了以人为中心的环境概念而非生态学意义上的环境概念。③ 在承认自然是人类生存和发展的物质基础的同时，又承认人类活动对于自然的重大影响，确立了人类在环境中的中心地位，规定了人之环境权利和环境资源所有权，规范人类对于环境的行为。④ 其次，《环境保护法》中的环境概念包括自然环境和经过人工改造的环境即工程环境，不包括政治、经济、文化等社会环境。再次，《环境保护法》认为环境是影响人类生存和发展的因素的总体。环境"是由一定数量、结构和层次的自然因素所构成的具有一定生态功能的物流和能流的统一体，即环境是一个整体的概念，而非一定数量的简单的叠加；并非所有围绕于人的自然存在均能成为环境"⑤。最后，环境的享受主体为人类，表明环境的享受主体是广泛的，绝不是个体。

生态学所称的环境是指某一特定生物体或生物体群体以外的空间及直接、间接影响该生物体或生物群体生存的一切事物的总和。⑥ 在生态学中的环境概念，以生物为中心（包括动物、植物、微生物）。自然界所有部分都与其他部分及整体相互依赖、相互作用。"人类是大自然的有机组成部分，是生命之网中的一个节点，是世间万物生态链条中的一环"，⑦ 而非环境的主宰者。应赋予花、草、树木、野兽、露出地表的岩石和清新的空气以法律上的权利。1982年《世界自然宪章》序言中提到："每种生命形式都是独特的，不管它对人类的价值如何，都应当受到尊重。"此种观点摆脱了最终对人类利益的满足，着眼于自然内在的价值。这种思想摒弃了数千年来在法律原则中贯彻的人类中心主义内涵，昭示着生态伦理对法律的渗透。没有自然界就没有人类，人类通过保护自然来保护自己，尽管人类生存这个最高目标仍然是以人为中心，人类却不再视为自然界之外或之上，而是与自然相互联系、相互依赖的一部分。应把维护生态系统与保护人类的生存与发展结合起来，作为环境法的目标，因此在环境概念的界定上应既包

---

① 吕忠梅、高利红主编：《环境法原理》，复旦大学出版社2007年版，第2~3页。
② 参见徐祥民主编：《环境与资源保法（第二版）》，科学出版社2013年版，第5页。
③ 生态学是研究有机体与其周围的环境之间关系的科学。参见尚玉昌：《普通生态学》，北京大学出版社2002年版，第1页。
④ 吴会君："环境法中环境概念的初步分析"，载《湖北成人教育教学院学报》2006年第1期，第39页。
⑤ 雏雄等：《环境侵权法疑难问题研究》，厦门大学出版社2010年版，第3页。
⑥ 尚玉昌：《普通生态学》，北京大学出版社2002年版，第7页。
⑦ 吴贤静：《"生态人"：环境法上的人之形象》，中国人民大学出版社2014年版，第126页。

括对人类的生存和发展有密切关系的环境要素，也应包括独立存在的整体的生态环境。①

二、"环境侵权"定义的学界争论

目前对因环境污染或生态破坏而侵害、损害他人人身、财产和环境权益乃至危害人类生存这一现象各国法学理论、立法上的称谓一直各有不同。在日本和我国台湾地区通常称之为"公害"；② 英美法上称之为妨害（Nuisance）。从私法角度来看，德国法上称之为"不可量物侵害"（Immission）；③ 法国法上采用了"近邻妨害"（Troubles de Voisinage）一词，从一般意义上而言，法国法也有称之为"生态损害"（Dommage Ecologique）。④

（一）我国现行环境立法对"环境侵权"的界定

传统意义上的"侵权"是私法上的概念，以保护私人的合法权利和利益为价值目标。是指"行为人由于过错或在法定情形下不问过错，违反法律规定的义务，以作为或不作为的方式，侵害他人的人身权利和财产权利及其利益，依法应

---

① 吴会君："环境法中环境概念的初步分析"，载《湖北成人教育学院学报》2006年第1期，第27~28页。

② 在日本"公害"一词是对英美法上的"公共妨害"一词的移译。日本学者对公害的解释为：以事业活动及其他人为活动为原因，大气、水、安静稳定等的自然环境遭到破坏乃至污染作为其结果，不特定多数人的健康、财产及其他生活环境发生的损害。是以由于日常的人为活动所造成的环境污染或破坏为媒介而产生的人和物的损害。参见［日］原田尚彦：《环境法》，于敏译，法律出版社1999年版，第4~5页。在中国，1978年颁布的《中华人民共和国宪法》中首次使用了"公害"这个词。这部宪法在第11条第3款规定："国家保护环境和自然资源、防治污染和其他公害。" 2014年修订的《中华人民共和国环境保护法》，也有"防治污染和其他公害"的规定。所以在中国，凡污染和破坏环境对公众的健康、安全、生命及公私财产等造成的危害均为公害。参见［日］加藤一郎：《公害法的架构——法的规制和救济》，有斐阁1971年版，第4页；［日］原田尚彦：《环境法》，于敏译，法律出版社1999年版，第4~5页，转引自吕忠梅等：《侵害与救济——环境友好型社会中的法治基础》，法律出版社2012年版，第17页。

③ 德国法上的不可量物侵害是指噪音、烟煤、臭气、尘埃、放射性等不可量物质侵入邻地造成的干扰性妨害或损害，性质上属于物权法上相邻关系的一种。参见刘波："英美法妨害与德国法不可量物侵害比较研究——兼评〈物权法〉第89条和第90条"，载《广西政法管理干部学院学报》2012年第3期，第89~96页。后来经演绎扩张成为环境破坏或污染法律救济的根据，并在1974年制定的《德国联邦污染防治法》第3条和《德国民法典》第906条得到确认。参见吕忠梅等著：《侵害与救济——环境友好型社会中的法治基础》，法律出版社2012年版，第15页。

④ 生态损害是指污染所引起的特定或可认定之人的生命、身体、健康、财产的损害以及自然资源、环境要素的不良影响、生态失衡。近邻妨害则是指相邻土地的所有人或利用人之间发生的一种特殊意义的侵害状态，包括烟雾、噪声、声、光、电、热、辐射、粉尘等不可量物侵入邻地所造成的干扰性侵害。参见王明远："法国环境侵权救济法研究"，载《清华大学学报（哲学社会科学版）》2000年第1期，第15页。

承担损害赔偿等法律后果的行为。"① 长期以来，我国的环境民事立法未对环境侵权和环境侵权的民事责任作出明确的规定。1982年制定的《海洋环境保护法》和1984年制定的《水污染防治法》仅对具体的污染类型致人损害的民事责任作出了规定。1986年《民法通则》第124条对上述规定进行了概括性的确认，"违反国家保护环境防治污染的规定，污染环境造成他人损害的，应当依法承担民事责任"。明确将环境侵权行为限定为环境污染致人损害的一种特殊侵权行为。2010年实施的《侵权责任法》在第八章以"环境污染责任"作为标题，将环境污染致人损害作为独立的特殊侵权类型加以规定。

（二）争论之一：应否将生态破坏纳入环境侵权的范围之内

我国现行环境立法无一例外地将环境污染②作为环境侵权的行为模式。由生产、生活过程中产生的大气、水、土地、固体废弃物、噪声、放射性等污染致人损害纳入环境侵权并无疑问。而生态破坏③应否纳入环境侵权在学界引发了广泛的争论。一种观点认为，环境侵权仅指环境污染侵权，不包括环境生态破坏侵权，是指因生产活动或其他人为的原因，造成环境污染和其他公害，并给他人的财产、人身等权益造成损害或损害危险的法律事实。是指环境污染和其他公害，而不包括生态破坏。④

有的学者认为，生态破坏应当纳入环境侵权的范围之内。曹明德教授将环境侵权分为广义的环境侵权和狭义的环境侵权，认为环境侵权是由于人为活动导致的环境污染、生态破坏，从而造成他人的财产或身体健康方面的损害的一种特殊侵权行为。⑤ 支持将生态破坏纳入环境侵权范围的学者认为：生态破坏侵权案件在司法实践中已经出现，例如1997年湖北梨诱病案，⑥ 将生态破坏侵权纳入环

---

① 杨立新：《侵权行为法学》，复旦大学出版社2005年版，第6页。
② 环境污染是指因人为活动向环境排出超过环境自身洁净能力的物质和能量，导致环境发生危害人类生存和发展的事实。参见陈泉生：《环境法原理》，法律出版社1997年版，第8页。
③ 人类不适当地开发利用环境，致使环境效能受到破坏和降低，从而危及人类生存和发展的事实。参见张梓太：《环境法律责任研究》，商务印书馆2004年版，第53页。
④ 杜万平、张梓太："论我国污染受害者救助制度的设计与安排——兼论侵权法（草案）中的环境责任条款"，载《求索》2008年第6期，第127页。
⑤ 曹明德：《环境侵权法》，法律出版社2000年版，第9页。
⑥ 1997年某省公路部门在该区国道路段栽种桧柏后，附近路段的收成开始逐年下降，2003年夏初开始大面积爆发梨诱病，梨树连续两年绝收，2227户梨农认为梨诱病爆发是大量栽种桧柏破坏了原有的良好农业生态所致。因而将该市交委等7家单位诉至法院，请求判令被告清除沿线栽种的桧柏，并赔偿损失。一审判决认为原告无法证明梨树减产与种植桧柏之间有必然的因果关系，驳回原告的诉讼请求，二审法院认为该案件涉及自然界中各种植物的相互影响，生物链相互作用问题，此类问题给人类的生产生活造成的影响，目前我国法律尚无规范给予调整，因此不属于民事诉讼的主管范围，故裁定撤销原判决，驳回起诉。

境侵权的整体体系内进行规制与救济是司法现实的需要;"环境法以环境生态学为科学基础,环境生态学将环境问题划分为原生环境问题和次生环境问题,环境法是运用公法和私法手段对人类活动引发的次生环境问题进行规范,其中私法手段主要是对环境问题引发的人身、财产损害给予救济。环境生态学上的环境问题包括环境污染和生态破坏,环境侵权理应包括因环境污染致人的损害和生态破坏致人损害,形成完整的环境侵权体系。生态破坏致人损害不仅与环境污染侵权具有相似的致害过程,更与环境污染适用的特殊规则有着相同的内在机理"①。

前述学者的观点主要明确了两个问题:一是环境污染有可能给他人的人身、财产权益造成损害构成侵权,其通常遵循"物质和能量的排放——环境媒介的污染——损害"的进路。生态破坏同样有可能对他人的人身、财产权益造成损害而构成侵权,侵权原因形式的改变并未对传统意义上的环境侵权构成实质性的改变。其权益的主张本质上仍为私益上的主张(见图1-1)。二是生态破坏除可能与环境污染一样,引发人身权、财产权损害外,还可能引发与传统环境污染侵权在侵害客体、侵害方式、救济途径和行使权利主体方面均有不同的生态侵权。

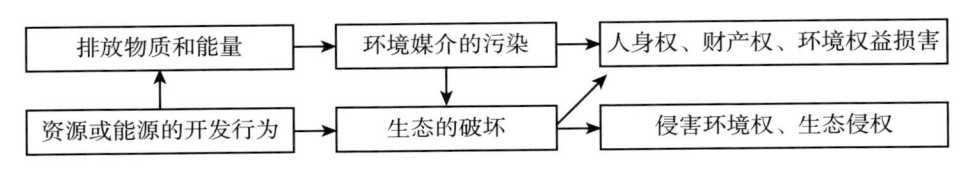

图1-1 环境污染或侵权进路图

(三) 争论之二:"环境侵权"的客体是否包括侵害"环境权益""环境权"

环境侵权的客体应否包括"环境权"这一问题的实质在于环境侵权能否成为一个容纳生态侵权这一内涵的术语。一些学者认为环境侵权的对象仅包括人身权、财产权,不应包括环境权。② 例如,雏雄教授认为环境侵权行为是指因产业活动或其他人为原因致环境介质的污染或破坏,进而间接对他人人身权、财产权造成损害或有造成损害之虞,依法应当承担民事责任的行为。雏雄教授认为环境权是自然人享有的适宜自身生存和发展的良好生态环境的法律权利。环境权的客

---

① 吕忠梅、张宝:"环境问题的侵权法应对及其限度——以侵权责任法第65条为视角",载《中南民事大学学报(人文社会科学版)》2011年第3期,第109页。

② 持该种观点的学者包括金瑞林、韩德培、张梓太、雏雄、朱谦等。参见金瑞林主编:《环境法学》,北京大学出版社1990年版,第163页;韩德培主编:《环境保护法教程》,法律出版社1986年版,第226页;张梓太:《环境法律责任研究》,商务出版社2004年版,第53页;雏雄:《环境侵权法疑难问题》,厦门大学出版社2010年版,第21页;陈泉生、周辉:"论环境侵害与环境法的理论发展",载《东南学术》2007年第3期,第125页;朱谦:"对公民环境权私权化的思考",载《中国环境管理》2001年第4期,第13页。

体是环境生态功能。侵害环境权（生态侵权）的救济从方式到内容、主体到客体、性质到结果均与传统的环境侵权不相同。在提出侵害环境权的基础上提出应建立区别于环境侵权的环境权救济法律体系。① 另一些学者认为环境侵权不仅侵犯了公民的人身权、财产权，同时还侵犯了公民的环境权。环境侵权的客体应包括环境权。例如，马骧聪先生提出危害环境的侵权行为，其侵犯的客体包括他人的财产权、人身权和环境权。② 曹明德教授认为环境侵权是指因行为人污染环境造成他人财产权、人格权以及环境权受到损害。③

一些学者认为环境侵权的客体除了包括人身权、财产权外，应当包括环境权益。④ 例如，王明远教授认为环境侵权是指因产业活动或其他人为原因、致使环境介质的污染或破坏，并因而对他人人身权、财产权、环境权益或公共财产造成损害或有造成损害之虞的事实。⑤ 权利是受法律明确保护的利益，而法益是"法律上主体得享有经法律消极承认之特定生活资源"⑥。是于法定权利之外，一切合乎价值判断，具有可保护型的民事利益。这些利益虽然不能归纳到具体的、有名的民事权利中，但又确实为权利主体所享有，法律一方面消极承认其合法性，另一方面相对于权利却仅提供比较薄弱的保护。法益的概念是对成文法局限性的一种弥补。⑦ 环境权益的本质是法律权利和法益的混合体，指通过环境对主体造成实际影响，且这种影响被法律确认或现代社会的法观念普遍认为具有可谴责性时，主体所享有的对抗该影响的法律权利或法益。涵盖了所有被侵害的与环境有关的权利和法益。既可以表现为不特定的主体共享的公权益，也可表现为特定主体享有的私权益。环境权益所包含的具体权利和法益体系将随着社会文明的进步不断扩展或变化。⑧ 因此，将环境权益作为环境侵权的客体，其优点在于侵害的客体范围没有明确的边界，法官可以根据现实社会实际情况运用利益衡量，用一般条款、原则保护并未被法律明确规定为权利的那些内容。2010年7月实施的《中华人民共和国侵权责任法》将侵权的客体表述为民事权益，并将该法所指的

---

① 雏雄：《环境侵权法疑难问题》，厦门大学出版社2010年版，第26页。
② 马骧聪：《环境保护法》，四川人民出版社1998年版，第141~142页。
③ 薄晓波：《生态破坏侵权责任研究》，知识产权出版社2013年版，第49页。
④ 持该种观点的学者包括王明远、沈建明、陈泉生、周珂。陈泉生将环境侵权表述为因人为活动致使生活环境和生态环境遭受破坏或污染而侵害相当地区多数居民生活权益或其他权益的事实，包括环境污染和环境破坏。参见王明远著：《环境侵权救济法律制度》，中国法制出版社2001年版，第13页；周珂：《环境法》，中国人民大学出版社2000年版，第156页；参见陈泉生："论环境侵权的诉讼时效"，载《环境导报》1996年第2期，第12页。
⑤ 胡保林编著：《环境法新论》，中国政法大学出版社1992年版，第315页。
⑥ 曾世雄：《民法总则之现在与未来》，中国政法大学出版社2001年版，第81页。
⑦ 张弛、韩强："民事权利类型及其保护"，载《法学》2002年第12期，第55页。
⑧ 雏雄：《环境侵权法疑难问题研究》，厦门大学出版社2010年版，第28~31页。

民事权益解释为人身、财产权益。环境权益的内涵不仅限于人身、财产权益,包括所有通过环境对主体造成影响的公权益和私权益,如果将环境侵权的客体概括性的表述为环境权益,是对环境侵权客体最大限度的扩张,可以暂时回避关于环境侵权界定的各种争论,但环境权益中人身、财产权益之外的包括环境权在内相关权益内涵与特征的明晰成为构建清晰的环境侵权救济法律体系中不可回避的问题。

环境侵权的客体应否包括环境权颇有争议的原因有二:一是环境法中的核心概念环境权的性质、主体、客体及内容在理论和法律实践中未形成统一的认识,至今仍众说纷纭,莫衷一是。二是环境侵权与传统民法上的侵权有着根本的不同。环境法在过去40余年的迅猛发展使得其与传统侵权法的契合成为一个紧要的问题。侵权法应该如何回应环境损害的救济要求并在多大程度上作出改变。对这个问题的回答不仅有助于我们解决环境侵权的定义问题,更有助于我们认清司法在修复环境损害时应承担的角色。①

三、"环境权"与"环境侵权"的关系

目前学者对环境权的定义主要有两种:广义的环境权概念和狭义的环境权概念。广义的环境权概念即承认公民环境权、也承认法人、社会团体、国家等都享有环境权。从权利的内容来说,即包括公民享有的良好的适合其生存及发展的环境权利还包括对自然资源的开发利用权。② 同时,每个人也有责任和义务对维护和改善环境作出贡献。狭义的环境权仅指公民的环境权。但其含义和内容也没有得到统一。有些学者主张狭义的环境权③,有些学者认为应从广义上界定环境权。④

环境权性质的确定决定了法律的保护方式会有所不同。目前关于环境权性质的学说有人权说、财产权说、人格权说、财产权兼具人格权说、人类权说和社会

---

① Mark Latham, Victor E. Schwartz, Christopher E. Appel, The Intersection of Tort and Environmental Law: Where the Twains Should Meet and Depart. Vol. 80 Fordham Law Review, 739~740(2011).

② 蔡守秋教授认为环境权分为广义和狭义两种。广义的环境权泛指包括自然人、法人和国家在内的一切环境法律关系主体就其赖以生存、发展的环境所享有的基本权利、承担的基本义务。参见蔡守秋主编:《环境资源法学教程》,武汉大学出版社2000年版,第273页。陈泉生教授认为环境权的主体为全体人民,不仅包括公民、法人及其他组织、国家乃至全人类,还包括尚未出生的后代人。环境权是指环境法律关系主体享有适宜健康和良好生活环境以及合理利用环境资源的基本权利。

③ 雏雄:《环境侵权法疑难问题》,厦门大学出版社2010年版,第19页。

④ 陈泉生:《环境法原理》,法律出版社1997年版,第105~106页;吕忠梅:《环境法新视野》,中国政法大学出版社2000年版,第123页;周训芳:《环境权论》,法律出版社2003年版,第129页;吕忠梅:《沟通与协调之途——论公民环境权的民法保护》,中国政法大学出版社2005年版,第22~24页。

权说等。环境侵权的客体应否包括环境权，需要回答环境权与人格权、财产权的关系。人格权说的观点主要为日本环境法学者主张，他们认为环境污染的后果往往表现为对公民身体健康的损害，环境权的内容是人身权益。环境权是以《宪法》第25条中生存权的规定为根据的基本人权之一，应把它作为人格权的一种加以保护。[①] 财产权说来源于美国密执安大学萨克斯教授的公共信托理论，萨克斯教授认为空气，阳光，水，野生动、植物等环境要素是全体公民的共有财产，公民为了管理他们的财产而将其委托给政府管理。[②]

上述学说如果成立，只要在现有侵权法中扩大对传统的人格权和财产权的保护，就足以弥补立法和司法保护之不足，不必要再确立一个概念模糊的环境权。但上述学说具有片面性，以环境权所保护的环境利益的内容来分析，环境利益是指人们在环境中生存和发展的利益，是依托于自然环境的，人身及财产利益的实现所不可缺少的重要利益。包括生态利益、生活利益和生产利益。环境利益中可以货币化的生产利益、生活利益，即对环境资源经济价值的利用和享受，则是物权的内容。[③] 环境利益中的生态利益如清洁的水、清洁的空气、生态平衡、生物多样性等是人类集体自然生存条件的反应。无法为个人专属，不具有排他性，具有公共性。环境利益中的审美、休闲、娱乐、文化、性格塑造等精神利益不属于传统人格权保护的范围。环境利益中的生命利益、健康利益与传统生命健康权也有不同，如特定地区居民发病率的上升，健康水平下降等。[④] 因此，环境利益中的生态利益、精神利益、生命、健康利益都难以纳入传统的人格权、财产权的保护范围内。而环境污染和生态破坏除导致人身权、财产权的损害外，仍有一部分损害如环境生态利益、精神利益等是传统侵权客体无法涵盖的。因此，将环境侵权的客体仅限于人身权、财产权是无法实现环境权益的完整保护的。

从环境权的客体来看，有的学者认为环境权的客体是环境资源（环境要素）。并将环境资源的功能分为两类，一类是环境功能，另一类是经济功能。有的学者认为环境权的客体不包括环境资源的利用权，仅指环境生态功能。[⑤] 认为环境兼具有财产价值和生态功能价值，环境作为自然资源的各种自然因素的物质实体，是财产权的客体，不能同时又是环境权的客体，而作为环境资源的环境生

---

① ［日］大须贺明：《生存权论》，林浩译，法律出版社2001年版，第194～207页，转引自侯怀霞：《私法上的环境权及其救济问题研究》，复旦大学出版社2011年版，第62页。
② 范战平："走出困境——对传统环境权学说的反思"，载《河南社会科学》2005年第7期，第74页。
③ 吴卫星："环境权内容之辨析"，载《法学评论》2005年第2期，第141～142页。
④ 白平则："论环境权是一种社会权"，载《法学杂志》2008年第6期，第63页。
⑤ 雏雄等：《环境侵权法疑难问题》，厦门大学出版社2010年版，第11页。

第一章　环境侵权群体性诉讼制度的基本理论

态功能①，其客体是行为而不是物，环境权的享有取决于履行义务的行为，取决于国家、企业和其他公民不作出不利于生存、生活环境的改变，环境权的权利主体是全体公民，第一位的义务主体是政府、第二位的义务主体是公民。② 上述争议表明，作为基本人权范畴的环境权单从某一个方面提供保护是不够的，环境资源的公共属性决定了其保护必须采取集体行动，运用行政管理等公法手段。环境资源的价值多元性决定对公民环境权的保护必须采取权利个体化方式并通过公民个人的行为来实现。这种保护方式就要求私法手段的运用。③ 从权利救济的角度来看，环境资源的使用权受到侵害可以通过财产权制度获得救济，而环境资源的生态功能无法纳入传统的人身权、财产权制度中进行保护。

　　环境权的主体还应包括哪些，各种观点让人目不暇接。④ 公民作为环境权主体的基本构成，这一点学者们已经基本上达成了共识。相对于有争论的法人环境权、社会团体环境权或人类的环境权而言，自然人个体的环境权更具有基础性和重要性，没有人的存在，也就无所谓环境权。⑤ 仅从公民环境权的内容来看，其是一个由多项子权利组成的内容丰富的权利系统。⑥ 采用广义的环境权概念和狭义的环境权概念在环境权的内容上会有很大差别。持广义环境权概念的学者认为环境权的内容包括环境的生态性权利和经济性权利。例如，陈泉生教授认为前者可具体化为生命权、健康权、日照权、通风权、安宁权、清洁空气权、清洁水权、观赏权等，后者可具体化为环境资源权、环境使用权、环境处理权等。⑦ 持

---

　　① 社会权是与传统的自有权相对应的依赖国家积极的调控和帮助方可实现的基本权利，具体包括劳动权、休息权、受教育权、环境权、获得物质帮助权、获得救济权和社会保障权等。虽然大多数国家在宪法中设置了社会权，但长期以来主流的学说和司法实务，并没有赋予公民主观上的请求权，使得公民在权利受到侵害时无法直接依据宪法中的基本权利条款向国家提出主张，要求国家履行义务，并在国家不履行义务的时候提供司法救济。它们的实现需要国家的积极作为和大量的社会资源，它们在保障程度上极大的伸缩空间决定了要对它们进行清晰的界定将十分困难。杨威：《社会权的救济与保护：以基本权利的双重性质理论为视角》，厦门大学2009年硕士学位论文，第6页，第13页。
　　② 白平则："论环境权是一种社会权"，载《法学杂志》2008年第6期，第64页。
　　③ 吕忠梅主编：《环境法原理》，复旦大学出版社2007年版，第77页。
　　④ 一元说，一种观点认为环境权的主体仅限于公民，另一种观点认为环境权的主体是作为集合概念的人类而不是具体的公民；二元说认为环境权的主体包括公民和国家；三元说认为环境权的主体包括公民、组织团体和国家三种；四元说认为环境权的主体包括公民、组织团体、国家和人类四种。
　　⑤ 许明月、宋宗宇、邵海等：《公民环境权的民事法律保护》，西南师范大学出版社2005年版，第2~3页。
　　⑥ 周纪昌：《中国农村环境侵权问题研究》，经济科学出版社2007年版，第49~53页。
　　⑦ 陈泉生："环境时代与宪法环境权的创设"，载《福州大学学报（哲学社会科学版）》2001年第4期，第24页。

狭义的环境权概念的学者认为环境权为自然人享有的适宜其自身生存和发展的良好生态环境的法律权利。日照权、眺望权、亲水权、通风权,都可以通过民法的相邻制度或人身权制度得以保护。而宁静权、嫌烟权、清洁水权、清洁空气权,总是涉及侵害环境权。如果受害方仅仅是为了对抗他人向空气、水源等排放有毒有害物影响主体对空气和水等自然资源的安全使用,那么这些行为侵害的权利属于人身权之列,将这些权利直接识别为环境权,会使环境权与相邻权、人身权、财产权混淆重叠之嫌。① 无论采用广义还是狭义的环境权概念,依靠传统的人身权、财产权权利体系无法涵盖私法上环境权的全部内容。对此,吕忠梅、侯怀霞等学者提出了私法上的环境权概念,认为环境权的产生主要是为了解决损害尚未发生或者没有直接或者间接受害人的情况下的环境侵权问题,传统的准物权、人格权、相邻权能够解决的部分仍然由传统的民法解决。环境权用来解决那些相邻关系法、人格权法所不能规范的环境权利。② 环境权的私权化有利于激发民众维护环境,揭发环境破坏的行为,预防政府失灵的状况,实现环境资源最优配置的立法目标,政府并不是总能积极地发现并排除妨害,尤其是当破坏环境的行为人与政府存在利益关联的情况下。

四、权利救济视角下"环境侵权"概念的界定

为了完善权利的保护体系,学者们提出了多种思路。雏雄教授在传统的环境侵权概念之外提出了"侵害环境权"③。黄锡生教授在传统的环境侵权概念之外提出了"生态侵权"。认为生态侵权与环境侵权是两个完全不同的概念。是指行为人在开发、利用自然环境的过程中造成生态损害(生态系统的物理、化学或生物等方面功能的严重退化或破坏)而应承担民事责任的行为。首先,从侵害的客体来看,环境侵权侵害的是私法上的人身、财产权益;生态侵权侵害的客体是一定地域内居民所共有的生态系统功能。其次,侵权的方式不同,环境侵权是通过向环境介质排放污染物或不正当的开发行为引发环境污染或生态破坏进而造成他人的人身、财产权益遭受侵害;而生态侵权的侵害方式是行为人向环境要素排放污染物或进行不当开发通过复杂的物理、化学、生物反应导致生态系统功能的退化。再次,救济途径不同,前者是通过民事私益诉讼,多为涉及多数人的众益诉讼,救济目的是私益;后者是通过公益诉讼,救济目的是公共利益。又次,行使权利的主体不同,前者是人身权、财产权遭受侵害的具体当事人或其选定的代表

---

① 雏雄:《环境侵权法疑难问题研究》,厦门大学出版社2010年版,第13页、第22页。
② 侯怀霞:《私法上的环境权及其救济问题研究》,复旦大学出版社2011年版,第104页。
③ 雏雄教授认为环境权是自然人享有的适宜自身生存和发展的良好生态环境的法律权利。其主体是自然人,客体是环境生态功能。此定义下的侵害环境权与生态侵权的内涵与外延相同。

人，后者是不特定公众。最后，救济的性质不同，前者是私法救济；后者是社会法救济。①《侵权责任法》的基础是对私法的救济，生态的破坏往往是不可逆转的，生态环境本身的受损本身属于公益的范畴，环境公共利益的保护，并非侵权法所能应对。

主张环境侵权客体包括环境权的学者，是希望通过对传统民法中环境侵权的内涵进行重新界定和对其外延进行拓展而使得环境侵权的概念具有包容性。这一概念的使用更能揭示环境污染和破坏致人损害问题的实质。②"环境侵权可同时包含环境侵害状态和环境损害后果两个方面，而且便于和传统的侵权行为制度相衔接"③。环境侵害偏重于强调权益遭受不利益状态，对该权益不利益状态的结果"环境损害"则无法充分的包容。而环境侵权只要求有行为，不请求有损害结果的发生，只要有侵权行为的发生就可以主张法律救济。④

界定思路一：

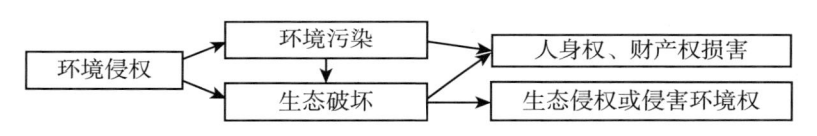

图1-2 环境侵权界定思路图1

部分学者认为环境侵权最早是以旧有的侵权行为法处理环境事件的形式在法律中得到确认的。人们对环境侵权的认识也经历了由侵权至环境侵权的思维路径。历史发展形成了二者之间一般与特殊的关系。传统民法中的环境侵权仅指侵犯他人人身权、财产权的行为。而环境侵权在人的利益损害之外存在环境媒介的损害，人的损害只是受损害的环境导致的损害中的一部分，人类的环境行为必然产生环境影响，但并非所有的环境行为都会产生人的利益损害。⑤因此，主张保留传统侵权责任法对环境侵权概念限定的基础上，选择一个更具包容性的术语。例如，陈泉生、徐祥民、吕忠梅等学者建议采用环境侵害来定义这样一种新的侵权形态。⑥环境侵害是因人为的活动，致使生活环境和生态环境遭受破坏或污染，从而侵害他人或相当地区多数居民生活权益、环境权益及其他权益，或危及

---

① 参见黄锡生、段小兵：《生态侵权的理论探析与制度建构》，载《山东社会科学》2011年第10期，第63页；雏雄：《环境侵权法疑难问题研究》，厦门大学出版社2010年版，第21～22页。
② 张梓太：《环境法律责任研究》，商务印书馆2004年版，第56页。
③ 王明远：《环境侵权救济法律制度》，中国法制出版社2001年版，第5页。
④ 陈泉生、周辉：《论环境侵害与环境法理论的发展》，载《东南学术》2007年第3期，第124页。
⑤ 徐祥民、邓一峰：《环境侵权与环境侵害》，载《法学论坛》2006年第2期，第9～12页。
⑥ 吕忠梅等：《侵害与救济——环境友好型社会中的法治基础》，法律出版社2012年版，第20～34页。

人类的生存和发展的事实。① 徐祥民先生认为环境侵害是人类的环境行为所造成的对环境的消极影响进而引起的包括人的利益损害在内的各种损害。环境侵权是环境侵害的一个组成部分。②

界定思路二：

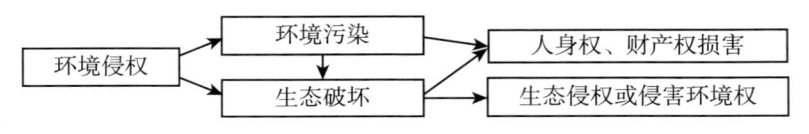

```
环境侵权 ──→ 环境污染 ──→ 人身权、财产权损害
         ↓
         生态破坏 ──→ 生态侵权或侵害环境权
```

图 1-3　环境侵权界定思路图 2

通过检索数据库发现，现有研究成果对概念的使用缺乏一个统一的称谓，一些学者使用环境侵害诉讼。思路一与思路二的区别在于是否将环境侵权的概念外延拓展到包含生态侵权及其他环境利益。由于环境侵害的概念强调的是一种客观存在的侵害状态，环境侵害所危及权益甚多，这些权益涉及宪法、行政法、民法、刑法、诉讼法等众多的法律领域。环境侵害面临公益、私益的交融，单一的部门法无法提供完整的救济。其从环境保护整体性的角度出发，不仅关注环境损害的救济，更将没有产生侵权的环境改变也囊括其中。更突出对环境破坏行为的遏制。关注宪法学、行政法学、民法学、刑法学、诉讼学等诸多学科为环境保护而更新的环境侵害法学理论。如果这种侵害达到了犯罪的标准，将引发刑事责任；如果这种侵害尚不构成刑事制裁但违反了环境行政法律规范，那么就追究环境行政责任，当受害人要求民事私法上的保护时候，我们就使用环境侵权的概念。因此，环境侵权和环境侵害并非两个不相容的概念。③ 一个适用于民法领域，另一个适用于环境法领域。公民享有的在良好的环境中生存和发展、免受侵害的权利并不是依赖一种法律手段或一个法律规范就可以实现。环境权既可以表现为公法上的权利，也可以表现为私法上的权利。民法主要是界定具有私权性质的公民环境权，主要采用民事的手段进行保护。④ 长期以来，公民环境权的保护民法处于虚位的状态，侵权法对传统环境伤害的救济是迟钝的，环境利益的伤害和侵权法救济之间缺乏对应的配合，侵权法有义务扩展内涵为实践中出现的生态破坏侵权（侵害环境权）提供私法保护。实现近代民法从私法自治向权利社会化的转化。综上所述，环境侵权的概念应当界定为：因产业活动或其他人为原因

---

① 陈泉生：“环境侵害及其救济”，载《中国社会科学》1992 年第 4 期，第 172 页。
② 王刚、毛建容：“环境侵权与环境侵害解析”，载《中共青岛市委党校青岛行政学院学报》2010 年第 6 期，第 105 页。
③ 陈泉生、周辉：“论环境侵害与环境法理论的发展”，载《东南学术》2007 年第 3 期，第 125 页。
④ 许明月、宋宗宇、邵海等：《公民环境权的民事法律保护》，西南师范大学出版社 2005 年版，第 2~4 页。

致环境污染或生态破坏,进而间接对他人的环境权(环境权益)、人身权和财产权造成损害或有造成损害之危险,依法应当承担民事责任的行为。欧盟各成员国一般都是在民法典中关于责任的条款的基础上另外制定关于环境侵权救济的单行法,形成了民法中的一般规则加特别立法的模式。欧盟成员国对环境侵权救济方式也经历了由私法为主向公私法混合的转变。对环境污染所导致的人身、财产损害,主要以私法提供法律救济,对环境自身遭受的损害,则综合运用公、私法提供法律救济。① 通过民法中的人身权、财产权两个具体制度实现的对环境侵权的救济,属于私法的性质,通过以民众参与并与公权部门共同行使权利为主要途径来实现环境权,属于兼具公、私因素的社会法性质也是明确的。② 基于传统的民法思路来界定环境侵权,始终面临着民法基本理念的束缚,必须以权益受损为前提,只能以人身、财产权益损害为救济对象。环境侵权之于传统侵权的特殊性在于,一是原因行为及损害形式的二元性,环境污染和生态破坏都可能引发环境侵权,二者通常相互关联,互为因果。

第二节 环境侵权群体性纠纷的内涵、特征及类型分析

一、环境侵权群体性纠纷的内涵与特征

(一) 何谓"群体性纠纷"

在词义学上,"群体"一般被解释为本质上有共同点的个体组成的整体。在社会学中,群体被描述为由若干个人组成的为实现某一目标而彼此之间熟悉,行为上相互影响和交互作用的人群共同体。③ 而所谓的纠纷是一定范围的社会主体基于利益冲突而产生的一种丧失均衡关系的对抗行为。④ 群体性纠纷是因共同的利益诉求而在某一时间点联系起来的群体与另外的个人或群体发生的对立、争执与冲突。⑤

现代社会经济领域的规模化发展、社会政策和利益的全方位调整引发了大量

---

① 吕忠梅等:《理想与现实——中国环境侵权纠纷现状及救济机制构建》,法律出版社2011年版,第165页。
② 雏雄:《环境侵权法疑难问题研究》,厦门大学出版社2010年版,第10~13页、第26页。
③ 刘凤霞:"关于组织与群体等概念关系的探讨",载《齐齐哈尔师范学院学报》1994年第2期,第34页。
④ 徐昕:"私力救济的性质",载《河北法学》2007年第7期,第12页。
⑤ 张宗亮、解永照:"群体性纠纷相关问题思考",载《东岳论丛》2011年第2期,第175页。

的群体性纠纷的出现。其首要的特征是纠纷主体人数众多，可以是一方冲突主体的多数性，也可以是双方冲突主体的多数性。这种人数众多不是简单的人数累加，而是一个具有一定时间段和阶段性的利益共同体。① 对于人数众多的界定，当前并无统一的认识。包括特定多数人的利益共同体和不特定多数人的利益共同体。对于私益聚集型的群体性纠纷，根据《民事诉讼法》第53条、第54条和《最高人民法院关于适用〈中华人民共和国民事诉讼法〉的解释》（以下简称《适用〈民诉法〉的解释》）第75~77条的规定：当事人一方人数众多的共同诉讼，可以由当事人推选代表人进行诉讼，人数众多一般指10人以上。对于以维护公益为对象的群体性纠纷，人数为不特定多数。其次，群体性纠纷所涉利益诉求具有相同性或相似性。群体性纠纷中一方或双方集体的形成，大多是因为有相同性或相似性的利益需要争取或者受到了侵害，或者因为某一同质性的行为侵害了别人无指向性利益而需要共同防御。② 最后，群体性纠纷行动具有集合性，群体成员在从众心理的作用下表现出明显的行为趋同性，容易采取游行、示威、冲击等一些过激的、非理性的行为方式主张自己的诉求。有些纠纷激化升级后演变为群体性事件，造成严重的财产损失和人员的伤亡。但在群体内部，由于纠纷主体社会角色不同、文化素质各异、诉求的具体内容存在差异，群体性纠纷的内容往往也存在分歧与争议。

（二）环境侵权群体性纠纷

与传统的侵权相比，环境侵权具有间接性，环境侵权其直接的损害形式不是对人的人身、财产或精神损害，而是环境污染或生态破坏形成的对环境的损害，并进而引发对人的损害或对环境的损害。③ 污染物往往会借由空气、水流、土壤、生物等媒介迁移和扩散，对于大气、河流和海洋形成的污染更是如此，跨地域、超国界的环境保护原则成为环境法的基本原则。④ 环境侵权的加害人往往不是给某一地区环境造成损害的一个人、一家企业，而是不特定多数人或企业所实施行为综合作用的结果。环境侵害的对象往往是相当范围内不特定的多数人和物。被侵害者的数量和范围往往难以确定。环境侵权的不特定性表现为非特定众多污染源的复合污染对相当区域不特定的多数人的多种权益的同时侵害。⑤ 加害人和受害人的不特定性使得环境侵权的发生常常以群体性纠纷的形态出现。也是

---

① 汤维建：《群体性纠纷诉讼解决机制论》，北京大学出版社2008年版，第7~8页。
② 张宗亮、解永照："群体性纠纷相关问题思考"，载《东岳论丛》2011年第2期，第176页。
③ 吕忠梅等：《侵害与救济：环境友好型社会中的法治基础》，法律出版社2012年版，第24~27页。
④ 陈慈阳：《环境法总论》，中国政法大学出版社2003年版，第338页。
⑤ 王明远：《环境侵权救济法律制度》，中国法制出版社2001年版，第18页。

第一章 环境侵权群体性诉讼制度的基本理论

现代社会交往方式趋于多样化、交往规模不断扩大的必然结果。由于纠纷解决机制的不畅通，部分纠纷矛盾激化，升级演变为群体性事件，自1996年以来，全国因环境问题引发的群体性事件一直以年均29%的速度增长。① 针对环境侵权大范围损害的特点，理论界提出了"大规模环境侵权"的概念，"大规模"与"群体性"相比较，"大规模"更强调受害人的多数性和造成损害的范围较大，但在受害人人数和造成损害范围的大小的认定上较为模糊，难以界定。同时，受害的多数人并不一定为了求得同一问题的解决已经形成利益共同体。而群体性则表现出人数众多性、利益诉求相同性或相似性、集合性的特点。用"群体性"一词来描述环境侵权相比较"大规模"内涵上更为丰富而具有层次性。因此，环境侵权群体性纠纷是指因同一或同种类的环境侵权行为而遭受侵害的众多受害者形成利益共同体，以一致的行动寻求法律救济而与加害方形成的对立、争执与冲突。环境侵权群体性纠纷具备以下特征。

1. 侵害利益兼具私益性和公益性

生活中的环境侵害可以分为三种形式：一是无直接受害人的存在，如全球气候变暖、生物多样性丧失；二是对不特定多数人的环境侵害；三是对特定人的环境侵害。相对应的环境侵权也可分为三类：侵犯全人类利益的国际环境侵权；侵犯公益的环境侵权；侵犯私益的环境侵权。② 环境侵权纠纷往往是环境损害与人身、财产损害并存。环境的公共性决定了环境侵权纠纷在很多情况下与公共利益有着或多或少的联系，总是纠缠于公益与私益之间，是私益和公益的混合存在。公共利益是不确定多数人享有的利益，即具有开放性，任何人都可以享有而不是封闭的或专为某些个人所保留的。公共利益也可以是有区域限定的，只要此区域是开放的，此区域的成员就是不确定的，就可以成为公益的主体。如清洁空气权、清洁的河流权。再就是公共利益内容的不可分性，公共利益作为一个整体属于大众，并不能在公民之间进行明确的分割，环境权属于社区的每个人，只能由公民们共享。不能以人数众多的标准来界定公共利益，关键看遭受侵害或发生争议的利益是不是具有主体的不确定多数性和利益内容的不可分性。③ 群体是人数众多的利益共同体，利益主体在诉求上具有相同性、相似性，行动上具有集合性。在实践中，环境侵权群体性纠纷除了单纯的公共利益的聚集，有的是单纯的多人私益的聚集，"合"是单个人物质利益实现的手段，是个人自主选择的结

---

① 《环境群体性事件年均递增29%说明什么》，载光明网，http://cpc.people.com.cn/pinglun/n/2012/1029/c78779-19420176.html，2012年10月27日。
② 吴继刚："环境侵权类型探析"，载《山东师范大学学报（社科版）》2003年第6期，第119页。
③ 薛永慧：《群体纠纷与群体诉讼研究》，知识产权出版社2009年版，第9~12页。

果。① 部分学者将其称为"多人公益"。这种利益分属于多个人中的每个人，只能由多数人中的个体来享有，原本是多个主体的个人利益，这种利益的客观形式不是公共的，而是个别的。其首要的目的在于争取更多的救济和赔偿。② 有的通过保护私益达到维护公益的目的③，有的通过维护公益以求保护私益④。个体的环境受害者的利益诉求具有代表社会共同体利益的性质，其在作为多人公益的代表主张众多人私益的同时可以制止违法行为，进而达到直接保护集体公益的目的。⑤ 环境侵权群体性纠纷很难一分为二的划分为群体性私益纠纷和群体性公益纠纷。想要通过划分环境权益的私益和公益，然后再通过两种途径进行救济的思路显然有些理想化。⑥ 侵害利益私益性和公益性融合的特性决定了环境侵权群体性纠纷应实行整体性的诉讼救济模式。

2. 纠纷主体的不平等性、加害人和受害人的不特定性

现代社会的环境侵权，加害人多为国家机构、公共团体，现代企业或者其他组织，拥有雄厚的经济实力和信息优势，而受害人多为欠缺规避和抗衡能力的社会个体成员。企业的巨型化、高科技化，使弱小的社会个体常常因为资金的缺乏和不具备收集于己有利的必要证据的能力而形成获得司法救济的障碍。主体的不

---

① 赵红梅：《个体之人与集体之人——私法与社会法的人像区别之解析》，载《法商研究》2009年第2期，第120页。

② 如日本的水俣病诉讼。参见吕霞：《环境公益诉讼的性质和种类——从对'公益'的解剖入手》，载《中国人口、资源与环境》2009年第3期，第56页。

③ 例如，2003年渔场职工马长松承包龙阳湖进行渔业养殖，由于周边几十家企业、工厂大肆排放污水，加上周边居民大量的生活污水未经污水处理直接排入湖内，导致龙阳湖水水质日益恶化，自承包以来每年都会发生大面积死鱼事件。最终导致龙阳湖完全不能养鱼。马长松选择了周边几家大型排污企业向汉阳区人民法院提出民事诉讼，要求排污企业共同承担因环境污染造成的经济损失239万元的民事赔偿责任。同时追加了负有生活污水处理责任的武汉市水务集团公司、城建开发公司和生活污水处理厂等国有企业作为民事诉讼的共同被告。该案属于公益隐含在私益诉讼中部分或全部的实现。参见杨凯：《从三起环境关联诉讼案例看环境公益诉讼之开端——在私益与公益诉讼之间徘徊的环境权益保护司法救济模式之选择》，载《法律适用》2010年第Z12期，第98页。

④ 例如，2009年6月因江苏江阴港集装箱公司在作业过程中随意排放、冲刷铁矿石粉尘造成污染，朱某代表周边居民与中华环保联合会共同提起诉讼，后该案以调解结案。该案被认为是我国环境公益诉讼的破冰之旅，即通过维护公益达到保护私益的目的。参见鲍小东：《环境公益诉讼'里程碑式'破局》，载《南方周末》电子版，2011年11月1日。美国1997年发生的为保护海龟的生存环境而依据《濒危物种法》提起的请求禁止联邦紧急事态管理局在一海岛修建居住设施的诉讼也是没有争议的公益诉讼。参见吕霞：《环境公益诉讼的性质和种类——从对'公益'的解剖入手》，载《中国人口、资源与环境》2009年第3期，第56页。

⑤ 苏永钦：《走向新时代的私法自治》，中国政法大学出版社2002年版，第12页。

⑥ 李卉卉：《我国环境权益群体性诉讼之探析——相关问题的反思与域外借鉴》，2009年全国环境资源法学研讨会论文集，昆明，第1024页。

平等性，使得环境侵权总体上丧失了遵循私法自治、过失责任等现代民法基本原则的基础。环境侵权的加害人往往不是给某一地区环境造成损害的一个人、一家企业，而是不特定多数人或企业所实施行为综合作用的结果。环境侵害的对象往往是相当范围内不特定的多数人和物。被侵害者的数量和范围往往难以确定。环境侵权的不特定性表现为非特定众多污染源的复合污染对相当区域不特定的多数人的多种权益的同时侵害。① 个体通过联合寻求与加害方达到一种力量的均衡。

3. 纠纷的预防与救济并重

环境状况具有不可逆性，环境损害一旦发生，往往是无法恢复的，无论是身心健康还是自然环境，即使可以恢复也要付出极高的经济代价和时间成本。当今世界各国都由污染物的末端处理政策转向预防性环境政策。环境侵害领域自然也应加强预防性手段的运用。传统侵权行为法要求侵权行为必须是已造成损害为前提，而在环境侵权行为中，有些侵权行为的发生需要经过一段时间，经由多种因素的累积、复合之后才能产生损害后果。环境侵权的后果往往是各种因素累积并经过相当长的时间的作用后才逐渐显示出其危害性。并且其造成的损害是持续不断的，不会因为侵权行为的停止而停止损害。② 侵权的成立不仅可表现为已经造成了损害事实，也可表现为尚未造成实际损害，但极有可能造成损害之状态。③ 环境侵权应注意事先预防性的侵害排除手段，以行政救济性的手段防止环境侵害的发生，以危害事实而非损害结果作为环境侵权行为的构成要件，符合环境问题的自身特点和加强预防性环境救济的现实需要。如果以损害结果作为环境侵权行为的构成要件，则只能在损害结果发生后采取补救性的损害赔偿或对正在反复发生的损害采取排除危害的防范性措施，无法在有造成损害之可能，但损害尚未发生前采取防止侵害的预防性措施。④

二、环境侵权群体性纠纷的类型分析

（一）环境侵权群体性纠纷与环保群体性事件

环境信访是观察环境领域问题和矛盾的重要窗口，1995年全国环境信访来

---

① 王明远：《环境侵权救济法律制度》，中国法制出版社2001年版，第18页。
② 侯怀霞：《私法上的环境权及其救济问题研究》，复旦大学出版社2011年版，第136页。
③ 夏凌："环境纠纷处理中的公共利益——兼论法官的作用"，载张梓太主编：《环境纠纷处理前沿问题研究中日韩学者谈》，清华大学出版社2007年版，第74页。
④ 王明远：《环境侵权救济法律制度》，中国法制出版社2001年版，第11页，第12页，第18页。

信总数为58 678封，来访批次94 798；2001年来信总数增长到367 402封，来访批次80 575；2010年来信总数增长到701 073封，来访批次34 683，来信总数增长近11倍。① 2001年至2012年来访批次有所回落，但来访人数下降不明显，说明群体性环境信访在增加。2001年到2010年环境信访的上访主体，整个村或几个村的联合上访占多数。上述环境信访问题如果得不到及时的疏导和解决，大多有转化为环境群体性纠纷甚至"环境群体性事件"②的可能。

表1-1 2001～2012年信访情况

年度	来信总数	来访批次/人数	当年结案的环境民事诉讼案件数	行政复议	当年结案的环境行政诉讼案件数
2001	367 402	80 575/95 033	/	/	696（结）
2002	435 020	90 746/109 353	/	/	993
2003	525 988	85 028/120 246	1 540	230	579
2004	595 852	86 892/130 340	4 453	271	616
2005	608 245	88 237/142 360	1 545	211	399
2006	616 122	71 287/110 592	2 146	208	353
2007	123 357	43 909/77 399	1 085	521	/
2008	705 127	43 862/84 971	1 509	528	/
2009	696 134	42 170/73 798	1 783	661	/
2010	701 073	34 683/65 948	/	/	/
2011	201 630	53 505/107 597	/	/	/
2012	107 120	53 505/96 145	/	/	/

数据来源：《全国环境统计公报》和《中国法律年鉴》

1995～2006年，全国因环境问题引发的群体性事件上升11.6倍，年均递增

---

① 参见2001年至2012年《中国环境统计年报》，其中2007年至2009年环境信访来信总数及来访批次参见杨朝霞、黄婧："如何应对中国环境纠纷"，载《环境保护》2012年第Z1期，第66～68页。

② 环境群体性事件是指因环境矛盾引发的、由部分公众参与并形成有一定组织和目的的集体上访、集会、阻塞交通、聚众闹事、围堵党政机关等群体行为，并对政府管理和社会造成影响的行为。参见中国行政管理学会课题组："群体性突发事件研究专辑"，载《中国行政管理》2002年第5期，第203页。

28.8%。① 2009年，中国发生了6起较大的因环保问题引发的公民群体性事件，而在过去的10年间，同规模的环保群体性事件仅为10起。② 2007年以来的各类群体性事件可分为两类，一类是预防式的群体性事件，公众基于预期利益受损而聚集抗议，如2012年四川什邡和江苏启东发生的大规模环境群体性事件。③ 另一类是事后维权式群体性事件。即因环境污染或生态破坏而对人身权、财产权造成侵害的案例。此类事件在全国范围内也层出不穷。如2005年浙江金华东阳画水镇事件；浙江绍兴新昌药厂污染事件；浙江长兴蓄电池厂污染事件。④ 2007年的北

---

① 张玉林："中国农村环境恶化与冲突加剧的动力机制——从三期'群体性事件'看政经一体化"，载吴敬琏、江平主编：《洪范评论》，中国法制出版社2007年版，第196页。转引自吕忠梅等著：《理想与现实——中国环境侵权纠纷现状及救济机制构建》，法律出版社2011年版，第165页。

② 墨绍山："环境群体事件危机管理：发生机制及干预对策"，载《西北农林科技大学学报（社会科学版）》2013年第5期，第145页。

③ 2012年6月29日，宏达钼铜项目在什邡开工。7月1日，部分市民在什邡市委门口和附近广场聚集，要求停建项目，7月2日，仍陆续有市民到什邡市委、市政府门口聚集，少数市民情绪激动，强行进入市委机关，发生打砸事故，甚至和武警爆发冲突。随后，什邡市政府发布通告，责成企业（宏达钼铜）从即日起停止施工。参见："四川什邡事件舆情分析"，载新华舆情，http://news.xinhuanet.com/yuqing/2013-10/23/c_125585811_3.htm，2013年10月23日。日本王子造纸在南通设立了造纸厂，但有大量污水需要排放，于是决定将排污工程管道在启东附近入海，是为南通排海工程，2012年7月28日，由于担心日本王子纸业集团准备在当地修建的排污设施会对当时民众生活产生影响，数千名启东市民在市政府门前广场及附近道路集结示威，散发《告全市人民书》，并冲进市政府大楼，并从市政府中搜出了许多名贵烟、酒等物品，并在警察到来之前将这些物证陈列在政府办公楼前。在民众示威过程中，出现了民众掀翻汽车、捣毁市政府办公电脑等暴力行为，而警方保持了相当程度的克制。参见："江苏启东事件舆情分析"，载新华网，http://news.xinhuanet.com/yuqing/2013-10/23/c_125585833.htm，2013年10月23日。

④ 画水镇在竹溪工业园的建设过程中陆续有13家化工企业进驻。2001年起，园区方圆3公里之内，工厂排放的废气使得村民呼吸困难，蔬菜难以生长，水稻减产，大片水杉、苗木死亡。画溪河水在2002年变成了劣五类水质，鱼虾灭绝。早在2001年他们就开始向政府请愿，写公开信、上访。2005年4月10日，东阳市政府出动3000名警察和政府工作人员前往画水镇，清除当地农民为抵抗污染而搭建的占道竹棚，遭到当地农民两万多人的围堵，造成30多人受伤，69辆汽车被毁。参见吕忠梅等：《侵害与救济：环境友好型社会中的法治基础》，法律出版社2012年版，第111页。新昌药品污染事件，浙江京新药业股份有限公司制药过程中造成了新昌江污染，村里的庄稼开始大幅度减产，2005年6月22日，约50名村民到京新药厂要求为村民体检并支付营养费，当地村民集体提出索赔一千余万元。7月5日，京新药厂停产，在处理反应炉里存有的化学物品时，村民误认为工厂复工，与前来维护治安的警察发生冲突。参见雷蕾："污染新昌江致工厂停工京新药"，载《东方早报》，http://finance.sina.com.cn/money/tz/20050714/0141200224.shtml，2005年7月14日。长兴蓄电池厂污染事件，长兴县那些紧靠蓄电池厂的村庄，污染的空气导致作为村民主要副业的蚕丝产量急剧下降，河水里的鱼逐渐灭绝，鸭蛋孵不出鸭子，种鸭变得畸形怪状的现象。该县的煤山镇一带，土壤中的重金属镉和铅的含量均超过国家标准。2004年，一些蓄电池厂的工人出现了严重的铅中毒后果，2004年6月13日，数千人聚集在浙江省长兴县政府门口投诉。参见章再亮："500儿童铅中毒，蓄电池行业蓄积隐忧——长兴蓄电池行业污染调查"，载《市场报（第五版）》2004年7月27日。

京六里屯事件。① 2008年舟山定海和邦化工厂污染事件。② 2009年陕西凤翔、湖南武冈云南东川等12起重金属、类金属污染事件，这些事件致使4 035人血铅超标，182人镉超标，引发32起群体性事件。③ 再如尾矿库、④ 尘肺病⑤引发的群体性事件。环境群体性事件一般有较长的酝酿及持续过程，事先预防型和事后救济型的环境群体性事件的利益相关人往往通过各种途径表达自己的利益诉求却被拒之门外或未得到重视，直至爆发大规模的环境群体性事件。此外，未形成群体性事件的环境群体性纠纷也大量的存在着，例如2010年百户农民诉福建省固体

---

① 六里屯位于北京西北上风口，自1997年以来一个占地约四十公顷的垃圾填埋场建在此地。附近居民早就为臭气污染问题维过权，但是，十年来，几乎没有任何进展。除了难以忍受的味道外，水是个最重要的问题。中国科学院地质研究所专家曾对六里屯垃圾填埋场周边地下水做过检测。"垃圾场周边地下水已受到污染。如果将浅层地下水作为饮用水，对居民的威胁非常大。"2007年3月，海淀区政府决定在此地动工一个垃圾焚烧发电厂，海淀北部新区部分小区业主集体拟定了《百旺新城社区居民反对在六里屯建设垃圾焚烧厂投诉信》，并在此后向北京市政府提出行政复议申请。2007年6月5日，百旺新城社区部分居民在世界环境日这天统一着装，到前国家环境保护总局请求解决问题。6月12日，前国家环境保护总局作出决定，要求项目在进行进一步论证前应暂缓建设，论证过程应向社会公布。在相关环境论证和意见征求结果报送备案并核准公布之前，项目不得开工建设。舒旻："'散步'始末：厦门PX和北京六里屯事件的分析"，载《世界环境》2008年第6期，第48页。

② 钟其："当前浙江环境纠纷及群体性事件研究"，载《观察与思考》2012年第2期，第63页。

③ 2008年4月13日，浙江省舟山市和邦化工公司生产排出的有味气体致使许多村民闻了以后出现呕吐和晕倒。4月14日，当地近千名居民前往化工厂门口抗议，引起警民冲突。张君："农民环境抗争、集团行动的困境与农村治理危机"，载《理论导刊》2014年第2期，第21页。

④ 尾矿库是指金属或非金属矿山开采出的矿石，经选矿厂选出有价值的精矿后排放的"废渣"。含有暂时不能处理的有用或有害成分，随意排放，将会造成资源流失，大面积覆没农田或淤塞河道，污染环境。如紫金矿业尾矿库溃坝。2010年7月12日，福建省环保厅通报称紫金矿业集团公司旗下紫金山铜矿湿法厂污水池发生渗漏，污染了汀江，初步统计，汀江流域仅棉花滩库区死鱼和鱼中毒约达378万斤。企业瞒报事故达9天之久。突发性环境污染事件，受害往往需要即时得到赔偿以降低损失，一般的民事案件诉讼程序，诉讼时限过长，不能解决受害人希望通过诉讼手段快速获得赔偿的问题。受害的渔民宁愿选择将死鱼倒在县政府和工厂门口以示抗议，申讨赔偿。参见顾明、徐丰果："突发性环境污染事件中的企业环境信息公开问题研究——以紫金矿业水污染事件为例"，载《长沙铁道学院学报（社会科学版）》2011年第1期，第34页，第36页。

⑤ 尘肺病已成我国最严重的职业病，发病率高居职业病之首，农民工多集中在同一地区或者同一个厂矿就业，进而形成区域性的群体尘肺个案，出现了"尘肺家庭""尘肺村""尘肺乡"。根据媒体报道的数据，自21世纪以来，全国已经出现了40余个尘肺村，主要分布于湖南、四川、河南、陕西等省份。参见赵鹏璞："登封'乡政府买断尘肺病人'调查"，载中国安全生产网，http://www.aqsc.cn/101812/101941/286740_2.html，2013年5月29日。

废物有限公司大气污染案。① 2011 年康菲溢油案等。②

上述情况表明我国当前环境侵权群体性纠纷很多，进入行政程序的很少，进入司法程序的更少。真正通过诉讼解决的环境纠纷不足 1%。以海南省为例，2003～2007 年，受理环境相关案件 69 件，环境类案件占案件总数的 0.04%。而此时间段内，我国环境信访数量年均在 60 万件以上。大规模的环境侵权群体性纠纷在我国法院基本得不到受理。某些地方省份规定 40 人以上的群体性事件需要报主管院长审批。③ 环境司法救济途径不顺畅，对环境保护的保障作用严重不足使得大部分环境侵权案件无法得到司法救济而不了了之或通过私力救济来解决，救济的结果往往与受害人的经济实力、社会地位等因素关联，即使救济较为充分，也多是围绕受害人人身、财产权利而进行，对于具备公共利益的自然和生态利益，几乎没有考量。④

（二）环境侵权群体性纠纷的类型分析

类型化研究源于德国学者马克斯·韦伯的理想类型理论，是研究和分析社会现象时方法论上的有效工具。环境侵权无论在主体、客体和侵害权利的类型

---

① 成立于 2000 年的福建省固体废物处置有限公司，从选址到生产存在多项环境违法及环境污染行为，引发周边村民多人患上癌症，满山果树及经济作物绝产绝收。环保部门曾经多次对该企业下发整改通知，收效甚微。2010 年 10 月，中国政法大学污染受害者法律帮助中心帮助福建省闽侯县四百多名农民向法院提起诉讼，要求福建省固体废物处置有限公司停止对当地环境的破坏及对村民健康的侵害，并赔偿 10 年以来对当地村民的人身健康和经济财产造成的损失，同时恢复当地的自然环境。2010 年 11 月中旬，闽侯县人民法院决定受理此案。

② 由于康菲石油中国有限公司的作业失误，其在渤海的钻井平台溢油事故，不仅给中国的海洋生态造成了极大的危害，也给相关海域的渔民、养殖户带来了巨大的经济损失。依法享有诉权的国家海洋局迟迟未针对康菲公司的环境污染提起损害赔偿诉讼，急切寻求司法救济的渔民、养殖户的起诉却迟迟得不到法院受理。2011 年 6 月，河北乐亭近 160 户养殖户向天津海事法院起诉康菲石油中国有限公司，索赔 3.3 亿元。2011 年 12 月 30 日，经过漫长的内部协调和博弈，天津海事法院受理河北省唐山市乐亭县 29 名养殖户的赔偿请求。2011 年 12 月 13 日，河北省另外 107 名养殖户也向天津海事法院提交了起诉状，因存在问题被要求补充起诉材料。参见："天津海事法院已受理蓬莱溢油事故养殖户索赔案"，载新华网，http://money.163.com/11/1230/13/7MHBHED400253B0H.html，2011 年 12 月 30 日。2011 年 11 月，贾方义律师代表 30 名山东渔民向青岛海事法院提起诉讼，但未获得立案。2012 年 7 月 2 日，30 名山东渔民向康菲总部所在地的美国地方法院得克萨斯州南区法院提交起诉状，被告是美国康菲。2015 年 11 月 1 日，山东部分起诉的渔民收到了来自青岛海事法院的受理案件通知书。参见："山东渔民诉康菲漏油案五年后即将迎来开庭审理"，载界面，http://www.jiemian.com/article/1041419.html，2016 年 12 月 28 日。

③ 吕忠梅等：《理想与现实：中国环境侵权纠纷现状及救济机制构建》，法律出版社 2011 年版，第 82～83 页。

④ 吕忠梅等：《理想与现实：中国环境侵权纠纷现状及救济机制构建》，法律出版社 2011 年版，第 45 页，第 70 页，第 71 页。

方面都具有多样化的特征。很难用统一的标准去判断和衡量。环境侵权的类型化对我国环境侵权立法的完善和司法救济模式的构建具有较为重要的借鉴意义。通过对纠纷的类型化分析,可以明确各类型环境侵权群体性纠纷在司法实践中法律适用的具体思路,为我国环境侵权群体性诉讼规则的完善提供一个清晰的方向。

1. 侵害特定人权益、不特定多数人权益和侵害人类利益的环境侵权

环境侵权纠纷种类繁多,根据环境侵权侵害对象的广泛程度、受侵害的权益类型、救济途径和权利依据的不同可以分为三类:第一类是侵害特定人权益的环境侵权行为。此类环境侵权属于传统民法侵权行为的研究范围。侵害方可能是实力雄厚的大型企业,也可能是普通的公民、法人或其他组织,受害方是可确定的小范围的主体。此类侵权侵害的客体是特定主体的人身权、财产权。例如民众之间发生的相邻排水、通风、采光、日照和噪声污染侵权纠纷等个体性的案件①或企业与个人之间发生的环境污染纠纷。② 第二类是侵害不特定多数人权益的环境侵权。侵害主体往往是大型的企业或众多污染主体的聚合。受害者往往是人数众多,范围广泛的不特定的公民、法人、其他组织等多类型主体。侵害形式可以是环境污染也可以是生态破坏,侵害的对象既包括不属于个体的大气、水、森林、草原、动植物等公共环境资源,又包括普通公民、法人和其他组织的人身权、财产权及环境权。损害后果最终及于特定社会主体的私益的聚集(部分学者又称多人公益)和社会公共利益(部分学者称为集体公益)。例如,2004年四川沱江水

---

① 张家、李家系邻居,两家地面落差近3米。张家十几年前在院内打井一口,供生活用水。2005年1月,李家在张家的西边建设两排猪舍用于养猪,距张家水井15米。同年3月,张家称其水井受到污染,并于8月委托当地卫生防疫站对水井水质进行检测,经检验该水井的水硝酸盐超标1倍、细菌总数超标11倍、大肠菌群超标12倍。张家要求赔偿未果,诉诸至法院。参见王林林:"本案是相邻关系纠纷还是环境污染侵权纠纷",载《山东法制报》2010年4月16日,第3版。

② 地处渤海之滨滦河三角洲的河北省乐亭县,是全国滩涂贝类精养区之一。2000年10月,来自河北迁安第一造纸厂、迁安化工有限责任公司等9家企业的工业污水,沿滦河河道乐די灌渠大量排放到乐亭县王滩镇大清河、新潮河、小河子、长河入海口海域,涌入孙某等18户渔民经营的6家海水养殖场,致使即将成熟上市的文蛤、青蛤、蛏子以及梭鱼、鲈鱼等滩涂贝类、鱼类成批死亡,大部分绝收,经济损失2 000余万元。2001年5月,孙某等18户渔民将迁安第一造纸厂等9家排污企业一起诉至天津海事法院,要求9名被告共同赔偿损失2 000余万元,并停止污染侵害。天津海事法院委托农业部渔业环境监测中心黄渤海区检测站对本次污染事故的原因进行鉴定,该站认定原告养殖物的死亡是各被告排放污水所致。参见"渤海特大渔业污染案一审判决,18名渔民获赔1 365万",载中华工商时报,http://finance.sina.com.cn/roll/20020417/196056.html,2002年4月17日。

污染事故中①，沱江的生态遭受严重破坏的同时，也伴随着沱江下游两岸近百万名群众、沿江渔民和渔业养殖户的人身权、财产权等私益的损害；2011年康菲溢油事故中②同样是渤海湾生态环境等公共利益的损害和渔民、沿海居民私益损失并存。第三类是侵害人类利益的环境侵权，发生在公海、国际海底区域、南极洲等主权所不能及的属于全人类的环境侵害行为，还有一类国际性环境侵权是发生在一国境内的环境污染、环境侵权导致他国受到侵害。③ 本书的研究范围主要限定于大规模环境侵权诉讼，即侵害不特定多数人权益引起的环境侵权群体性诉讼。

2. 环境污染型环境侵权和生态破坏型环境侵权

依据环境侵权对环境造成损害的性质，将环境侵权分为环境污染型和生态破坏型两类。环境污染型侵权是指人类的生产、生活过程中向环境排放了超过环境自净能力的物质与能量，从而使环境的物理、化学、生物性质发生变化并给他人的人身、财产权益和环境权造成损害危险或损害的法律事实。按照环境要素区分，环境污染型环境侵权可以分为大气污染环境侵权、水污染环境侵权、土地污染环境侵权、噪声污染环境侵权等类型。依据环境污染行为是否违反行政管理法律、法规可以将环境污染侵权的类型分为违法型环境污染侵权④和不违反行政管理范围内的环境侵权。其中不违反行政管制范围内的环境侵权可以分为突发性环境污染和渐进型环境污染。⑤ 突发性环境污染是指因为意外事故或其他突发性环境事件，使得本应由人类控制的大量污染物失去控制，在短时间内快速进入环

---

① 2004年2~3月，成都市青白江区的川化股份集团进行的增产技术改造工程未按规定报环保部门审批。投料试生产后出现了故障，将没有经过完全处理的含氨氮的工艺冷凝液和高浓度氨氮废水直接排放，导致废水中氨氮浓度超标几十倍到一百多倍。导致沱江干流发生特大水污染事故，事后该公司相关部门负责人未及时应对，使得严重超标排污持续了近20天，造成沱江下游两岸近百万群众生活饮用水中断，给流域内5市的工农业生产和群众生活造成直接经济损失2.19亿元。沱江生态遭到严重破坏，至少需要5年时间方可恢复到事故前的水平。在追究相关责任人刑事责任的同时，主管部门对川化集团作出100万元的行政处罚，征收超标排污费405万元。支付渔业损失赔偿1100多万元，其中350万元赔偿金用于对天然水域的人工增殖放流，鱼类资源的保护、恢复和管理。820万元用于沿江合法渔民和渔业养殖户的损失赔偿金。参见"案例研讨一：四川沱江重大水污染事故案"，载《"环境公益诉讼开展与律师的作用"2005年全国律协环境与资源法专业委员会年会论文集》，中国四川成都2005年全国律协环境与资源法专业委员会年会，第10页。

② 2011年6月4日，美国康菲石油中国有限公司（以下简称康菲公司）开发的渤海湾蓬莱19-3油田作业区B平台，出现少量溢油。6月17日，该作业区C平台发生小型井底事故，使周围海域840平方公里的1类水质海水下降到了劣4类。

③ 吴继刚："环境侵权的类型探析"，载《山东师范大学学报（人文社会科学版）》2003年第6期，第119页。

④ 《民法通则》第124条规定："违反环境保护法防止污染的规定，污染环境造成他人损害的，应当依法承担民事责任。"

⑤ 刘长兴："环境污染侵权的类型化及责任规则探析"，载《宁夏大学学报（人文社会科学版）》2010年第3期，第129页。

境，造成环境质量的下降。例如，2004年的四川沱江水污染事故、2005年的松花江水污染事故、2012年的康菲溢油事故。渐进型的环境污染是由持续的环境污染物排放引起的，表现为人类生产或生活的废弃物长时期内逐步进入环境，累积的效果使得环境质量下降，此种环境侵权的责任主体一般较难确定，因为损害形成的周期长，过程比较复杂。共同侵权比较常见，其所导致的人身、财产和生态损害后果一般都是逐渐显现出来的，包括非有意情况下污染物的缓慢泄漏和有意排放大量废弃物到环境，因果关系较难确定。

生态破坏型环境侵权是指人类不合理的从环境中取出或开发出某种物质、能源，造成对环境和人类的不利影响和危害的同时或之后，对他人人身权、财产权和环境权造成损害之危险或造成损害时，依法应当承担民事责任的行为。[1] 如西村村委会诉长岛县海运公司浅滩采砂侵权损害赔偿纠纷上诉案。[2] 生态破坏型环境侵权可以分为土地资源的破坏引起的环境侵权、森林资源的破坏引起的环境侵权、草原资源的破坏引起的环境侵权、水资源的破坏引起的环境侵权、矿产资源的破坏引起的环境侵权、物种资源的破坏引起的环境侵权、自然景观的破坏引起的环境侵权、风景名胜地和文化遗址地的破坏引起的环境侵权等。生态破坏型环境侵权的权利主体，如海洋、草原、森林、矿藏等环境要素属自然资源归国家所有，国家对环境资源的所有权可以分为三类：一是已经转化为经营性资产的国有环境资源。有关单位和个人根据《中华人民共和国物权法》第118条有关国有自然资源用益物权的规定占有、经营和管理该国有资产，如对这些环境资源造成破坏，可以由这些单位作为民事索赔的主体。如采矿权、养殖捕捞权。二是有关部门管理下的国有环境资源。三是不归属任何一个独立的管理部门、公共属性非常明显的环境资源，如大气资源和水资源。[3]

二者之间时常存在着共生互促的关系，在一定的条件下还可能相互转化。污染的加剧会使生态环境受到进一步的破坏，生态环境遭到破坏的时候会降低环境

---

[1] 蔡守秋：《环境资源法教程》，高等教育出版社2004年版，第7~8页；薄晓波：《生态破坏侵权责任研究》，知识产权出版社2013年版，第55页。

[2] 原告西庄村委员会诉称西庄村以西的海岸遭海水侵蚀的现象加剧，许多地段沙滩已不复存在，土地被冲毁。国家海洋局烟台海洋管区和国家海洋局第一海洋研究所的报告称，在登州浅滩采砂是该段海岸侵蚀加速的主要原因。法院判决认为西庄村遭受的损害，是自然侵蚀、岸边取砂和登州浅滩消退等多种原因形成的，海运公司只能承担与其行为相应的赔偿责任。依照《中华人民共和国民法通则》第106条第2款之规定，根据《中华人民共和国矿产资源法》第30条第3款规定："开采矿产资源给他人生产、生活造成损失的，应当负责赔偿，并采取必要的补救措施。"海运公司在取得《临时采矿许可证》以后的采砂行为，虽然主观上没有过错，但是依照《中华人民共和国民法通则》第106条第3款"没有过错，但法律规定应当承担民事责任的，应当承担民事责任"的规定，亦应承担民事责任。判决被告长岛县海运公司承担侵权的民事责任。

[3] 陈开梓："环境侵权类型化探析"，载《行政与法》2008年第5期，第56页。

的自净能力，致使污染加剧。因此，环境污染型环境侵权和生态破坏型环境侵权一样，都可能带来生态的损害，环境权的受侵害。2004年，欧盟发布《关于环境侵权的预防和补救方面的环境责任指令》（简称《环境责任指令》），该指令旨在为环境本身遭受某些损害提供救济。欧盟成员国对环境污染造成的人身、财产损害提供救济，但并非所有的成员国的立法都规定了对环境自身所遭受侵害的法律救济。① 在环境侵权的救济方式上也经历了由私法为主向公、私法混合的转变。对于环境自身遭受的损害，则综合运用公法、私法提供法律救济。目前我国污染型环境侵权的立法比较齐全，民事基本法、环境基本法和各环境单行法都对环境污染的民事责任作出了明确的规定，但立法和相关理论对生态破坏型环境侵权的规定和研究相对不足，条文数量很少，对于生态破坏事故、生态灾难，间接侵害他人人身、财产权益的情况，很少有条文作出规定。在有限的条文中通常通过刑事责任和行政责任来予以生态保护，很少有民事责任的规定。生态破坏法律责任形式的规定上重行政轻民事，重处罚轻赔偿。② 在诉讼领域，《民事案件案由规定》第226种案由为环境污染损害赔偿纠纷。《最高人民法院关于民事诉讼证据的若干规定》（以下简称《证据规定》）第4条是有关环境污染引起的损害赔偿的举证责任问题。生态破坏侵权证明责任的相关规定明显不足，而从裁判文书援引的法律中可知，目前法院受理的环境案件主要集中在水污染、噪声污染、采光纠纷等领域，对于生态破坏等案件几乎没有涉及。③ 2014年最新修订的《环境保护法》第64条规定，因污染环境和破坏生态造成损害的，应当依照《中华人民共和国侵权责任法》的有关规定承担侵权责任。明确了因破坏生态而造成损害的侵权应承担相应的侵权责任。

第三节　环境侵权群体性诉讼的法理依据

一、环境侵权群体性诉讼的基本特征

伴随着社会"一体化"的进程，人类的活动与社会关系越来越呈现出一种群体性，环境侵权领域尤为突出，一起环境污染或生态破坏事件通常会有大量的

---

① Directive 2004/35/CE of the European Parliament and of the Council of 21 April 2004 on environmental liability with regard to the prevention and remedying of environmental damage.
② 薄晓波：《生态破坏侵权责任研究》，知识产权出版社2013年版，第13页。
③ 吕忠梅等：《理想与现实：中国环境侵权纠纷现状及救济机制构建》，法律出版社2011年版，第28页。

人群受损。受损害利益牵涉到社会公共利益与受害人的双重保护，众多受害者有可能是单个受损害数额较大或者为小额分散性损害。群体性诉讼被视为能够保护环境权益的最有效的法律技术。具体是指人数众多的一方构成的利益共同体，基于同一或类似的事实问题和法律问题进行诉讼的概括性描述。并非指某一个具体的诉讼形式和制度，而是对一类诉讼现象的描述。不同的国家会采用不同的群体性诉讼形式，形成不同的纠纷解决途径。① 与此对应，环境侵权群体性诉讼是指在生产、生活过程中因环境污染或生态破坏引起的众多当事人环境权益受到损害，有时伴有环境生态的损害，群体中有相同利益的一方因同一或类似的事实问题和法律问题进行诉讼的概括性描述。它可以把若干具有同一或类似环境损害内容的纠纷集中于同一诉讼中，提高环境侵权案件的审判效益，减少了因此类冲突产生的社会不安定因素。减少了重复起诉，避免了矛盾的判决。环境利益的扩散性、集合性和复杂性使得群体诉讼为适应环境侵权的解决自身也发生了很多的变化，各国均在研究对策，对环境侵权群体性诉讼的具体制度给予完善，以增强其适用性，并在诸多方面突破了传统的民事诉讼理论的束缚。

（一）弱化当事人主导的色彩，强化法院职权管理功能及国家干预

环境侵权群体性诉讼包括私益聚集型环境众益诉讼②和环境公益诉讼。环境公益诉讼与传统解决私权纠纷的民事诉讼在法律技术、基本原理上存在较大的差异，突破了传统的当事人理论和既判力扩张理论，在辩论原则和处分原则的适用上也受到诸多的限制，如公益诉讼中不允许自认、撤诉和放弃权利等。《关于审理环境民事公益诉讼案件适用法律若干问题的解释》首次在环境公益诉讼中允许和解、调解，但要求和解、调解必须公告，并经法院审查不损害社会公共利益，方可出具调解书。对于环境众益诉讼本质上属于分散型私益的聚集，因此传统民事诉讼中的辩论原则和处分原则依然适用。和解、调解、自认、撤诉都由当事人自主决定。环境侵权诉讼中通常影响广泛，涉及多数人的扩散性利益或涉及公共利益，且很多情况下环境公益、私益并存。③ 对此诉讼一般不采取当事人主导的诉讼机制，而是加强法院的干预和监督，在诉的合并、预审和发现程序、群体诉讼的认定、当事人是否适格、举证责任以及如何运用此种诉讼等方面都贯穿着法

---

① 王福华：《变迁社会中的群体诉讼》，上海世纪出版集团2011年版，第47页。

② 有学者认为多数人纷争解决程序如代表人诉讼、集团诉讼、选定当事人诉讼等也具有公益诉讼程序的特征，并纳入公益诉讼的考察范围，对此笔者为突出多人公益和公共利益在诉讼程序基本理念上的诸多不同，本书中公益诉讼中的公益仅限于公共利益，不包括多人公益。参见潘申明：《比较法视野下的民事公益诉讼——兼论我国民事公益诉讼制度的建构》，华东政法大学2009年博士毕业论文，第14页。

③ 张艳蕊：《民事公益诉讼制度研究——兼论民事诉讼机能的扩大》，北京大学出版社2007年版，第28~29页。

官对诉讼的控制和管理职能。以美国墨西哥湾溢油事故引发的众多环境侵权诉讼为例,由于涉及地域广、人数众多,案件诉讼请求复杂多样,合并后的预审对法院的诉讼管理提出了极大的挑战。法庭管理技术如何创造性地应用于主张支付、和解和审判管理过程都体现了环境侵权群体性诉讼中强化法院管理职能的必要性。

(二) 由解决个别环境纠纷转向通过审判来调整行为、制定环境公共政策

群体诉讼的价值和功能除了一般民事诉讼所具有的权利救济与纠纷解决之外,更重要的是其承载了接近正义、提升经济震慑和创造法律的功能。[1] 与环境权益相关的诉讼请求往往具有扩散性,同时还包含具有明确的社会性、政治性的诉求。环境侵权群体性诉讼并非完全私权纠纷的解决方式,它在帮助民众接近正义的同时,还肩负着社会环境公共政策形成的使命。通过对环境侵权纠纷的解决,隐含着与环境权益相关的间接社会关系的调整,为全社会确立与环境公益有关的行为指南,甚至影响当地环境、经济政策的制定与执行。[2]

(三) 公益、私益诉请的相伴而生、交叉融合

环境侵权中加害人和受害人的不特定性决定了环境侵权纠纷发生之后,起诉人数常常处于不确定的状态。不确定的众多受害者各自的诉讼请求也千差万别。在诉讼请求的类型上往往集中了公权主体、私权主体提起的人身伤害、财产损害方面的环境侵权索赔请求。环境侵权行为的原因无论是环境污染还是生态破坏,都有可能直接损害私人的人身权、财产权等私人利益,同时又都可能侵害社会性的公共环境权益,环境公益诉请和环境私益诉请相伴而生。部分私益诉讼停止侵害的诉请可以同时维护环境公益,行政机构和社会团体也可代表众多的私益受害者在提起公益诉请时一并提起私益诉请。同一环境侵权引起的环境公益诉讼和环境私益诉讼需要通过复杂诉讼的管理技术避免利益主体的重复起诉、重复举证、矛盾盘踞,有助于提高司法的效率和诉讼的经济。特别是法律授权公益团体或行政机构作为起诉主体,由于其具有专业能力和财力去调查相应的证据,同时具有较大的公信力和说服力,容易与对方达成一揽子解决的和解协议。[3]

(四) 诉讼双方的不平等到力量的均衡

环境污染的受害者往往在环境中是处于生理方面的弱者,如胎儿、老人、幼儿、病人、自然界的动、植物等。他们对自然环境依赖程度较高,受害较为严重并较早地显现出来。这一群体常常因为知识和资金的缺乏而在寻求司法救济的过

---

[1] 钱颖萍:《瑞典群体诉讼制度研究》,中国政法大学出版社2013年版,第17页。
[2] 李刚:"群体性环境污染与法律救济",载《资源与人居环境》2006年第6期,第49页。
[3] 钱颖萍:《瑞典群体诉讼制度研究》,中国政法大学出版社2013年版,第23页。

程中面临巨大的障碍。侵害方往往是国家机构或拥有雄厚财力、实力的公共团体、现代企业或其他组织。广大群体成员往往无法与之相抗衡。群体性诉讼使得相对弱小而分散的一方当事人基于共同的事实问题、法律问题而凝聚成为暂时的团体，与对方当事人形成力量均衡或接近力量均衡的状态。①

（五）环境司法的专业化

设立专门的环境审判机关或组织来处理环境案件成为越来越多国家的选择，到2009年，世界上已经有41个国家成立了350个环境法院或审判庭。② 中国当前严峻的环境纠纷成为我国地方法院尝试环境司法专业化的实践根源。自2007年贵阳清镇市人民法院成立我国第一家生态保护法庭以来，迄今为止已有20个省（自治区、直辖市）设立了369个环境保护法庭、合议庭或者巡回法庭。③ 但从本质上来讲，纠纷数量的多寡并不是设立专门性审判组织的主要原因。诉讼机制在处理环境交叉案件上的困顿和对环境公益保护的缺失成为建立专门环境审判机关或组织的制度基础。④ 一方面，环境侵权案件牵涉面广，且涉及复杂的专业知识、技术及多种专业鉴定，需要专业的审判人员和相应领域的专家参与到审判中来；另一方面，环境侵权纠纷中预防与救济并重的特征要求建立行政救济、民事救济、刑事诉讼一体化，公益、私益融合的环境侵权救济体系。环境司法的专门化不仅要实现审判机关或组织的专业化，更要实现审判制度或环境案件审判程序规则的专业化。⑤

二、群体性诉讼概念的重新审视与界定

（一）学界当前对群体性诉讼和公益诉讼的界定

目前学界对群体性诉讼和公益诉讼二者关系的理解比较混乱，尚缺乏深入的研究。有些学者将群体性诉讼纳入公益诉讼的范畴，有的学者认为二者既存在交叉又相互分离，在公益诉讼的样态法律还未作出合理规范的时候，公益诉讼往往

---

① 戴景华："试论集团诉讼对于环境公害纠纷解决之借鉴"，载《赤峰学院学报（汉文哲学社会科学版）》2010年第12期，第45页。

② George Pring and Catherine Pring, Greening Justice: Creating and Improving Environmental Courts and Tribunals xi (The Access Initiative, 2009), http://www.eufje.org/uploads/documentenbank/908e0589fa7d68954d783f908371d08e.pdf.

③ 李阳："最高法院新设环资庭：让法治助力生态文明建设"，载中华人民共和国最高人民法院网站，http://www.court.gov.cn/zixun-xiangqing-7093.html，2014年12月25日。

④ 张敏纯："环境审判专门化省思：实践困境及其应对"，载《中南民族大学学报（社会科学版）》2011年第1期，第134页。

⑤ 徐刚："生态环境司法专业化研究"，载《重庆与世界（学术版）》2013年第5期，第123页。

借助于群体诉讼机制给予实现。① 某些公益诉讼案件中也包含着私益的诉讼请求。造成这种混乱的根本原因在于不同的学者对群体的概念、公益的概念从广义和狭义的角度交错混用所至。

对于公益的概念,广义的公益包括"多人公益"和"社会公共利益",多人公益是分属于多个人中各个人的多人利益,公益的主体是多个人,不是一个单一的主体,具有可分割性。而社会公共利益则属于多数人共同享有的,是不可分割的和具有不确定性的利益。狭义的公益仅指社会公共利益。如在博士论文《比较法视野下的民事公益诉讼》中,认为公益诉讼的范围包括公民、社会团体、行政机关、检察机关提起的维护社会公共利益的诉讼,还包括集团诉讼、代表人诉讼和选定当事人诉讼等多数人纷争解决程序。即从广义上界定公益诉讼。②

对于群体性诉讼的概念在法学界也没有形成一个统一的应用,也存在广义和狭义的界定,广义的群体性诉讼是一种集合性的学术概念,而不是对一种专门性制度的特指,用于描述人数众多的诉讼,将世界各国的类似制度集合在这一个概念之下,在这一问题研究的初期,美国的集团诉讼、德国的团体诉讼和日本的选定当事人制度、代表人诉讼都被纳入群体性诉讼的范围。个体提起的具有维护公益性质的单独诉讼未纳入群体性诉讼的范畴。而学者将团体诉讼纳入群体性诉讼的范畴的理由是虽然当事人只有单一的团体,不符合群体性诉讼中"多数当事人"的要素,但从团体起诉的动因和实际效果看是为了满足多数的团体成员的利益,多数团体成员是诉讼的直接受益人。③ 而狭义上对群体性诉讼的使用在我国也并未统一,有的在使用中特指我国的代表人诉讼,有的特指我国人数不确定的代表人诉讼。④

(二)群体性诉讼与公益诉讼关系的处理

不同学者对上述概念在不同语境下有区别的使用,自然导致了群体性诉讼和公益诉讼关系认识上的复杂化。如果从广义的公益概念出发,现行界定下群体性诉讼自然被纳入公益诉讼的范畴。从上述分析中可以看出,学者概念中广义的群体性诉讼和狭义的公益诉讼包含的诉讼形式存在部分重合,出现了团体诉讼被认为既属于群体性诉讼又属于狭义公益诉讼的情况。

---

① 肖建华、唐玉富:《公益诉讼与和谐社会——以群体诉讼为考察对象》,载《法学论坛》2006年第5期,第35页。
② 潘申明:《比较法视野下的民事公益诉讼——兼论民事诉讼机能的扩大》,华东政法大学2009年博士毕业论文,第14页。
③ 汤维建等:《群体性纠纷诉讼解决机制论》,北京大学出版社2008年版,第75页,第76页,第256页。
④ 范愉编著:《集团诉讼问题研究》,北京大学出版社2005年版,第13页,第15页。

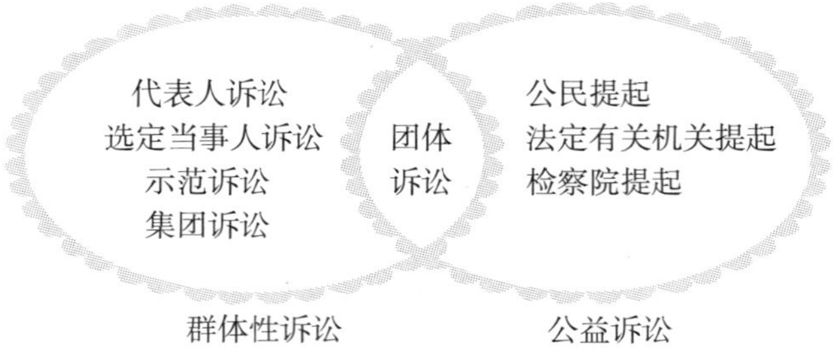

```
         代表人诉讼              公民提起
         选定当事人诉讼   团体   法定有关机关提起
         示范诉讼         诉讼   检察院提起
         集团诉讼

           群体性诉讼              公益诉讼
```

图 1-4　学界当前对群体性诉讼的界定

群体性诉讼多被界定为基于同一或同类法律利益的一方当事人人数众多,由特定主体代表多数当事人实施部分或全部诉讼行为,诉讼结果能够影响多数当事人的程序制度。具体形式包括集团诉讼、团体诉讼、示范诉讼、代表人诉讼、选定当事人诉讼等。[①] 该类诉讼一般都是私权主张在规模上的扩张。[②] 按照现有的界定,群体性诉讼的本质是具有独立私权主张的众多当事人通过特定主体代表自己进行诉讼的制度。团体诉讼中只有经过团体成员授权团体代表众多成员提起私权上的损害赔偿请求的这类情况才属于群体性诉讼,而团体代表不特定多数人(不仅限于团体成员)共同享有的、不可分割的公共利益提起的不作为诉讼就不应属于此种界定下群体诉讼的范围。此种界定将群体理解为人数众多,可分割的私权主张的聚集,就会出现概念内涵和外延不一致的情况。

而群体的本意是具有共同点的个体组成的人群共同体,这种人数众多不是简单的人数累加,而是一个具有一定时间段和阶段性的利益共同体,该整体形成的共同利益诉求的表现形式既可以是可分割的,也包括不可分割的共享的整体利益。社群主义和公共利益是社会学、政治学和经济学中重要的研究领域,其关于共同利益和集体行动的理论同样可应用到群体性诉讼的研究中。社群主义强调普遍的善和公共利益,个人权利不能离开群体而自发的实现,也不会自动导致公共利益的实现。其所倡导的公共利益是一种非排他性的、相容性的公共利益,即增加新的受益者并不减少原受益者的利益,如清洁的空气。但也并非绝对,有些公共产品的使用如果超过一定的数量,就会显现出排斥和竞争的性质。理解了公共利益的特征,也就理解了群体性纠纷产生的根源。公共利益是分层级和领域的,侵权行为有可能侵犯的是特定范围内的多数人、也有可能是不特定人的利益受损,更有可能是国家范围内全民利益的受损,也有可能是突破国家边界的公共利益。狭义上的公共利益属于不特定多数人。群体性诉讼是一种基于共同利益的集体行动,从最宽泛的意义上理解共同利益,则是经常被使用的公共利益。侵害公

---

① 汤维建等:《群体性纠纷诉讼解决机制论》,北京大学出版社 2008 年版,第 10 页。
② 杨严炎:"论公益诉讼与群体诉讼的关系",载《政治与法律》2010 年第 9 期,第 155 页。

共利益的纠纷一定属于群体性纠纷,这种群体性纠纷通过诉讼的方式解决,又称为狭义的公益诉讼,其是通过诉讼解决了一个涉及人数众多的公益性纠纷。那么最广义的群体性诉讼就包含了公益诉讼,公益诉讼是群体性诉讼的一个领域,在此之外是私益群体性诉讼。①

群体性纠纷解决机制包括私益型群体性诉讼和维护公共利益的群体性诉讼(公益诉讼)。二者都涉及对不特定多数人利益的保护,私益型群体性诉讼还包括对特定多数人的利益保护。长期以来将私益型群体诉讼称为群体性诉讼,犯了以偏概全的错误,在具有包含关系的概念分类中,上位概念与下位概念基于不同含义使用同一词汇"群体",容易引发概念间关系认识上的混乱与误解。这种词语上的误读阻碍了私益型群体性诉讼和公益型群体性诉讼并存下公正、高效诉讼模式的构建。因此,本书为避免研究中词语运用上的混乱,根据诉讼所维护利益的不同将群体性环境侵权纠纷分为环境众益诉讼和环境公益诉讼两类,而在更广义上采用群体性诉讼一词,公益的概念则采用狭义的解释,仅限社会公共利益。环境众益诉讼和环境公益诉讼的交叉与分离体现了二者同属于群体性环境侵权纠纷解决机制的特征和公益与私益融合的体现。环境侵权群体性纠纷解决的是具有相同、相似诉讼请求,较大范围内特定或不特定多数人利益的纠纷,甚至会涉及大量潜在利益群体的保护。② 集团诉讼、团体诉讼和选定当事人诉讼都存在私益型群体诉讼和公益诉讼交叉存在的可能。

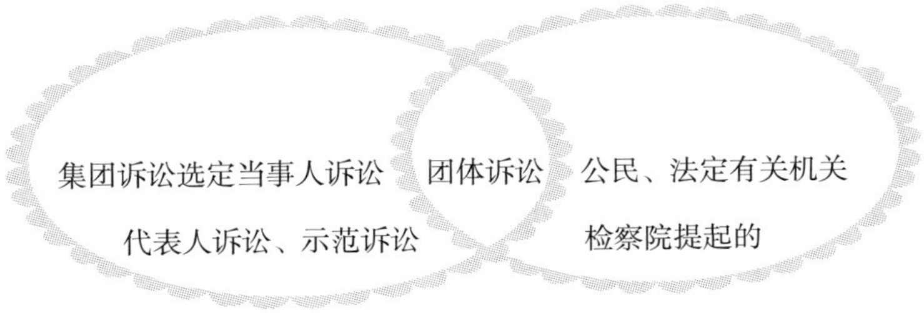

集团诉讼选定当事人诉讼　团体诉讼　公民、法定有关机关
代表人诉讼、示范诉讼　　　　　　　　检察院提起的

私益型群体性诉讼　　　　　　公益型群体性诉讼

图 1-5　本书对群体性诉讼的界定

三、环境众益诉讼与环境公益诉讼的异同

本书中对环境侵权概念的界定,突破了传统狭义上环境侵权的概念。传统意义上环境侵权是指因生产和生活行为侵害环境并因而对他人的人身权、财产权等

---

① 汤维建等:《群体性纠纷诉讼解决机制论》,北京大学出版社2008年版,第251~258页。
② 杨严炎:"论公益诉讼与群体诉讼的关系",载《政治与法律》2010年第9期,第155页。

权益造成损害的行为,是对私权的侵害,是一种特殊侵权行为。① 通过前文分析认为应从广义上界定环境侵权,其产生的原因事实既包括环境污染也包括生态破坏,环境侵权的客体既包括人身权、财产权也包括环境权及其他环境权益。相对应的环境侵权群体性诉讼是指在生产、生活过程中因环境污染或生态破坏引起的环境的损害,同时或进而引起的众多当事人人身权、财产权、环境权益受到损害,群体中有相同利益的一方因同一或同因的事实问题和法律问题推选出适格的少数当事人或由法律规定的公益代表人代表受害者起诉侵权人,法院裁判的效力对代表人及其代表的受害利益共同体均具有约束力的一种特殊的民事诉讼制度。

(一)环境众益诉讼的诉讼形式

对于环境侵权群体性诉讼的起诉主体为众多人身利益、财产利益及环境利益受到侵害的当事人。不确定多数人的人身利益、财产利益因环境损害而受到侵犯本质上属于私益的聚集,有学者称作环境众益,部分学者将其纳入广义公益的范畴,属于多人公益,是多个人的利益,分属于多个人中的各个人,这个公益的主体是多个人,不是一个单一的主体。但其与具有不可分性、非排他的相容性和不确定性的公共利益具有本质的区别,因此将此类诉讼称为环境众益更为恰当。对于环境众益诉讼我国目前采取的诉讼形式为代表人诉讼,美国采用集团诉讼,德国采用团体诉讼、示范诉讼,日本采用选定当事人诉讼,以求更快捷妥当地解决环境纠纷、控制环境污染。

(二)环境公益诉讼的诉讼形式

由于环境属于典型的公共物品,环境利益是指环境具有多种生态服务功能而蕴含的利益,是基于人类对于环境的需求而产生的利益,其承载的利益往往表现为公共利益。不确定多数人环境利益受到侵害本质上属于环境公共利益的损害,称作环境公益,属于集体公益,是由多数人组成的集体的利益,是不可分割的整体共享利益。② 环境利益可以分为资源性的环境公益、容量性的环境公益、人居性的环境公益和调节性的环境公益。资源性环境公益是指环境要素因提供具有经济价值的天然资源而蕴含的利益;容量性环境公益是指环境要素因具备可分配的环境容量而承载的环境利益,如碳环境容量、大气环境容量等都可以作为排污指标,进行分配和交易,资源型环境公益和容量性环境公益属于经济性环境公益;人居性环境公益是指大自然为人类提供生产和生活所需的良好的人居环境而蕴含的利益。包括洁净的水、清新的空气、美好的景观等;调节性的环境公益是指大自然提供的生态系统的自我调节、自我修复功能的生态环境所蕴含的利益。人居

---

① 杨立新:《侵权行为法》,复旦大学出版社2005年版,第55页。
② 徐祥民、邓小云:"环境公益诉讼对'环境权'说的拒绝",载《浙江工商大学学报》2009年第6期,第12页。

性环境公益和调节性环境公益属于生态性环境公益。同一自然要素可同时蕴含上述多种环境利益。①

在我国，从《宪法》到《物权法》再到各单行法均规定了自然资源属于国家所有或集体所有，并通过用益物权制度为人们使用自然资源、获取自然资源的利益提供了途径。主要包括自然资源的使用权（如土地承包经营权、水域养殖权、水域航行权）、自然资源的取用权（取水权、采矿权、捕捞权、狩猎权）和利用环境容量排放生产和生活所产生的废弃的物质和能量的自然资源排污权，即环境容量使用权（水域排污权、碳排放权、大气排放权）。在自然资源公有原则下，易发生使用权人无限使用自然资源的驱动力，却没有保护自然资源驱动力的"公地悲剧"，自然资源用益物权人对自然资源掠夺性、破坏性的使用，是导致我国自然资源受破坏的重要原因之一。当自然资源及其生态功能受到现实或潜在的损害时，可能会发生以下几种诉讼类型：一是各级政府以及国土、海洋、林业、渔业等职能部门作为自然资源国家所有权的代表人的身份或以环境容量的所有权为权利基础，提起保护资源性、容量性环境公益的民事诉讼，请求赔偿自然资源损失、环境容量损失，恢复治理环境，以保护生态性环境公益。例如，《海洋环境保护法》第 90 条规定："对破坏海洋生态、海洋水产资源、海洋保护区，给国家造成重大损失的，由依照本法规定行使海洋环境监督管理权的部门代表国家对责任者提出损害赔偿要求。"2002 年塔斯曼海轮海洋油污案是中国海洋行政主管部门首例对油污损害海洋生态环境进行索赔的案件。天津市环保局、天津市渔政渔港监督管理处请求侵权者赔偿海洋生态损失 996 余万元，海洋渔业资源损失 1 513 余万元和渔民损失 1 700 余万元。② 由于环境的整体性，自然资源是组成生态系统的基础，生态系统的平衡又决定了自然资源的健康。环境要素中的自然资源兼具有经济属性和生态属性，不但可以提供具有财产价值的天然资源，还承担着保持水土、净化空气等生态功能。因此，经济性环境公益和生态性环境公益具有不可分割性，自然资源损失和生态资源损失通常会一并提起。在某些情形下，环保职能部门会出于地方经济因素或其他原因而对本地企业的污染行为熟视

---

① 杨朝霞："论环境公益诉讼的权利基础和起诉顺位——兼谈自然资源物权和环境权的理论要点"，载《法学论坛》2013 年第 3 期，第 102~103 页。

② 该案一审判决认定了海洋行政主管部门主张的海洋生态损失中的海洋环境容量损失费和生物治理研究费，对于检测评估费、海洋生态服务功能损失费、海洋沉积物恢复费、潮滩生物环境、浮游植物和浮游动物恢复费均未认定。但该案最终由最高人民法院调解结案，只获得数百万元的调查费用，环境容量损失和生态修复费用未获得支持。2007 年国家海洋局发布了《海洋溢油生态损害评估技术导则》，一定程度上改善了海洋溢油生态损害难以量化的情形。参见白佳玉："船舶溢油海洋环境损害赔偿法律问题研究——以'塔斯曼'海轮溢油事故为视角"，载《中国海洋大学学报（社会科学版）》2011 年第 6 期，第 12 页。

无睹，为克服上述弊端，还应赋予检察机关、环保社会团体、公民个人提起环境公益诉讼原告的资格。二是环境资源用益物权人在保护其私益时，附带性和间接性的保护环境公益，但这种保护仅限于停止侵害、排除危险，恢复原状。如果立法赋予公民个人提起环境公益诉讼的资格，将有助于纠纷的全面解决，提高诉讼效率。

以自然资源所有权为基础的环境侵权诉讼，关注更多的是自然资源的经济性环境公益，往往在对自然资源造成损害后才提起，在保护上具有滞后性。而对自然资源损害发生前的环境品质的降低、生态环境服务功能的下降等生态性的环境公益保护不足。从生态学的角度来看，任何一个生态系统都是由生物系统和非生物系统组成。包括四种基本成分：生产者、消费者、分解者和非生物环境。[①] 环境在没有人类的严重干扰的情况下处于生态平衡的状态，生态系统的各成分能够相互适应、相互协调、相互补偿，使整个系统的结构和功能良好。能量流动、物质循环和信息传递构成生态系统的基本功能。人类从环境中不适当取用或开发某种能源和物质，使环境要素的数量减少、质量降低，降低或破坏他们的环境效能，生态平衡遭受破坏。如滥伐森林、滥垦土地、滥采矿产资源引起草原、湿地退化、海洋渔业资源减少、水土流失等生态破坏现象。由于生态系统具有一定的自我调节机能，环境要素的损害经过长期的累积、复合可能才能显现出来，私权利主体较少受到此种行为的直接影响，但在生态破坏有损害之虞即使尚未引起人身、财产损害之时，相关职能部门出于经济驱动又未尽到生态保护的行政监管职责，理应赋予公民、社会团体提起维护调节性环境公益诉讼的资格。

资源性环境公益、容量性环境公益和调节性环境公益的损害最终都会导致自然环境生态品质的下降，进而损害人居性的环境公益。上述环境公益请求的权利基础为环境权，不同的学者对于环境权的认识也尚未统一，在讨论时也往往不是一个具有确定的概念内涵的术语。从语义学的角度来讲，学者们对环境权的概念的观点可以划分为三个层次：一是环境本身的权利，即植物、动物、河流等比较

[①] 生产者主要是能利用水、二氧化碳等无机物质通过光合作用合成碳水化合物、蛋白质、脂肪等有机化合物的植物种类，还有一些利用化学能把无机物转化为有机物的化能自养型微生物也应列入生产者之列。消费者是直接或间接的依赖生产者制造的有机物质生存的异养生物。直接吃植物的动物叫植食性动物，又叫一级消费者。以植食性动物为食的动物叫肉食动物，也叫二级消费者，以后还有三级消费者、四级消费者直到顶级消费者。还包括那些杂食性动物、食碎屑者、寄生生物等。分解者是异养生物，指分解动植物的残体、粪便和各种复杂的有机化合物，吸收某些分解产物，最终能将有机物分解为简单的无机物，而这些无机物参与循环后可被无机物重新利用。主要包括细菌、真菌、某些原生动物和蚯蚓、白蚁、秃鹫等腐食性动物。分解对于物质循环和能量流动具有非常重要的意义，在任何生态系统中都是不可缺少的组成部分。非生物环境包括参加物质循环的无机元素和化合物，联系生物和非生物成分的有机物质（如蛋白质、糖类、脂类等）和气候或者其他物理条件（如温度、压力）。参见文祯中主编：《生态学概论》，南京大学出版社2011年版，第24页。

第一章　环境侵权群体性诉讼制度的基本理论

具体的环境形态可不可能拥有权利,虽然实践中出现了赋予环境以权利的案例,如 1981 年帕里拉属鸟诉夏威夷土地管理局系列案件①,1995 年日本年奄美大岛 4 种鸟类诉地方政府案②,但对环境本身是否享有权利学者尚有争论。二是人对环境的权利,即环境物权,是指对环境资源进行综合性支配并将环境法上的义务纳入权利内容的物权,环境物权对社会、生态系统可能带来长远影响,因此受到更大的公法性的制约。三是作为基本人权的环境权,即环境人权,环境权是公民最基本的权利,每一个公民都享有适宜健康的、良好生活环境的权利。关注和保护的是具有整体性、长远性、公益性、无形性特征的环境生态功能。具有社会属性的第三代人权。③ 环境公益诉讼是指以环境权为基础,以维护环境公益为目的,以诉讼信托为理论依据,由公民、环保社会组织、环保行政机关和检察机关等主体提起的诉讼,包括公民基于环境物权、环境基本人权提起的诉讼。自然资源监督管理机关基于自然资源国家、集体所有权而提起的资源性环境公益诉讼和容量性环境公益诉讼,环保社会团体、环保行政部门和检察机关基于公共信托理论④而提起的环境权诉讼。实践中这种诉讼既可以表现为环境行政公益诉讼,也可表现为环境民事公益诉讼。

　　群体性诉讼并非单一的诉讼形式和制度,而是对这一类诉讼现象的描述或这方面诉讼制度的总称。广义群体诉讼包括国际上存在的示范诉讼、全部当事人委任少数律师为其共同诉讼代理人出庭诉讼、程序的合并和公益诉讼等。⑤ 在司法实践中,环境侵权群体性诉讼中环境众益与环境公益共存并有着盘根错节的联系。对于这两种诉讼特别是公益诉讼随着环境保护意识的增强已成为学术界、实务界甚至普通百姓的热议话题,但是关于两种诉讼的关系如何处理,他们各自的运作特点和价值何在？尚缺乏专门的研究。分析二者的异同并从理论上探讨如何

---

① 1978 年 1 月 27 日,塞拉俱乐部法律保护基金会和夏威夷奥杜邦协会代表仅存的几百只帕里拉属鸟提出了一份诉状,要求停止在该鸟类的栖息地上放牧。法院受理了这个案件,这样就出现了美国法律史上第一次,也是人类法律发展史上第一次,以非人类存在物作为原告的诉讼。1979 年 6 月,一名联邦法官作出了帕里拉属鸟胜诉的判决,要求夏威夷土地与资源管理局在两年内完成禁止在帕里拉属鸟栖息地放牧的工作。该案表明,自然体可以成为法律主体、享有法律主体资格和权利。参见黄勇:"环境公益诉讼国外案例",载搜狐绿色,2013 年 7 月 18 日。
② 1995 年 2 月 24 日奄美 4 类野生保护鸟类作为原告向鹿儿岛地方法院提起了行政诉讼,请求法院判决禁止政府批准的高尔夫球场建设。参见黄勇:"环境公益诉讼国外案例",载搜狐绿色,http://green.sohu.com/20130718/n381963612.shtml,2013 年 7 月 18 日。
③ 陈伟:"论作为概念群落的环境权",载《南京大学法律评论》2014 年春季卷,第 293～303 页。
④ 阳光、空气、水、野生动植物等环境要素属于全体公众的共有财产,共有人为了管理这些共有财产,而将其委托给国家,国家有责任为公众的利益对作为受托财产的环境要素加以保护和管理。
⑤ 杨严炎:"当今世界群体诉讼的发展趋势",载《河北法学》2009 年第 3 期,第 41 页。

确立在众益诉讼与公益诉讼之间共生的环境权益司法保护模式，建立公正、高效的环境纠纷司法解决机制显得尤为重要。

在环境侵权中，虽然环境公益的受损并不必然引起环境众益的受损，因为环境具有自我调节、自我恢复和自我更新功能。但环境众益的损害往往以环境公益的受损为前提。在一些突发性环境事故中如爆炸事故、污染物泄漏等环境公益的损害和环境众益的损害有可能同时发生。环境众益诉讼程序的救济对象为环境媒介引发的多人的人身、财产权益的损害，本质上属于私益的聚集，而具备了群体性、广泛性。环境公益诉讼程序的救济对象为环境污染或生态破坏危害的环境本身的损害，环境利益在本质上属于公共利益的范畴，包括前述三种类型。

环境众益诉讼与环境公益诉讼在诉讼目的、诉讼理念、对当事人适格的要求、责任的承担方式等方面均有明显的差异。首先，环境众益诉讼是以维护因环境污染、生态破坏而遭受损害的群体成员的人身权、财产权等私益为主要诉讼目的的。而环境公益诉讼的诉讼目的主要是维护社会公共利益，即因环境损害而引起的环境污染、生态破坏以及环境侵害为媒介造成的公众财产、健康、娱乐以及美学利益的损害。在诉讼理念上，按照米尔依安·R. 达玛什卡对审判类型的划分，环境众益诉讼应当更符合传统的纠纷解决型司法，而环境公益诉讼更侧重于环境公共政策的有效实施，应当划归于政策实施型司法。[①] 法官的角色由过去中立的裁判者转为一个真理的追求者，可能会采取非常主动的行动，表现出一定的司法能动主义倾向。是行政机关克服自身执行能力的局限性时采取的补充和辅助性手段。

其次，在当事人适格问题上，环境众益诉讼的原告与本案有着直接利害关系，其人身或者财产权益受到了环境侵害行为的直接损害。而环境公益诉讼则关系到公众中个人的利益，又关系到公众的（不特定多数人）共同利益。环境公益诉讼原告主张的是每个个体共享的整体利益，原告欲求的诉讼效果没有人格上、私人独占的或金钱上的利益关系。环境公益诉讼的原告范围十分广泛，包括行政机关、社会团体、检察院和公民个人，都不必与案件有直接的利害关系，其原告资格的取得在于其能否表明一些实质性的不负责或滥用职权而导致的环境危险或损害。

再次，两者在诉讼形式和被代表人的明确程度上不同。环境公益诉讼的形式主要表现为单一诉讼或者共同诉讼。被代表的利益人是不特定的公众。环境众益诉讼的受害者通常具有分散性和广泛性，诉讼中具有共同或者同种类法律利益的一方当事人人数众多，超出了共同诉讼可以容纳的范围，法院通常通过代表人诉

---

① ［美］米尔依安·R. 达玛什卡：《司法和国家权力的多种面孔》，郑戈译，中国政法大学出版社 2004 年版，第 131 页。

讼或者其他具有解决群体性纠纷功能的方式对此类案件进行审理。参加诉讼的群体成员必须是依据特定的标准可以确定的，成员的诉讼主体资格也要接受法院的审查。虽然有些环境众益诉讼会附带提出一些公益保护的诉讼请求，甚至诉讼的结果具有社会普遍性，甚至会引起环境公共政策或法律原则的改变，但其本质上仍为"主观为自己、客观为他人"的私益诉讼。

最后，两者的责任承担方式不同，由于公益诉讼所代表的利益群体是公众，且通常赔偿不需要在群体成员中进行分配，以至于被代表的利益人无须具体明确。大多属于预防性诉讼或禁止性诉讼，防止将要发生的侵害和排除正在发生的继续性、反复性侵害，① 承担责任的方式主要是停止侵害、排除妨碍、消除危险，恢复原状和赔偿恢复原状的合理费用。环境公益诉讼请求救济内容不仅针对过去还要指向未来，不仅要求对所受损害简单的金钱赔偿或恢复原状，还包括要求公共团体、企业以及国家修改变更有关政策和事业规模或者采取有效的防范措施避免损害的出现或扩大，甚至禁止被告从事有关活动。而环境众益诉讼更多的是要制止不法侵害，同时要求得到赔偿。环境众益诉讼的权利基础是民法上的人身权、财产权、私法上的环境权等民事权益，环境公益诉讼的权利基础是环境权及其他环境权益。

---

① 罗云飞："环境权诉讼刍议"，载《南京航空航天大学学报（社会科学版）》2005年第4期，第40页。

第二章 域外环境侵权群体性诉讼的考察与分析

第一节 美国环境侵权群体性诉讼的考察与分析

一、美国环境公益诉讼

（一）美国环境公益诉讼的类型

美国环境公益诉讼历经了 40 多年的法律实践，已经形成相对成熟完善的立法体系。美国的环境公益诉讼主要有公民诉讼（Citizen Suits）和检察长诉讼（Attorney General）两种形式。检察长诉讼主要是美国联邦政府或者州政府提起的针对污染、破坏环境的直接行为人的以保护环境为目的的诉讼。美国检察长诉讼实际上除由检察长作原告外，更多情形下是由具有环境监管职责的环境署或州环保部门作为原告提起的环境公益诉讼。[①] 环境公民诉讼是指公民、团体依法代表社会公益对违反法定环境保护义务、污染环境的私人、组织或未履行环境保护法定职责的行政主管机构造成的环境公共妨害[②]行为提起的诉讼。私人有权代表社会公益对于侵害环境的行为提起诉讼，其本质在于私人执法（Private Enforcement），通过赋予私人相应的诉权，以实现对环境公益损害的法律救济，通过私人诉讼促进环境法律的执行和实施，借此弥补公权力执法之不足。环境公民诉讼中的公民、团体被视作"私人检察官"。公民包括公民个人和社会团体，且大部分是由社会团体提起的。由于被诉方包括排污者、环保局，因此环境公民诉讼包括民事诉讼、行政诉讼两种类型。环境公民诉讼是美国环境法律的一项极

---

① 胡中华："论美国环境公益诉讼中的环境损害救济方式及保障制度"，载《武汉大学学报（哲学社会科学版）》2010 年第 6 期，第 930 页。

② 环境公共妨害是指对于因不合理地、未经许可地或者非法使用个人财产，或因个人不适当、不合法的行为而对他人或者公众的权利行使造成障碍或者损害。

富特色的制度，是环境执法的重要补充，案件是否进入诉讼程序并非关键，很多环境诉讼案件没有进入诉讼程序便终结，节约了司法资源，也是我国当前构建环境公益诉讼中丞待完善之处。本书着重探讨环境公民诉讼中的民事诉讼部分。

(二) 美国环境公民诉讼

1. 美国环境公民诉讼的立法概况

美国的联邦各单行环境立法、州立法都设立了专门的条款规定环境公民诉讼制度。最早确立了环境公民诉讼制度的联邦环境立法是 1970 年的《清洁空气法》。授予私的公民享有私人检察总长的权力，通过诉讼的方式制止污染空气的行为。"在政府不能勤勉地应对环境违法之际，针对其他违法者、政府部门和机构提起诉讼"[1]。目前在美国一共有 16 部联邦环境法律规定了公民诉讼条款。如《清洁水法》《海洋倾废法》《清洁空气法》等。在美国的联邦环境法律体系内，不存在一个一般的环境公民诉讼条款，均来自不同的联邦环境法律条款的授权。[2]

2. 环境公民诉讼的原告及起诉资格

"任何人"或"任何公民"一般都可以作为环境公民诉讼的原告。原告的范围极其广泛，涉及美国社会公共和私人领域的具有独立法律地位的任何法律实体。对于原告的起诉资格，早期的司法判例对环境公民诉讼的原告资格是严格限制的，如 1937 年田纳西电力公司诉田纳西流域管理局一案中，提出了"法律权利说"，要求原告能积极证明其法律上保障的权利正在或已经遭受侵害，否则原告不具有起诉资格。到了 20 世纪七八十年代，美国联邦最高法院通过塞拉俱乐部诉莫顿案、杜克能源公司诉卡罗来纳环境研究集团有限公司案等不再以法律保障的权利受侵害作为原告享有诉权的要件，只要原告受到事实上的损害便可提起诉讼。[3] 如果是社会团体，则由团体的成员举证自己的利益受到了被控违法行为的损害。这一时期，原告的起诉资格是相对宽松的。而到 20 世纪 90 年代，环境公民诉讼领域宽松的起诉资格规则愈加严格，原告起诉需要证明符合宪法第 3 条所要求的确立原告起诉资格应具备的损害要素、因果关系和可救济性。一是原告必须受到事实上的损害，对一个受法律所保护利益的侵害，该损害必须是具体、特定的以一种个人的和单独的方式影响到原告；损害必须是真实的或即将发生的，而不是猜测的或假设的。环境公民诉讼的原告应当证实由于被控违法行为而

---

[1] 陈冬："公民可否成为我国环境公益诉讼的原告——兼与美国、我国台湾地区相比较"，载《清华法治论衡》2012 年第 12 期，第 99 页。

[2] 徐祥民等：《环境公益诉讼研究》，中国法制出版社 2009 年版，第 195 页。

[3] 崔华平："美国环境公益诉讼制度研究"，载《环境保护》2008 年第 12 期，第 89 页。

使自己受到了"事实损害"（Injury in Fact）。① 如《清洁水法》把公民界定为其利益已受到或可能遭受不利影响的个人或人们。② 二是损害与被控行为之间必须有因果关系，损害能够公平的追溯至被告的被控行为，而且并非由未提交法院的某第三方当事人的独立行为造成的。三是与单纯的推测相比，损害有可能得到一个有利的给予救济的判决。③ 可救济性要求损害应是非普遍的损害而是特定的损害。野生生物保护者诉鲁坚案件中，原告必须证明被告的被控行为影响了自己明确、真实的和具体的个人利益，仅有针对环境的普遍的损害，而没有特定具体的个人损害，被认为不具有起诉资格。在地球之友诉雷劳德环境服务公司、马萨诸塞州诉联邦环保局气候变化诉讼案中，严格的起诉资格明显松动。尽管联邦最高法院仍然运用鲁坚案确定的三要素标准，但放松了对有关事实损害的要求，原告只需证明被告违反了某部法律且原告受到了损害，或对人类普遍的环境损害即可。④

3. 环境公民诉讼的可诉范围与管辖

环境公民诉讼的条款对公民诉讼的提起也是有一定的限制的，美国联邦环境法律层面不存在普遍意义上统一适用的公民诉讼条款，公民并非对任何侵害环境权益或违反环境法律的行为都可以起诉。如果某联邦环境法律没有公民诉讼条款的规定，就不存在提起环境公民诉讼的情形。公民诉讼只能针对该单行法律规定的违法情形提起。不同的环境法律对环境公民诉讼的可诉范围的规定会有所不同。各单行联邦环境法律的公民诉讼条款一般包括两类："一是违反授权该公民诉讼条款的联邦环境法律的特定法律条款、内容的行为或依据该法授权颁布的任何行政规章的行为；二是执行联邦环境法律的联邦环保局等行政机关的不作为违法行为。"⑤ "美国环境公民诉讼的管辖法院因被告的不同而不同，以环境保护局长为被告的诉讼案件经法律特别规定由哥伦比亚特区巡回法院管辖，而其他的以企业、机关等污染源为被告的诉讼案件由污染所在地或违法事实发生地的地方法院管辖。"⑥ 在司法实践中，法院可以授权公民可以在合理的时间内进入被告污

---

① 陈冬："美国环境公民诉讼管窥"，载《郑州大学学报（哲学社会科学版）》2004年第1期，第108页。

② The Clean Water Act,33 U. S. C. 1365(g).

③ 504 U. S. 555,560 – 561(1992). 陈冬："严格的起诉资格规则——以鲁坚案为中心析美国环境公民诉讼"，载吕忠梅、徐祥民主编：《环境资源法论丛》（第4卷），法律出版社2004年版，第154页。

④ 陈冬：《美国环境公民诉讼研究》，中国人民大学出版社2014年版，第42页，第48～52页，第57～58页。

⑤ 陈冬："环境公益诉讼的限制性因素考察——以美国联邦环境法的公民诉讼为主线"，载《河北法学》2009年第8期，第161页。

⑥ 崔华平："美国环境公益诉讼制度研究"，载《环境保护》2008年第12期，第90页。

染源所在地自行进行调查取证。

4. 起诉前的通知程序

原告在提起诉讼之前必须经历通知程序，在通知发出之日起的一定期限内，不得提起公民诉讼。通知的目的在于警告、督促环境违法者和执法者守法或积极地实施环境法律，给违法者一个机会对此作出反应并与通知者协商解决争端。未履行通知程序而提起公民诉讼，法院会拒绝对其进行司法审查。案件是否进入诉讼程序并非关键，很多环境诉讼案件没有进入诉讼程序便终结，节约了司法资源。通知包括两类：一是对于违反联邦环境法律特定法律条款或内容的行为。应当在起诉前向特定对象通知将被控之违法行为以及起诉意图，在通知期限内，不得提起公民诉讼。二是对于执法者的不作为违法行为，如有起诉意图，在将被控违法行为和起诉意图通知给执法者之日起 60 日内，不得提起公民诉讼。通知期一般为 60 天，但部分单行法中也有一些不同的规定。[①] 第一类情形的通知对象包括执行联邦环境法律的行政机构、被控违法行为发生地所在州州政府和被控违法者。第二类情形的通知者为执法机构的行政首脑。但并非所有公民诉讼有关制度都规定案件必须经过诉前通知程序，有关毒性污染物或者紧急事件的案子可以免除诉前通知程序。[②]

5. 环境公民诉讼的阻却

对于起诉通知中的违法行为，如果执法者采取勤勉的实施法律之措施，则不得提起公民诉讼。因为在实施法律领域，公权力实施法律的机制占主导地位，公民诉讼的作用只是为了弥补执法机构实施法律的不足。何谓"勤勉的执法"法院并没有一致的看法，除了包括执法者已经在进行一项要求违法者守法的民事或刑事诉讼，是否还包括行政机关为执法而采取的其他行为？法院大多给出狭义的解释，如在地球之友诉统一铁路公司案[③]和塞拉俱乐部诉切润美国公司案[④]中，都认为只有行政机构提起诉讼才可以阻止公民诉讼的提起。也有部分法院给出宽泛的解释，如在褒夫曼诉布瑞德伏特煤炭公司案[⑤]中，某些行政行为如对违法行为施加禁止性禁止令和处罚可视为司法行为，可阻却公民诉讼的提起。公民诉讼的限制性因素经由判例中的司法解释而变的富有弹性，当法院意图严格限制公民诉讼的提起，削弱公民诉讼的功效时，往往会对阻止环境公民诉讼提起的因素作

---

① 陈冬："环境公益诉讼的限制性因素考察——以美国联邦环境法的公民诉讼为主线"，载《河北法学》2009 年第 8 期，第 163 页。
② 巫玉芳："美国联邦环境法的公民诉讼制度"，载《现代法学》2001 年第 6 期，第 23 页。
③ Friends of the Earth v. Consolidated RailCorp. 768 F. 2d 57(2d Cir 1985).
④ Sierra Club v. Chevron U. S. A., Inc. 834 F. 2d 1517(9th Cir 1987).
⑤ Baughman v. Bradford Coal Co. 592 F. 2d 215(3d Cir 1979).

出宽泛的解释,强调行政执法的主导地位,以减轻司法负担、节约诉讼成本,充分发挥非讼纠纷解决机制在纠纷解决中的作用。而当法院意图发挥公民诉讼的积极作用,保障环境法的良好实施,往往会对环境公民诉讼提起的阻却因素作出狭义的解释。①

(三) 环境公益诉讼中的激励机制——败诉方负担

环境公民诉讼属于环境公益诉讼,原告提起诉讼的目的不是救济受损害的私人利益,而是环境公共利益;环境公民诉讼的原告只能提起针对环境的损害赔偿请求;环境公民诉讼中提起的课以民事罚金的请求最终归属国库,而非原告。对于已经遭受到环境侵害的公民来讲,提起环境公民诉讼是利己与利他双赢的状态;而对于环境损害有可能发生尚未发生或者该公民尚未受到影响的案件来讲,"理性人"假设下的环境公民诉讼的制度设计,需要给予起诉者一定的激励。美国环境公民诉讼中的律师费分担规则即满足了这一需要。② "美国律师费用一般不计入诉讼费用,不能从对方当事人处得到补偿,而是由当事人双方各自分别负担。"③ 而"原告是否提起诉讼的决定,多数情况下是与诉讼费用相关的",如果其赔偿金高于诉讼成本,原告就有提起诉讼的积极性。如果诉讼的成本要高于可能获得的赔偿金,一些"潜在的原告就会失去提起诉讼的兴趣"。④ 该诉讼费用的负担规则在对传统的为受害人求偿的私益诉讼中适用尚可,但对于具有浓厚公益意味,原告不可能从诉讼中获得任何赔偿的环境公民诉讼来讲,原告为公益诉讼所耗费的成本就只能靠自己埋单,这无疑会让本来就缺乏积极性的原告公民选择放弃起诉。1970 年《清洁空气法》在环境公民诉讼中引入"败诉方负担"规则,即法律授权法院,在其认为适当的时候,将胜诉原告所承担的律师费用及其他诉讼费用判给败诉方承担的一种费用分担方式,以激励环境公民诉讼的提起。由于环境公民诉讼中原告缺乏利益驱动,对于律师的监控缺乏积极性,"败诉方负担"规则,转而以原告律师为激励对象,胜诉律师指望的是法院而不是当事人给予其律师费,法院在判决律师费时是根据案件胜诉的结果以及律师在诉讼过程中的成本支出。在此情况下,律师首先发现的是使其起诉有利可图的违法行为而

---

① 陈冬:"环境公益诉讼的限制性因素考察——以美国联邦环境法的公民诉讼为主线",载《河北法学》2009 年第 8 期,第 164 页。
② 陈亮、刘强:"纠缠于正诉激励与滥诉预防之间:美国环境公民诉讼中'败诉方负担'规则之考察",载《法律适用》2007 年第 8 期,第 90 页。
③ Federal Civil Procedure Law 45(4)(2).
④ [意] 莫诺·卡佩莱蒂:《福利国家与接近正义》,刘俊祥等译,法律出版社 2000 年版,第 70 页。

不是当事人的存在。① 但这种律师费转移的制度只适用于胜诉的原告,而不适用于胜诉的被告。

此外,美国《防治欺诈请求法》中建立了告发人制度,即"只要环境公益受到事实上的损害,掌握环境违法行为秘密信息的公民,作为告发人向环保部门揭发违法行为并与环保部门作为共同原告或单独作为原告向法院起诉,告发人诉讼对有违法行为的被告实行惩罚性赔偿,处以民事罚金和损害赔偿金的双重处罚。其中,民事罚金归告发人,用以弥补告发人提起诉讼支出的费用,数额与告发人诉讼费用相当。如果被告败诉则需要承担 2~3 倍的损害赔偿金,告发人可以获得其中的 10%~30%。以此来推动公众和社会团体积极地提起环境公益诉讼。"②

(四)美国环境公益诉讼中的救济方式

1. 赔偿损失

民法对于侵权的救济方式以损害赔偿和排除侵害为主要支柱。"前者注重对已生损害的补偿,后者重在排除已发生之侵害,并预防将来可能发生之侵害"③。环境侵权集团诉讼的损害赔偿是众多人私益损害的填补。环境公益诉讼的损害赔偿是针对环境本身的损害而产生。在美国,针对自然资源损害的赔偿,索赔的通常是环境监管机关,在特殊情况下,为国家环境应急计划承担了清污行为的任何个人,可以要求排污者承担清污费。多数的环境法律中没有赋予民众可以作为公益诉讼的索赔主体要求被告承担损害赔偿责任,通常公民不能要求被告赔偿环境本身的损害。如美国的《综合性环境回应、赔偿与责任法》(Comprehensive Environmental Response Compensation and Liability Act of 1980)和 1990 年《油污法》(Oil Pollution Act)都未赋予环境公民诉讼的原告提出赔偿的权利。但在《清洁水法》(the Clean Water Act)第 505 条和《资源保护与恢复法》(the Resource Conservation and Recovery Act)第 7002 条规定了环境公民诉讼的原告可以要求被告赔偿环境本身受到的损害。④

---

① John C. Coffee ,Jr. Understanding the Plaintiff: Attorney: The Implications of Economic Theory for Private Enforcement of Law through Class and Derivative Actions, 86 Columbia. Law. Review 669 (1986). 转引自陈亮、刘强:"纠缠于正诉激励与滥诉预防之间:美国环境公民诉讼中'败诉方负担'规则之考察",载《法律适用》2007 年第 8 期,第 91 页。

② 张颖:"环境公益诉讼费用规则思考",载《法学》2013 年第 7 期,第 141 页。

③ 邱聪智:"公害民事救济法理论与实际",载《辅仁法学》2006 年第 2 期,转引自胡中华:"论美国环境公益诉讼中的环境损害救济方式及保障制度",载《武汉大学学报(哲学社会科学版)》2010 年第 6 期,第 930 页。

④ 胡中华:"论美国环境公益诉讼中的环境损害救济方式及保障制度",载《武汉大学学报(哲学社会科学版)》2010 年第 6 期,第 931 页。

2. 民事罚金

环境公民诉讼原以禁止令作为主要的救济手段，在1970年的《清洁空气法》中并无要求法院处以罚金的明文规定。通常情况下，普通民众提起的环境公益诉讼不允许提出民事罚金（Civil Penalty）的请求，一般政府机构提出的公益诉讼可以要求民事罚金，但在司法实践中也出现了一些例外。在地球之友诉兰得洛环境污染公益诉讼案中，原告提出了对被告施加民事罚金的制裁，通过威慑来阻止其未来可能的违法行为。"在随后的《清洁水法》和《资源保护与恢复法》等法律中，公民诉讼条款明确授权法院可以处以民事罚金。最初规定可以处以每日一万美元的罚金，在1987年修法时，将数额提高到了二万五千美元。大大增加了公民诉讼的威吓力，其性质既不同于行政处罚、也不同于民事赔偿，是一种因公益诉讼所得的公益性罚款收入，这些罚款都归属国库而非判归原告。如《清洁水法》第309（g）（6）条规定："执法者可以根据具体情况对违法者处以两种等级的民事处罚。一般情况下，政府在执法过程中或者提出环境公益诉讼的时候要求民事罚金，如果执法的联邦或州政府对违法行为施加了民事处罚，公民诉讼不得提起。"①

3. 禁令救济

（1）禁令救济的类型。禁令是环境侵权集团诉讼中重要的救济手段，更是美国环境公益诉讼中最主要的救济手段。环境侵权集团诉讼中针对已经发生损害或正在遭受伤害之救济，可采取除赔偿损失外的补救措施（如命令安装污染控制设施）。② 美国的环境公民诉讼中大多不允许提出损害赔偿，罚金的判处也十分有限。当发生环境损害或发生环境损害之虞时，美国民众、州、联邦政府可以提起环境公益诉讼要求法院颁布禁令制止这些行为。根据禁令的内容不同，禁令可以分为禁止性禁令（Prohibitory Injunction）即原告要求法院禁止被告继续从事对环境有害的行为或经营活动；预防性禁令（Quia Timet Injunction）即如果被告实施的某种行为会给环境造成不可逆转的或者严重的损害，原告可以在被告实施该行为之前申请法院颁发禁令阻止被告实施可能危害污染环境的行为；纠正性禁令（Mandatory Injunctions）即当环境损害已经发生，采取金钱赔偿的方式不足以恢复环境损害且由被告采取相应的措施以清除环境损害；赔偿替代性禁令（Damages in Lieu of an Injunction）即法院可以在损害已经无法避免并将持续下去的情形下颁布赔偿替代性禁令，强制性要求被告购买原告的权利以替代对被告颁

---

① 崔华平："美国环境公益诉讼制度研究"，载《环境保护》2008年第12期，第90页。
② ［美］约瑟夫·L. 萨克斯：《保卫环境：公民诉讼战略》，王小钢译，中国政法大学出版社2011年版，第98页。

布禁止性禁令。①

根据禁令在诉讼中发生的时间，禁令可以分为中间性禁令（Preliminary Injunction，又称临时禁令）和永久性禁令（Permanent Injunction）两种。中间性禁令是指在诉讼终结前，为了维持现状或变更现状而采取的暂时性救济方式。而永久性禁令是指对现在正在发生的继续性或反复性的侵害或将来可能发生的损害作出停止或排除的终局判决。② 如果原告寻求中间性禁令，法院可以根据《联邦民事程序规则》要求原告提供一定的担保，担保金额则由法官依据自由裁量权确定。③

（2）禁令救济的审查标准。禁令救济（Injunctive Relief）被美国联邦最高法院一再告诫是一种超常状态下的救济，仅在例外情况下方能采取的措施。对于临时性禁令救济，原告必须证明符合四项传统法律标准方能获得。一是如果没有禁令救济原告很有可能遭受不可挽回的损害；二是原告可能胜诉；三是该行为的伤害大于所获得的利益；四是基于公共利益应当禁止该行为。但是在之前的几十年中，特别是在环境诉讼中，许多联邦巡回法院渐渐偏离了这一严格的申请标准，采取更为灵活的方法平衡四个标准，准许对其中一个标准较强的证明可以弥补对另一个标准较弱的证明。第二巡回上诉法院只要符合标准中的不可挽回的损害和其他项目中的任何一项，即批准禁令救济。④ 这一宽松批准趋势的起源可追溯到田纳西流域管理局诉希尔案［Tennessee Valley Authority（TVA）v. Hill］⑤，法官推断除了停止耗资超过 1 亿美元的 Tellico 大坝项目别无选择，因为该项目危及了蜗牛镖的生存而违反了《濒危物种法》（the Endangered Species Act, ESA）。依据该案很多原告主张如果对环境造成了伤害，就应当支持禁令申请，因此，在环境诉讼中，原告经常提起并获准禁令救济。一些联邦法院甚至建议在环境诉讼中禁令救济应当被当作一个通常的手段，而非超常的例外措施。该案与禁令救济审核的四标准的相关性很小，因为它涉及了无可争议的违反《濒危物种法》（ESA）的问题，而限制了法官对适用标准时的自由裁量。2008 年，在 Winter v. Natural Resources Defense Council, Inc 案（以下简称 Winter 案）⑥ 和 Monsanto Co. v.

---

① Wilde, Mark. Civil Liability for Environmental Damage, Kluwer Law International, 2002. 转引自胡中华："论美国环境公益诉讼中的环境损害救济方式及保障制度"，载《武汉大学学报（哲学社会科学版）》2010 年第 6 期，第 933 页。

② Reconciliation After Winter: The Standard fro Preliminary Injunctions in Federal Court, 111COL. L. REV. 1522, 1533(2011).

③ 42 U. S. C. & 7604 (d). 转引自裘晓燕："美国环境公民诉讼对我国环境公益诉讼的启示"，载《法制博览》2014 年第 3 期，第 116 页。

④ Jackson Dairy, Inc. v. H. P. Hood & Sons, Inc. ,596F. 2d 70 ,72(2d Cir. 1979).

⑤ 437 U. S. 153, 171,195. 8 ELR 20513(1978).

⑥ Winter v. Natural Res. Def. Council, Inc. , 129 S. Ct. 365, 376, 38 ELR 20279(2008).

Geertson Seed Farms 案（以下简称 Monsanto 案）[①] 中，联邦最高法院叫停了在环境诉讼中使用宽松标准审核禁令救济的做法，再次确认即使依据环境法规提出的主张，禁令救济不应当被当作理所当然的事，而应只有符合严格的传统四个标准才能批准，即使涉及环境损害。

Winter 案中原告诉称美国海军违反《濒危物种法》（ESA）和《国家环境政策法》（the National Environmental Policy Act，NEPA），在太平洋海域训练时适用了主动式声纳将会伤害海中的鲸和其他哺乳类动物，并且海军在实施上述行为前应当准备环境影响评价，区法院认为原告根据 NEPA 提出主张已经展现了胜诉的可能性和不可挽回的损害，经过利益衡平，应禁止海军实施上述行为除非限制某些操作。联邦第九巡回上诉法院支持了该主张，但联邦最高法院推翻了这一禁令准许，认为禁令颁发必须同时符合传统四要素标准。海军对国家安全利益的保障明显比任何可能的对生态学的、科学上的、休养娱乐性利益要重要。并批评下级法院对四要素标准的证明应达到很可能（Be Likely）而不仅仅是可能（Possibility）。

在 Monsanto 案中，确立了永久禁令的申请条件：一是原告已经遭受到了损害；二是现有可获得的法律救济，如货币损失的赔偿，对损害的补偿来讲是不充分的；三是对原告和被告利益的衡平，即如果准许发布禁令对原告或者被告可能产生困苦的比较；四是永久禁令的颁布不会对公共利益造成伤害。该案中低等法院发现美国农业部的动植物健康监测中心违反《国家环境政策法》（NEPA），在没有进行环境影响评价的情况下解除了对于基金制造植物抗草甘磷苜蓿的监管。法院废止了解除监管令直至环境影响评价完成。联邦第九巡回上诉法院确认了该永久性禁令，但联邦最高法院推翻了上述禁令救济，批评下级法院把禁令救济当成一种只要违法或有其他好的理由就发布的一种通常救济手段。禁令救济的使用必须符合上述临时或永久禁令的批准条件。

很多原告引用 Amoco Production Co. v. Gambell 案件中的观点，认为环境损害就是一种不可挽回的损害。而联邦最高法院却拒绝一切环境案件中有助于禁令救济的预断。禁令申请中不可挽回的损害不仅要证明对环境的损害，更要证明对原告造成了损害，并衡量原被告之间的利益。

Winter 案件之后，仍有许多联邦巡回法院拒绝接受这一观点对法官衡平权的限制，继续实行较为宽松的标准。[②] 在 Sierra Club V. U. S. Army Corps of Engineers（Corps）案中，针对不可挽回的损害这一标准，法庭认为任何对环境的伤害必然

[①] Monsanto, 130 S. Ct. at 2757, 2761.

[②] Reconciliation after Winter: The Standard fro Preliminary Injunctions in Federal Court, 111 COL. L. REV. 1522, 1533(2011).

要伤及原告的环境利益,在环境案件中过晚的禁令救济将会丧失意义。联邦最高法院却认为不能将环境损害与人的损害合二为一,仅证明对于环境的损害导致的审美或生态利益的损害并不充分,还需原告证明其自身遭受了损害。本案中,原告实际上未提供证据证明从事任何与姬燕鸥(Sterna Antillarum)或沃希托河钱包贻贝(Purse Mussel)相关的娱乐、教育、生态、科学上的活动或消遣,并且该项目影响了人们的活动或消遣。一些原告声称其住在河边附近,但却没有证据证明自己曾经研究或观察过钱包贻贝(其是被埋在泥沙里),甚至是在专家证言的听审中方知道钱包贻贝的存在,且原告居住在距离项目 6 公里的上游,不大可能受到影响。而在 Winter 案中,原告提出从事海洋哺乳动物的科学研究、进行过鲸鱼观赏之旅、潜水观赏海洋哺乳动物、在自然栖息地为这些动物拍照,通过上述方面证明了项目对原告实际造成了伤害。针对很有可能胜诉的标准,法庭只要求在严重问题上只要呈现出合理的诉讼依据(A Fair Ground for Litigation)即可认为有可能胜诉,保留了灵活的适用尺度。[①] 对于公共利益和原告、被告双方利益的衡量即准许发布禁令对被告可能产生的困苦和驳回发布禁令对原告可能产生的困苦的比较,都是需要法官根据原告、被告双方的举证运用利益衡量理论通过自由心证作出裁量,美国不同法院的判例为我们把握行为保全具体的裁量标准有所启发。既要保护个人利益,又要使符合社会利益的生产活动能够继续,以维护经济发展和居民生活安宁、生命健康和优良舒适的环境之间的平衡。

二、美国环境侵权集团诉讼

对于存在多数侵权行为人或受害者的纠纷,美国实行集团诉讼。集团诉讼是指具有共同利害关系的人为多数,且不能共同进行诉讼时,由共同利害关系中的一人或数人代表全体共同利害关系人提起诉讼或应诉,法院对该诉讼的判决及于全体共同利害关系人的一种形式和制度。1938 年美国国会授权联邦最高法院制定《联邦民事诉讼规则》(*Federal Rule of Civil Procedure*),在第 23 条规定了集团诉讼的适用范围,1966 年联邦最高法院对该规则进行了全面审查和修改,对维持集团诉讼的必要条件进行了说明,明确了三种类型的集团诉讼通知标准和集团判决的约束力范围。2003 年、2006 年联邦最高法院先后对该条进行了修订,成为美国适用集团诉讼的主要法律依据。但在《联邦民事诉讼规则》第 23 条制定后的相当长的时间里,联邦法院和一些州法院都认为集团诉讼不适用于环境侵权群体性诉讼。20 世纪 80 年代以来,随着美国大量环境侵权群体性纠纷的出现,

---

① Eric J. Murdock, Andrew J. Turner. How "Extraordinary" is Injunctive Relief in Environmental Litigation? A Practitioner's Perspective. 2 Envtl. L. Rep. News & Analysis. 10464,10465(2012).

法院的立场发生了转变。①

（一）环境侵权集团诉讼确认的先决条件

《联邦民事诉讼规则》第23（a）款规定了集团诉讼确认的先决条件：

（1）可确定性（Ascertainability）。集团应当是可分离的并且根据地理界限和集团成员知晓的客观标准是可确定的。以美国墨西哥湾溢油污染案②为例，由于该案主张束众多，每个主张束下又可能有多种损害，损害的种类形态多种多样，因此，每种损害集团成员的具体确定条件都会有所区别，有资格成为集团成员的个人或组织必须满足以下要求：一是应属于各种损害目录中的一种，是可识别、可支付的损害。二是应当在特定的期间内在划定的地理界限内生活、工作，拥有、租赁某种财产或从事某种经营等。如拥有或租赁的财产损害必须是位于路易斯安那州、密西西比州、亚拉巴马州、得克萨斯州或佛罗里达州中指定地区。

（2）集团人数众多，实行共同诉讼是不可行的（Numerosity）。《联邦民事诉讼规则》第23条没有对集团的规模设定一个最低的标准，而是由法院根据具体情况来确定。提出者必须通过一些证据或对集团成员数目的合理推论表明共同诉讼是不可行的，当准确的数字还不能确定，善意的对集团大小进行估计，对人数众多进行概括对待是没有争议的。在环境侵权诉讼中，因环境污染和生态破坏引起的损害往往影响到群体利益，更有许多在诉讼开始时尚未确定的未来原告满足集团诉讼对人数的要求。

（3）有共同的事实问题和法律问题（Commonality）。共同性包含优越性的要求，共同问题的解决将影响所有的或相当多公认的集团成员，能够促进一个或更多问题的最终解决。环境侵权中，集团成员所受的损害来源于同一次污染事故或同一个污染源足以证明它们之间存在共同性，如有毒物质的泄漏引发的环境破坏，排放有害物质引发空气污染、水污染等。共同问题能够在集团范围内广泛地解决，并且对这些共同问题的回答对于诉讼是至关重要的且已经形成了达成和解的条件。墨西哥湾溢油污染案属于同一溢油污染事故引发的侵权，其包含的共同事实问题包括被告英国石油公司（以下简称BP）同其他被告之间应承担的责任份额，BP在油井设计中的行为实施、BP的控制和限制溢油的行为事实。这些问题是在集团当中无论哪一方当事人都会问到的共同问题。该案联邦法下共同的法律问题涉及美国《油污法》（*the Oil Pollution Act*）下的因果关系标准的法律解释，美国《联邦海事法》（*the Federal Maritime Law*）下可获得的惩罚性赔偿的标准等。

---

① 胡敏飞："论美国的环境侵权集团诉讼"，载《法学评论》2007年第3期，第81~82页。

② 以下涉及该案件的信息均来自 In Re: Oil Spill by the Oil Rig "Deep-water Horizon" in the Gulf of Mexico, On April 20, 2010, MDL NO. 2179.

(4) 代表人的主张或抗辩在集团中具有典型性（Typicality）。集团代表人的主张或抗辩在集团的众多主张中具有典型性，集团代表人的利益必须与他所代表的集团成员利益相一致。代表人与集团成员分享共同的法律理论作为诉请基础，集团代表的个人主张至少有一项包括在诉请的损失类型目录里。典型性试图展现原告的法律救济理论与代表人试图展现的救济理论之间的相似性，集团成员遭受伤害的不同，损失的多样性将不影响典型性的成立。此外，集团代表将促进集团成员的共同利益。在集团代表的主张来源于同一事件或行为，代表性这一条件就很容易满足，而对于"争议涉及多种因果关系时，代表性的确定就不是很轻松，如在 In re Methyl Tertiary Butyl Ether 案中，众多私人水井的所有者起诉美国境内多家石油公司，由于石油公司的地下石油储蓄池和输油管道泄漏，致使他们的地下水受到了污染，法院拒绝集团确认，因为地下水受污染的情形和缘由各不相同，代表人的请求并不具有代表性"①。

(5) 公平和充分的保护集团利益（Adequacy）。集团代表人自身就是主张的提出者，与集团成员无利益冲突，能够公平充分地保护集团利益。在衡量代表人与其他集团成员是否有冲突时主要考虑是否存在相当一部分成员即使明知权利的存在，也不愿意寻求损害赔偿。能够公平和充分的保护集团利益是判决对集团生效的前提和基础。法院要求集团代表人愿意并有充分的诉讼知识能够在诉讼中扮演积极的角色控制诉讼。法院对集团律师的选择主要考虑申请者所处的地域、擅长的专业领域和集团诉讼的经验，并确保从事专业领域的多样性以使众多类型的主张能得到充分的代表。

（二）环境侵权集团诉讼确认的维持条件

《联邦民事诉讼规则》第23（b）款规定了集团诉讼的维持条件，集团诉讼在具备第23（a）款所规定的先决条件的基础上，还必须符合（b）款规定的条件之一：

（1）第23（b）（1）规定如果集团成员单独起诉或应诉可能会导致以下风险：（A）对集团成员作出矛盾的判决，将为与集团对立的一方当事人确立不一致的行为标准；（B）对集团成员的判决会在实际上处分其他非当事人成员的利益，或实质上损害或妨碍他们保护自己利益的能力。这两类诉讼通常被称作"必要的集团诉讼"，通常不允许人们选择退出。② 在司法实践中，依据这两款提出的环境侵权集团诉讼并不多，请求消除妨害的环境侵权诉讼通常归入第23（b）（1）（A）项。如"在Biechele v. Norfolk & Western Railway Co 案中，原告要求法

---

① Kenneth S. Rivlin & Jamaica D. Potts Proposed Rule Changes to Federal Civil Procedure May Introduce New Challenges in Environmental Class Action Litigation, 27 Harv. Env. (2003). p.522. 转引自胡敏飞："论美国的环境侵权集团诉讼"，载《法学评论》2007年第3期，第82页。

② See Federal Rules of Civil Procedure 23(b).

院对被告的煤炭储存和装载行为发布禁令，如果单独起诉可能出现其中一个法院裁决被告禁止储存引起粉尘问题的煤，而另一个法院要求被告安装带有盖子或顶棚的大箱子，以防止煤灰外漏"[①]。第23（b）（1）（B）项又称有限资金集团诉讼，目的在于保护许多对某项有限资产享有权益的集团成员的利益。如果被告资产有限，破产似不可避免，集团确认有利于集团成员的公平受偿。也主要限于寻求衡平或宣告性救济，要求原告的请求是针对某一特定的标的物，而非单纯的损害赔偿请求。

（2）第23（b）（2）规定集团的对方当事人基于适用于整个集团的理由实施或拒绝某种行为，因此应将集团视为一个整体作出适当的、最终的禁止性救济或相应的宣告性救济。称作"寻求共同保护的集团诉讼"，通常原告主要寻求的是使所有的集团成员受益的禁止性或宣告性救济而非金钱赔偿。环境侵权中医疗监控救济集团诉讼的确认即属于该种情况。[②]

（3）第23（b）（3）规定称作优势性和优越性标准（Predominance），即集团成员共同的事实问题和法律问题，相对于影响个别成员的问题而言占支配地位，且集团诉讼较其他方式更有利于纠纷公正、高效的解决。该款被称为"共同问题的集团诉讼"，环境侵权集团诉讼大多属于此类。由于其并非强制的、必要的集团诉讼，规则第23条要求法院通知集团成员并允许集团成员选择退出集团。

①首先，优势性要求检验是否建议的集团是具有充分的凝聚力而授权代表性判决。对于共同问题占支配地位是一个灵活而有弹性的标准，集团诉讼能否被确认很多时候取决于法院对环境侵权集团诉讼的态度和立场。如单一的连续的排放有害物质造成众多人的伤害而提起的集团诉讼，在司法实践中，也并非总能得到确认。如在 Sterling v. Velsicol Chemical Corp 案中，原告诉称因受被告长期填埋危险化学物而遭受了严重的人身和财产损害。尽管每个集团成员并非完全相同的单一的近因，且个体问题的数量多于共同问题。但法院认为，损害均是由一个特定的填埋行为造成的，这一点对于所有的原告来讲都是相同的，巡回法院维持了初审法院的集团确认。[③] 而在 Puerto Rico V. the M/V Emily S 案中，原告因同一起原油泄漏而遭受人身损害，法院认为在实际损害、引起损害的原因上，共同损害并不占支配地位，以集团诉讼的方式解决造成的人身损害的群体性纠纷是不明

---

① Jin D. Cooley & Thomas A. Lernly, Comments the Federal Class Action in Environmental Litigation: Problems and Possibilities, 51 N. C. L. Rev.（1972 – 1973），p. 1387. 转引自胡敏飞："论美国的环境侵权集团诉讼"，载《法学评论》2007 年第 3 期，第 83 页。

② 胡敏飞："论美国的环境侵权集团诉讼"，载《法学评论》2007 年第 3 期，第 83 页。

③ Sterling v. Velsicol Chemical Corp. 855 F. 2d 1188（1988），p. 1197. 转引自胡敏飞："论美国的环境侵权集团诉讼"，载《法学评论》2007 年第 3 期，第 84 页。

智的、不适当的。① 在美国墨西哥湾溢油污染受害者诉英国石油公司经济和财产损失和解集团诉讼案②中，损害起源于油井爆炸和溢油，大多数争议的事实问题是集团成员要解决的共同问题，法庭设计的三个阶段审判均与共同问题相关。第一阶段审判解决被告应否对溢油承担责任；第二阶段审判聚焦于有多少石油从马多孔油井溢出，和谁应当为没有尽早控制住溢油负责；第三阶段审判聚焦于溢油最终的存在地，和如何努力收集或分散溢出的石油。这三阶段审判的结果最终决定 BP 和其他被告对集团成员的责任这样一个核心问题。同大多数的共同问题相比，尽管会有一些个体基础上的因果关系需要单独确定，例如，该事故引起的个体或企业收入下降的范围问题，个体基础上损失也可以通过方法论或公式公平地计算出和解协议框架下的损害数额。在考虑和解之前认识到共同问题的重要性法庭将对案件中仅影响个人的动议暂停解决。

②优越性标准要求检验集团诉讼无疑优越于其他逐项诉讼解决争议的方法，有利于公平、高效的解决争议。首先要考虑是否存在单独诉讼、示范诉讼、多区合并诉讼等其他的纠纷解决方式。其次法院应当考虑集团诉讼是否在时间和成本上比起其他纠纷解决方式更优，如未出庭的集团成员的权利是否会受到忽视和侵害，处理集团诉讼的难易程度等因素。在美国墨西哥湾溢油污染受害者诉英国石油公司经济和财产损失和解集团诉讼案中，法院认为该案非常适合以集团诉讼的方式进行，当诉讼非同寻常的复杂和昂贵时，他涉及成千上万的当事人源于同一事实的主张，一个协议提供了法庭指导下的内部统一赔偿机制，而优越于对潜在当事人分别确定损失的赔偿。对这些问题逐项的诉讼将提高不合理的成本并对当事人造成迟延，并且这样零碎的诉讼将不必要的浪费司法资源和当事人的资源。根据美国《联邦民事诉讼规则》第 23 条的规定，能够对当事人角色进行清楚的限定并为缺席集团成员提供合理的程序保护的集团诉讼程序是可获得的。

（三）环境侵权和解集团诉讼

1. 和解集团诉讼和集团诉讼和解的区别

美国的大多数诉讼案件都不会走完整个诉讼程序，96% 的案件会在案件经过证据开示以后进行和解，虽然在集团诉讼中，和解的比例没有那么高，但也要占

---

① Puerto Rico v. the M/V Emily S. 158 F. R. D. 9 (1994). p. 13. 转引自胡敏飞：「论美国的环境侵权集团诉讼」，载《法学评论》2007 年第 3 期，第 82 页。

② In Re: Oil Spill by the Oil Rig "Deep-water Horizon" in the Gulf of Mexico, On April 20, 2010, MDL NO. 2179.

到35％。① 集团诉讼涉及复杂的法律关系，在举证、质证方面耗费的时间、精力和律师费用方面比一般的诉讼程序要大得多，即使最后赢了官司，对当事人尤其是企业来讲也是一场很大的灾难，和解集团诉讼和集团诉讼和解应运而生。和解集团诉讼和集团诉讼和解不同，当事人在集团诉讼提交到法院之前就已经对集团的构成以及和解的条款进行了协商，并初步达成了一致意见。和解发生在集团确认之前，当事人提出的集团诉讼更准确的被称作"提出确认和解的集团诉讼"，是解决复杂的大规模侵权案件的有效工具。而集团诉讼的和解是集团诉讼确认后已经进行了一定程度的审理后进行的，和解并非提起集团诉讼的最初目的和必然选择。

2. 和解集团诉讼的确认及和解协议的批准

由于和解集团诉讼中被告通常不会对集团的确认提出任何异议，法院失去了通过双方的对抗性辩论了解双方观点的机会，集团代表的充分性和和解结果的公正性就将成为法院审查的重点。《联邦民事诉讼规则》第23（e）款规定，审查和解集团诉讼要比集团确认后的和解更为审慎。② 和解集团确认必须遵守美国《2006年联邦民事诉讼规则》（The Federal Civil Procedure Rules, 2006）第23（a）（集团诉讼的先决条件）和第23（b）（3）（集团诉讼的维持条件中的一条）的要求。对于和解集团诉讼，只需要满足第23（b）（3）中关于优势性的要求。除了法庭不要求符合第23（b）（3）d中这个案件有不可克服的管理问题外（如对集团成员怎样进行通知，怎样处理集团成员个人提起的单个诉讼，怎样分配集团利益），和解方案还必须与第23（e）相称。考虑和解集团诉讼中和解协议的时候通常考虑两步，第一，法庭将通过听审决定，被提议的集团是否满足了第23（a）的标准和第23（b）（3）优势性的要求，以决定是否确认集团；第二，如果初步的确认被同意并且伴随着通知和退出程序，法庭举行第23（e）（2）规定的最终公平听审会议去审查协议的条件是否公平、合理和充分，以决定最终是否批准和不批准和解。集团确认的决定最终被迟延到最终的公平听审。对协议的审查要举行一个全部范围内的公开听审，如果和解协议根据案件的事实情况合理的确定了双方当事人的权利和义务、对集团内部成员不存在偏袒和歧视，集团获得的利益低于应得的利益。③ 和解协议的开示没有理由去怀疑它的公正性，没有明

---

① Thomas E. Willging, Laurel L. Hooper, & Rober J. Niemic, An Empirical Study of Class Actions in Four Federal District Courts: Final Report to the Advisory Committee on Civil Rules, Federal Judicial Center Study 11 (Jan. 1996). 71 N. Y. U. L. Rev. 74, 1996. 转引自张伟和："集团诉讼的构成要件和运作中的问题与规制分"，载章武生等：《外国群体诉讼理论与案例评析》，法律出版社2009年版，第59页。

② 杨严炎："论美国的和解集团诉讼"，载《环球法律评论》2006年第4期，第486~487页。

③ 张伟和："集团诉讼的构成要件和运作中的问题与规制分析"，载章武生等：《外国群体诉讼理论与案例评析》，法律出版社2009年版，第61页。

显瑕疵，没有不正确给集团代表或部分成员优惠待遇，没有对律师的额外赔偿，在可能批准的范围内法庭将认可。如果有部分问题，法庭会初步不同意并建议修改。和解协议的最终批准要有更多的司法审查，要在集团确认之后通过开庭辩论后达成。要考虑的因素包括是否有欺骗和共谋的存在；诉讼的复杂性、成本和时限；已完成的发现程序及范围；原告胜算的可能性；集团律师、集团代表人和集团成员的观点等。

3. 和解集团诉讼通知标准——美国《联邦民事诉讼规则》第 23（c）（2）B 和第 23（e）（1）

法庭应当对符合第 23（b）3 项条件的集团诉讼和和解集团诉讼根据第 23（c）（2）B 和第 23（e）（1）项的要求，以合理、可行的方式给经过努力可以确定的集团成员个人以直接的、可识别的通知。通知要用清晰、准确、易懂的语言表明诉讼状态，集团成员的确定标准、集团的主张与答辩，退出集团的时间与要求、裁决对集团成员的约束力等问题。通知应当包括实质性的与成员权利选择有关的关键信息摘要，以通知到对未决协议有兴趣的当事人，并提供给他们一个机会根据相关信息去决定是否成为集团成员以及充分理解集团成员在和解协议下的权利。法庭将指定通知管理人来完成集团通知，并按照法庭要求报告信息。通知完成后应当为当事人反对和退出和解留下充分的选择时间。

美国墨西哥湾溢油污染受害者诉英国石油公司经济和财产损失和解集团诉讼案中的通知计划提供了现有条件下的最好通知，通知管理人通过电子邮件和邮政的方式邮寄通知所有的或潜在的集团成员，并通过地方报纸、收音机、电视、互联网、畅销杂志等联邦和州的媒体进行广泛的公告通知。同时，在一些专业刊物、甚至越南、西班牙语的出版物上和法人后裔的电台节目中都刊发了通知。据统计，媒体通知覆盖了约 95% 的海湾地区的年轻人，平均每人可看到信息 10.3 次，83% 的美国年轻人平均可获得该信息 4 次。没有发现排除的人群和排除的地域，超越了其他同类案件通知计划的比例。满足了尽最大可能地通知到最多集团成员的要求。同时建立了中立的信息通知网站，集团成员可以用多种语言获得与和解相关的文件和信息。法庭也建立了自己的网站提供本案和解的信息与通知。此外还设立了免费的电话，集团成员可以向接听者请求将通知的复印件通过邮件发给他们。和解协议批准前，共接听了 181 242 起电话。

4. 对和解协议的反对及退出和解集团

对和解方案初步批准的反对必须在指定期限前向法院提交一个书面的陈述。陈述必须包括一个详细的原因，包括任何一份证据和法律规定等可以支持其反对意见的材料。解释为什么和解协议是不公平、不合理和不充分的。任何集团成员不遵守上述要求将放弃或丧失反对权，将受所有协议条件的约束并遵守该事件的程序命令。在美国墨西哥湾溢油污染受害者诉英国石油公司经济和财产损失和解集团诉讼案中，对于来自排除在集团解释的当事人范围之外的主体对和解协议提出反对，他们力陈应该被包括在和解协议案中。对此法官认定未纳入集团解释范围的主体完全不受和解的影响，不具备提出反对和解的资格。对于已经从溢油事故而设立的替代性救济机构墨西哥湾索赔便利机构（the Gulf Coast Claims Facility, GCCF）[①] 中获得索赔并让渡了起诉权的主体没有资格对和解提出反对，法庭和解协议的审查没有权利去质疑和判断墨西哥湾索赔便利机构（GCCF）让渡的有效性。已经在墨西哥湾索赔便利机构未登记的被告（Non-Settling Defendant）除非遭受显而易见的法律偏见没有资格提出反对、州政府也没有资格提出对和解协议的反对意见。集团成员反对集团和解协议的内容十分广泛，如海洋食品工业赔偿计划存在未充分保护未来渔民渔业损失的危险，和解协议未准确算出虾处理工业中的商业损失，与虾加工者相比未给予捕虾者优先待遇，经济集团律师的律师费判决未达到要求的数额等。

集团成员退出集团必须于法院指定期限内提交书面申请，集团成员可以在举行最终公平听审前3天撤回其退出请求。此后除非被告同意或向法庭提出有说服力的理由，法庭才可能同意集团退出申请的撤回。在美国墨西哥湾溢油污染受害者诉英国石油公司经济和财产损失和解集团诉讼案中，共提出23 749份退出请求，其中只有13 123份被认定为有效，将近一半的退出请求不符合要求。法庭要求退出申请必须由集团成员亲自签署而不能由律师代理签署，有9 460份申请因此而无效。在认定有效的退出请求里不排除有些人可能不是和解集团成员，因为在许多案件中，基于潜在集团成员提交的信息不可能确定其是否是集团成员。

（四）环境侵权集团诉讼中的诉讼费负担

集团诉讼是以个人权益为出发点提起的诉讼，客观上维护了社会整体的环境利益。美国实行审判费用按件收取，且费用低廉。具体包括起诉时的案件受理费，因庭外录取证言以及庭审速记而支付给记录员的费用，出庭证人的费用和其他费用，如文件费、执行官、翻译人员的费用等。上述费用除有特别规定外，由

[①] 因墨西哥湾溢油污染成立的替代性纠纷解决基金包括：墨西哥湾索赔便利机构（the Gulf Coast Claims Facility, GCCF）负责管理的由 BP 公司出资200亿美元建立的相应基金；联邦政府海岸监管机构负责管理的溢油责任信托基金（the Oil Spill Liability Trust Fund, OSLTF），用于支付不能直接从污染者那里得到赔偿的溢油清除成本和损失，基金额1亿美元；国家海岸监管污染基金（Coast Guard National Pollution Fund）以及各州和地方政府设立的由 BP 最终支付的基金。参见：Hari M. Osofsky, Kate Baxter-Kauf, Bradley Hammer, Ann Mailander, Brett Mares, Amy Pikovsky, Andew Whitney, Laura Wilson, Environmental Justice and the BP Deepwater Horizon Oil Spill, Environmental Law Journal, Volume 20, Issue 1, pp. 32–36.

败诉方负担,① 因此美国诉讼费用的一般规则是败诉方原则上只需要支付胜诉方的诉讼费用,不需要支付对方的律师费用。美国的集团诉讼中代理律师一般实行胜诉取酬制度,即在起诉前律师与当事人约定好,如果胜诉,律师则可从赔偿额中获取较高的佣金,如果败诉则由律师自担风险。根据《联邦民事诉讼规则》第23（h）款,允许法院经当事人的请求,根据法律或当事人之间的协议来确定合理的律师费用和其他费用,法院还可就律师费用问题进行审理并作出裁决。并和第23（g）款一起加强了代表集团的律师及其可能获得的费用的司法监督,避免律师为追求高额的律师费用而滥用集团诉讼。这在一定程度上会抑制环境侵权集团诉讼的提出,因为对环境损害的分析和考证需要进行大量的调查工作、需要高额的如流行病学的研究、污染物、有毒物的检测和评估等费用,这些费用都需要律师来承担,如果承担了费用的律师最终并未得到法院的最终肯定,或事先协商费用被法院裁定削减,那么一些小律师事务所或一些从事集团诉讼的新手就有可能对此类集团诉讼踌躇不前。②

三、美国环境侵权群体性诉讼的管理规则——以墨西哥湾溢油污染案为例

美国群体性环境侵权诉讼主要存在两种形式：环境侵权集团诉讼和环境公益诉讼；对于涉及不特定多数人的环境公共利益,特别是环境损害有可能发生尚未发生或者该公民尚未受到影响的案件来讲,通过环境公民诉讼的诉前通知环节,督促主管机构履行环境监管职责,避免环境侵权的发生是以预防为主的环境侵权纠纷解决机制中非常重要的一环。而对于私益已经遭受到侵害的众多公民来讲,适用环境集团诉讼即可。然而在司法实践中,环境案例的发生并非总是公益诉讼和众益诉讼泾渭分明,而是以涉及众多当事人的多个相关案件的面貌出现。经常会有众多私益的受害者提出众多类型的集团诉讼,不仅诉讼主体类型众多、诉讼主张形形色色,而且提起诉讼涉及的地域也十分广泛。甚至会出现环境公益诉讼、环境集团诉讼并存,因此对于环境侵权群体性诉讼来讲,对其进行有效的管理以促进诉讼作出"公正、快捷和低廉的裁判"至为重要。以墨西哥湾溢油污染案和在该案众多诉讼中的一起即溢油污染受害者诉英国石油公司经济和财产损失和解集团诉讼案（10 - MDL - 2179）为例来进行分析,有助于理解美国环境侵权群体性诉讼的具体运作。

---

① 廖永安等:《诉讼费用研究——以当事人诉权保护为分析视角》,中国政法大学出版社2006年版,第330页。
② Kenneth S. Rivlin & Jamaica D. Potts, Proposed Rule Changes to Federal Civil Procedure May Introduce New Challenges in Environmental Class Action Litigation. 27 Harv. Envtl. L. Rev. (2003). p. 522.

（一）主张束的划分

2010年4月，英国石油公司在墨西哥湾发生溢油污染事故①，在溢油停止之前，受到溢油影响的个人、企业、利益集团和政府机构已经开始登记诉讼。诉讼请求从人身伤害、财产损害到对美国《1970年反有组织犯罪及腐化组织法》（Racketeer Influenced and Corrupt Organizations Act, 1970, RICO）的违反②、美国《1933年证券法》（Securities Law, 1933）的违反等。美国环境法研究会（Environmental Law Institution, ELI）建立了一个数据库，试图追踪正在进行的诉讼以方便人们看到已经提起的诉讼类型。当事人何时、何地提起了诉讼，哪个诉讼已经结束或被合并。当你看到案例列表，输入任何一个搜索短语或者某个特定的时期，搜索的结果包括案卷的链接，可带你进入法院公共访问电子记录（Public Access to Court Electronic Records, PACER）③这个系统的维护者是公共存取和记录管理司（Public Access and Records Management Division of the Administrative Office of the United States），起诉必须去公共访问电子记录（PACER）登记。墨西哥湾溢油事故引发的诉讼遍布了8个联邦巡回上诉法院所辖的联邦区法院④。按诉讼地区划分，案件主要集中在联邦第五巡回上诉法院和联邦第十一巡回上诉法院所辖各州的区法院。该辖区是直接受到溢油污染的五个州⑤的所在地。纠纷类型也十分庞杂，涉及环境纠纷、侵权纠纷、劳动纠纷、不动产纠纷、合同纠纷、行政纠纷、证券纠纷、公民权纠纷、联邦问题9类，其中绝大多数为环境纠纷和侵权

---

① 2010年4月20日，英国石油公司（以下简称BP公司）租赁的"深水地平线"海上钻井平台在墨西哥湾水域发生爆炸并沉没，其开采的位于路易斯安那州的"马孔多"油井大量漏油，溢油持续将近3个月，造成巨大的经济损失和环境危害。

② 美国《1970年反有组织犯罪及腐化组织法》（RICO）法案的立法目的是为了打击黑社会犯罪。进入20世纪80年代，越来越多的民事律师发现，该法第1964（c）款规定允许任何RICO法案项下的受害人提起民事诉讼，一旦民事RICO指控得以成立，则受害人可以获得三倍于其实际损害金额的赔偿及合理支出的律师费。通过民事RICO诉讼获得巨额赔偿的动机很快在诉讼实践中风靡起来，以至于在80年代末期，民事RICO指控成了美国各联邦法院面临的非常普遍的诉讼。相比而言，整个90年代至今，RICO法案在"反黑"犯罪的刑事诉讼中的应用倒显得凤毛麟角了。

③ PACER是一个电子公共服务系统，允许使用者去获取来自美国联邦上诉法院、美国地区法院和破产法院的案例和备审案件目录，由联邦法官向公众提供集中的法庭信息。

④ 美国的联邦法院分为三级，第一级是位于每个州的联邦区法院，第二级是联邦巡回上诉法院，美国被分为了13个巡回区，其中11个巡回上诉法院在图中被编号。除了哥伦比亚联邦巡回上诉法院，其他联邦巡回上诉法院均包括几个州。联邦巡回上诉法院主要接受来自于美国联邦区法院在某个特定类型的案件上的上诉，比如国际商务、专利，商标和政府合同等。第三级为美国联邦最高法院。墨西哥溢油污染中除第一、第八和第十联邦巡回上诉法院所辖区域未收到起诉外，其他8个联邦巡回上诉法院所辖区法院均收到起诉。

⑤ 即联邦第五巡回上诉法院和联邦第十一巡回上诉法院辖区内的五个州，指路易斯安那州、得克萨斯州、亚拉巴马州、佛罗里达州和密西比州。

纠纷。为便于诉讼管理，法官将经济和财产损失部分的诉请划分成多个主张束。

诉讼管理的首要任务是将广泛多样的主张划分为可管理的群体，2010年10月，法庭发布了预审命令11，运用主张束（Pleading Bundles）这个概念将案件中的诉讼主张分类。主张束非常灵活并且是可以变化的，虽然案件中的主张有着共同的核心问题，如被告的责任问题，依然会在抗辩和其他问题上有很多不同。主张束是对群体主张管理的一个尝试，可以使部分问题独立于其他主张束而得到解决。本案将群体主张分为了5类：

表2-1 运用主张束对案件中诉讼主张的分类

主张束A （Bundle A）	人身伤害赔偿 Personal Injury and Death	
主张束B （Bundle B）	个人和私营商业损失 Private Individuals and Business Loss	B1 非政府经济损失和财产损失 B1 Non-Governmental Economic Loss and Property Damage
		B2 受害者基于RICO法案提起的诉请 B2 Rico Pleadings
		B3 爆炸后的清理诉请 B3 Post-Explosion Clean Up Claims
		B4 爆炸应急响应索赔 B4 Post-Explosion Emergency Responder Claims
主张束C （Bundle C）	公众损害索赔① Public Damage Claims	/
主张束D （Bundle D）	禁令和监管的要求 Injunction and Regulatory Claims	向私人方提起 D1 Claims Against Private Parties
		向政府、官员或机构提起 D2 Claims Against Government, Official or Agency
主张束E （Bundle E）	指定随后增加的案件 Designation of Subsequently-Added Cases	/

影响主张束划分的因素包括当事人的类型、造成损害的性质和诉由。当事人的类型可能是私主体、企业、应急响应机构或政府；造成的损害性质包括人身伤害、财产损失、经济损失、清洁支出等；诉由形成的依据包括美国《1990年油污法》（the Oil Pollution Act, 1990, OPA）等成文法、习惯法或海事法等。许多联邦、州或地区政府作为市民的监管人就其财产损失、财政收入损失提出主张。

---

① 公众损害索赔是由政府提起的如资源损失、财政收入损失、紧急应对成本等主张。

在第一次状况会议的时候，路易斯安那州和司法部推动法院将此类案件分立出去，他们拒绝原告指导委员会的律师代表他们，一些州的法律不允许州政府获取应急费用，并拒绝分担可能由所有原告承担的律师费用和由共同基金支付的费用。法官未批准该申请，但指定了美国总检察长办公室（the U. S. General's Office）和亚拉巴马州总检察长代表政府作为协调顾问参加法庭与指导委员会之间的会议与交流①。

美国墨西哥湾溢油事故对墨西哥湾海域的环境、生态系统、海洋相关产业及人们的生活带来了沉重的打击。溢油污染引发的诉讼蜂拥而至，诉讼的提起主体从联邦政府、州政府、社会组织到从事各种职业的自然人和企业形形色色；诉讼主张更是有几十种类型之多，包括了人身伤害、环境损害、财产损害和经济损失等；受害者不仅来自海湾附近受到直接影响的五个州，更有五个州之外的众多受害者。墨西哥湾溢油污染诉讼对复杂诉讼的管理提出了许多富有挑战性的问题，对该诉讼进程的考察有助于我们清楚把握美国跨区复杂和解集团诉讼制度的最新发展。为我国在处理溢油污染时如何实现高效、公正的解决大规模群体性侵权提供可资借鉴的经验。

（二）跨区和解集团诉讼的管理

该案共有两部分内容运用了和解集团诉讼的方式，经济和财产损失的和解（属于主张束 B1）和医疗赔偿的和解（属于主张束 B2），本案例以主张束 B1 为范本，对经济和财产损失和解的达成过程进行分析。溢油未停止前，共有分布于 10 个州的 218 项索赔请求被提出，其中多起案件是由上千名个人和企业实体组成的集团诉讼。诉讼请求包括因溢油引起的人身伤亡、财产和经济损失、环境损害，也包括股东集团诉讼（Shareholder Class Actions）和股东派生诉讼（Derivative Suits）。

1. 案件的合并

2010 年 8 月 10 日，司法审判专家组②决定将上述 218 项请求中的 77 起案件合并，列入计划表 A 中（Schedule A）③。由于溢油影响十分广泛，司法审判小组通知了另外 200 多个尾随诉讼（Tag Along Action）。在直接受到溢油影响的五个州中，路易斯安那东区法院是离溢油地点最近的地区、受影响的人和损失财产的

---

① Edward F. Sherman. The BP Oil Litigation and Evolving Supervision of Multidistrict Litigation Judges, Mississippi College Law Review, Vol. 30:237. pp. 240 – 241.

② Judicial Panel 的主要职能是在一些跨区诉讼中协调程序、分析战略选择、讨论协调与合并事务，州与联邦诉讼程序的相互影响以及如何发展一个预审的协调计划以节约成本和避免不一致的裁判。

③ Tag Along Action 是指一个待决的民事诉讼与之前已合并的诉讼拥有共同的事实问题。

第二章 域外环境侵权群体性诉讼的考察与分析

数量最多。法庭决定将列表 A 中的路易斯安那州之外的其他州的待决案件移送到路易斯安那东区法院进行预审①，案号为 10 - MDL. 2179，选择 Carl J. Barbier 作为该跨区诉讼案件的法官。他曾经是个杰出的律师，现在是个法学家，在他 12 年的法官生涯中，已经使他拥有了审理跨区诉讼的经验，并能够积极管理备案目录上几十个案子。

几乎所有当事人支持将案件集中审理，但对将案件集中到哪个法院审理有不同意见，大部分原告支持将案件集中在路易斯安那州东区法院审理。一些原告提议将案件的备审目录放在路易斯安那东区，指定纽约南区的法院法官 Shira Ann Scheindlin 审理。或者审判专家小组在 3 个区中划分备审案件目录，指定佛罗里达区的一个法官在巡回审判区巡回审判发生在各州的案件。

一些原告反对将相对少的人身伤害、不法死亡等诉讼包括在内，将案件假定为寻求财产和经济损失恢复的集团诉讼。在列表 A 中的 77 个诉讼中，2 个是死亡诉讼、1 个是人身伤害诉讼。而死亡诉讼和人身伤害诉讼的原告希望案件合并审理。另有一些当事人反对将案件集中审理，他们认为提起的诉讼都是关于未遵守美国《1990 年油污法》（the Oil Pollution Act, 1990，OPA）要求的免责问题，他因为美国《油污法》实行严格责任，唯一的问题是每个当事人有资格获赔的数量。这类案件内在要求对事实进行个体化的调查，因此不适合运用跨区诉讼，应当排除在合并案件范围之外。专家审判小组认为：有关事故原因的事实问题是共通的，诉讼的合并将排除重复的发现程序，阻止不一致的预审规则，包括集团的确认和其他问题，并节约当事人、律师的资源和司法资源。合并也有利于与 BP 赔偿基金管理者的合作，合并将为当事人和证人提供便利，提高诉讼效率。对于人身伤害和死亡诉讼包括在跨区诉讼中更为合适，因为这些诉讼的事实问题是共同的，虽然要求一定数量的个体化的发现程序，但另一方面与一定数量的经济损失的主张相重复。移送法官对预审技术拥有广泛的自由裁量权，去处理案件上的各种不同问题和高效的管理诉讼的各个方面，如确立独立的发现程序。尽管我们初步评估了诉讼将被集中审理但不会预判这件事，转移命令发布后的当事人仍可自由地反对转移命令。

2. 跨区和解集团诉讼的预审和发现程序

（1）预审和发现程序中律师的职责。司法审判专家小组将案件移送并合并后，参加到诉讼中来的律师数量将会是一个很大的数字。这些律师伴随着工作变得越来越复杂和严格而将共度困难。每位律师都有不同的性格，诉讼期间工作关

---

① Deborah E. Greenspan, Matthew A. Neuburger, Settle or Sue? The Use and Structure of Alternative Compensation Programs in the Mass Claims Context, *Roger Williams University Law Review*, 2012, Vol. 17: 97, p. 98.

系可能会变得紧张,交流时容易出现不适当的言语、行为或信任受到质疑,最有效的解决办法是联络律师调适自己的行为,并克服诱惑和内心的惊恐、慌张和胆怯。复杂诉讼指南指出司法介入复杂诉讼的管理不能减轻律师的责任和义务。这种复杂诉讼增加的负担对律师的职业化提出了更高的要求,要求律师以一种倡导的方式履行义务以促进和维持同其他律师(Fellow Counsel)和法院良好的工作关系。律师被期待于第一次预审会议熟悉复杂诉讼指南,并在会议中提出使预审程序更加高效、经济的进行的建议。律师将尽可能地对议事日程商讨并形成一致意见,包括发现计划建议、诉讼请求的修正、挑选审判日期等。当事人也可以提交对案件管理顺序的建议,例如,如何为了预审发现的目的和诉请实践(Motion Practice)而将合并的案件分成几类进行,必要时还可以对议事事项提出建议。

(2)预审和发现程序中当事人的义务。预审会议前三天,原告、被告要提交一份简要声明以表明他们对诉讼中重要事实问题和法律问题的理解。这些陈述不需记入文书、不会构成主张的放弃或抗辩,不会在以后的诉讼程序中作为证据提交给另一方当事人。当事人的陈述将列举所有的待决动议(Motion)、州和联邦法院所有待决相关案件现在的状况。

律师代表当事人出席预审会议有责任在诉讼中维护当事人的利益,没有委托律师的当事人可以亲自出席或者委托代理人出席。为降低诉讼成本和便利会议管理,拥有相同利益的当事人在可行的程度上由一个出席律师(Attending Attorney)代表他们的利益。一方当事人指定代表律师出席并不排除该当事人在未来的诉讼过程中亲自参加或选择其他代表人。会议的出席者拥有对管辖权、审判场所和服务的异议权。每位被告可以申请答辩期的延长直到法庭确定了最后的日期。当事人要向法庭提交参加预审会议的律师列表、办公地址、电话、传真和邮箱。预审会议之前,所有的服务资料将制作给每位专家服务列表上的律师,并指定为列表B(Schedule B),任何律师从专家律师服务列表上想要增加或删除,可以向法院提出请求并通知服务列表上的其他成员。

(3)预审、发现程序中的记录、登记方式。跨区诉讼案中有一个标题、一个总的案件号码。同时,当一个文件与所有的诉请相关的时候,会记录为"这个文件与所有的案件相关"。当一个文件仅与部分案件相关的时候,由于每一个单独的案件都有一个登记编号码,会记录为"这个文件与哪些编号码的案件相关"。法庭要求所有的文件都必须电子登记,律师因为例外情况不能遵守电子登记的要求,必须向法庭提交书面申请写明原因。

(4)预审、发现程序中的两个重要角色——联络律师和原告指导委员会。在第一次预审会议中,原被告律师协商选择群体联络律师(Co-Liaison Counsel),主要负责集团诉讼的管理。代表联络群体从法院接受命令和通知,并负责准备并传递命令和通知的复印件,履行法庭决定的其他任务。联络律师被要求保持完整的对文件复印件的登记，并使这些登记能够让联络群体的当事人获得。同时授权接受来自司法审判专家和受移送法院的关于跨区诉讼的命令和通知。并负责准备和传送这些命令与通知的复印件给当事人，发生的费用由联络群体成员分摊。第一次预审会议中联络律师和当事人讨论组织结构等高效处理事务的问题。

　　成为原告指导委员会（PSC）成员必须提交申请。标准为愿意并有足够的时间；有能力与其他人进行合作；具有跨区诉讼的专业经验，申请必须简短，超过4页将不被考虑；法院仅考虑已经在诉讼中登记了的诉讼律师。反对者于7天内向法院提交书面的反对意见，且必须是诉讼中的律师。原告指导委员会的主要职责是引导和以合并等方式协调诉讼预审发现程序的进行。例如，向法院提出发现程序开始、进行和完成的时间表。同时，代表原告提出必要的发现请求、提议和关于证人的传票以及为诉状与预审发现需要准备的相关文件；也可能由原告指导委员会向个人律师请求协助以帮助其准备预审阶段当事人的特别主张；探索所有诉讼登记案件中可能的和解选择方案；保持预审事务登记的完整性，保持文件在合理的条件下所有的诉讼原告及律师均可获取；准备原告指导委员会工作进展的定期状况报告，这些报告将被分发给原告的联络律师并通过联络律师分发给其他的原告律师。完成法院分配给原告指导委员会必要的任务，包括组织原告律师组成原告附属委员会，分配与原告指导委员会职责相一致的任务，附属委员会的成员要经过法院的批准，附属委员会工作的补偿和共同的成本由共同利益基金（Common Benefit Fees）支付。被告指导委员会的职责参照原告指导委员会。

　　3. 和解协商的开始

　　原告指导委员会（PSC）登记了对B1主要诉请的修正，大多数被告登记驳回修正B1主张束的诉请。法庭发布了部分同意这些诉请和部分否认该诉请的命令和理由。自从司法审判小组发布跨区审判命令后的20个月，当事人进行了广泛的发现程序和动议实践（Motion Practice）①。包括进行了311次的宣誓证明，提交了9 000万页文件，交换了80多位专家报告。信息披露通过每周的发现会议完成，每月举行状况会议（Status Conference）。2012年2月26日，法官开始作为和解的中立方，中止程序一周，让双方当事人协商谈话以取得更大的进展。2012年3月2日，双方就原则问题达成一致，因为诉讼当事人重新排列的可能和当前审判计划的实质性变化，法院决定停止第一阶段的审判，由当事人继续完成协商的细节。除了电话和网络会议外双方共经过145天面对面的协商。

---

　　① Motion practice是一个三步过程，第一，动议方向法院请求一个命令针对某特定问题；第二，另一方作出一个回应或反对；第三，推动的一方回答对方当事人的反对。

4. 索赔过渡过程中与墨西哥湾索赔便利机构[①]关系的处理

2012年3月8日应当事人的要求,法庭创设了一个索赔过渡过程(Transition Claims Process)以促进从墨西哥湾索赔便利机构到法庭监管和解计划的过渡,并指定一个过渡过程的协调者(Transitional Coordinator)和过渡过程的监管者(Transitional Administrator),以使该过程透明、有序、及时的完成。该过程于2012年6月4日前完成,并最终对将近16 000个主张支付了约4.05亿美元。

法院指导过渡过程的协调者评价向墨西哥湾索赔便利机构提出的待决主张和当事人双方同意的和解方案公开之前提出的新主张。过渡过程由过渡过程的监管者和过渡协调者认可的如Garden City Group, Inc等[②]服务提供者完成。并向法庭、BP和过渡集团律师(Interim Class Counsel)定期提供报告。新主张按照提出的顺序来处理,之前提交到墨西哥索赔便利机构的没有缺陷的未决主张将优先于过渡过程创造之后备案的新主张得到处理。人身伤亡的请求在该阶段不能申请支付。

法庭在创设索赔过渡过程中明确,在2012年2月26日中午11点59分之前墨西哥湾索赔便利机构收到的未完成让渡保证不再起诉的当事人对其执行以下规则:墨西哥湾索赔便利机构出价未到期的待决主张和正在处理过程中的主张[③],索赔过渡过程将继续处理这一诉请。如果当事人选择接受墨西哥湾索赔便利机构提出的条件,索赔过渡过程将支付60%的出价并不附带不起诉的让渡。如果接受给付的当事人是拟议的和解集团成员,其有权利从拟议中的法庭监管索赔和解方案中重获出价中的剩余40%或者获得和解支付额减去之前过渡过程支付的数额,并附随个人的让渡保证不再起诉。但是,如果接受60%支付的当事人不是和解集团成员或者退出了和解集团,可以选择接受墨西哥湾索赔便利机构出价的剩余的40%并遵守让渡或者选择在现行法之下去寻求主张权利。墨西哥湾索赔便利机构的出价已经到期的集团成员没有资格获得过渡索赔过程的支付,但可以在法庭监管索赔和解方案中登记主张。

---

① 为了处理墨西哥湾海上溢油事故造成的损失,美国总统最终说服BP公司自愿创建一笔200亿美元的基金,专门用于赔偿溢油事件的受害者,并建立"墨西哥湾索赔便利机构"运作该项基金。如果受害者各种资料齐全,可以向墨西哥湾索赔便利机构申请,直接获得赔偿,而不用上法庭诉讼。这笔基金由美国资深律师费恩伯格负责掌管,由三位法官组成的小组负责监督,并处理对申诉的裁决。

② Garden City Group Inc, Brown Greer PLC, Price water house Coopers LLP是一些为集团诉讼和解、破产案件和法律通知计划提供法律管理服务的机构。

③ 对于墨西哥湾索赔便利机构正在处理过程中的主张,如过渡过程未进行处理,当事人也可通过填写表格的方式选择适用法庭监管下的和解方案。

过渡协调者给所有有资格参加墨西哥湾索赔便利机构快速支付计划（Quick Payment Program）①却未完成让渡和保证不起诉的当事人发一封信，通知他们该计划将在2012年5月7日前终止（后被延长至2012年6月11日），建议选择申请上述的索赔过渡过程处理或者接受以让渡为条件的快速支付。在法庭监管索赔和解方案接手处理诉请之前过渡协调者还需要处理墨西哥湾索赔便利机构的临时支付（Interim Payment）。这一时期接受临时支付的和解集团成员将有权利向法庭监管索赔和解方案提出主张，任何在索赔过渡过程中接受临时支付的当事人将减少其从法庭监管索赔和解方案中获得的和解支付数额。

2012年2月26日之后，墨西哥湾索赔便利机构将不再接受、处理提出的主张和对主张进行支付。索赔过渡过程中的支付不能协商、复审或上诉。如果当事人退出集团或集团未被确认，当事人仍有法律上可获得的所有权利。索赔过渡中的主张将由深海平台溢油基金（Deep-water Oil Spill Trust）支付。索赔过渡过程尽量用较短的时间完成，以保证在法庭初步批准和解集团后30天内开始法庭监管索赔程序。新的主张将有序地被评估处理和备案，以指导拟议中的法庭监管索赔方案（Proposed Court Supervised Claims Program）创设并执行。拟议的法庭监管索赔和解方案的作出意味着当事人和解协议的初步达成。如果法庭初步批准和解方案，主张管理者确认了拟议中的法庭监管索赔方案已经准备好公开，法庭将进入终止过渡过程的阶段。上述环节进行完成后即进入和解集团诉讼的初步确认和和解协议的初步批准阶段。有关和解集团诉讼的初步确认条件和和解协议的批准条件见前述。

5. 美国群体性环境侵权和解集团诉讼的管理经验

（1）损害赔偿目录的准确划分为和解的高效处理提供了条件。法庭将主张束B1中的诉请划分为6个类别，任何集团成员寻求经济和财产损失赔偿都可以通过阅读和解协议，迅速地找到适用于自身情况的那一类赔偿框架。框架十分详细并明确，据此当事人可以根据自己的状况决定他的主张将如何被解决。法官对损害赔偿目录的准确划分为和解高效处理提供了条件。通常情况下，和解集团诉讼中的赔偿支付在退出申请期限届满甚至和解协议最终批准阶段是无法完成的，很多案件直到上诉开始，支付也未开始。而本案中和解支付计划的处理速度非常之快，在2012年12月每周处理4500个主张，共支付了13.77亿美元的赔偿金。6项损害赔偿目录如下。

---

① GCCF提供了紧急提前支付（Emergency Advance Payments）、最终支付（Final Payment Awards）、临时支付（Interim Payment）、快速支付（Quick Payment）四种救济类型，其中第一种紧急提前支付是针对未来损失，其余三种是针对已发生损失，其中过渡支付和快速支付选择要求当事人放弃未来向BP和其他责任主体提出溢油引发的法律主张的权利。

表 2-2　损害赔偿目录

个人和企业经济损失 (Specified Types of Economic Loss for Businesses and Individuals)	运营正常的企业经济损失 (General Business Economic Loss)
	大型企业 (Multi-Facility Businesses)
	破产企业 (Failed Businesses)
	设立失败企业 (Failed Start-up Businesses)
	初创企业 (Start-Up Businesses)
	个人经济损失 (Individuals Economic Loss)
不动产损失 (Specified Types of Real Property Damage)	海岸不动产损失 (Coastal Real Property Damage)
	湿地不动产损失 (Wetland Real Property Damage)
	不动产销售损失 (Real Property Sale Damage)
船只包租损失 (Vessel of Opportunity Charter Payment)	因溢油而引起的船只包租机会的丧失而引发的损失
船只的有形损失 (Vessel Physical Damage)	船只的所有者因溢油或清洁操作而应得到的用于修理或更换船只的赔偿，不包括溢油应对组织和溢油清除组织的船只
维持生计的损失 (Subsistence Damage)	传统上靠墨西哥湾的自然资源来满足其基本生活并作为其经济来源的捕猎者、出租者等，因溢油使他们赖以生存的自然资源减少或受到使用限制
海产食品赔偿计划 (The Seafood Compensation Program)	渔夫、船长、船员、牡蛎租赁者、船只所有者将被赔偿与海产品有关的经济损失，该计划预期支付 19 亿美元赔偿给集团成员，预留 4 亿美元用于第二轮主张的赔偿，23 亿美元是根据 2007~2009 年海产业年平均总收入的 5 倍计算得出的

(2) 划分子集团并非是避免复杂集团诉讼同类利益冲突的最好方式。该案被学者称为近 30 年来最引人注意的避免集团内同类利益冲突的和解。所有的集团成员都被协商后法庭公布的具体客观的赔偿框架纳入保护范围,对每个可识别的子群体的和解条件都要经受 17 人原告指导委员会（PSC）的批准。原告指导委员会接受咨询并参与到和解的整个过程,当讨论某一个主张目录时,有此主张的当事人的代理律师应扮演积极的角色参与协商。集团内所有的利益都能被充分的代表,对主张的无上限的赔偿确保了每一个成员的获赔不会减少其他集团成员的获赔数额,和解不再是"零和博弈"（Zero-Sum Game）。海产业损失赔偿虽然设置了 23 亿美元的赔偿上限,当事人采取了很多措施来避免集团内同类冲突,一是使用法庭指定的中立者去直接听取海产业当事人的陈述并决定最初和后续的分配。二是基于可信赖数据,决定一个总的赔偿额比对所有的集团成员赔偿的效率会更高。该案件的集团成员主要涉及 5 个州,因此联邦法优先于州法适用,相同的实体法适用于所有的集团成员。不像其他的集团案件需要适用不同州的法律进行个体审判而需要创造子集团。

在没有集团成员冲突情况下,子集团（Subclass）也就没有必要设立,子集团仅仅是限制同类冲突的一种选择,而非理所当然的要求。一般只有存在集团成员的基本冲突时才会需要设立。法院在是否设立子集团的问题上有广泛的裁量权。本案中所有的主张都源自同一事件和相同被告,如果用子集团划分将很难限制其数量。以海产业赔偿计划为例,每一个生物物种类型都需要作为一个子集团,而各种类型对应的企业的种类又有 5 种,这样就会给集团的和解协商产生巨大的障碍,并降低集团的协商效率。这个案件设立子集团特别困难,很多集团成员将同属多个不同的子集团。一个集团成员不得不找两位律师来对不同部分的赔偿进行协商,不像普通的集团诉讼集团成员仅仅属于一个子集团并能够被一个子集团的律师代表,复杂和过多的人员配备会变得低效率和迟延,使得集团和解和诉讼管理都变得复杂。

(3) 和解集团诉讼中过渡索赔过程扩大了当事人索赔上的程序选择权。在美国运用集团诉讼解决群体性侵权案件已有 40 多年的历史,此种方式的运用效果面临着越来越多的争论和质疑。而运用替代性纠纷解决基金的方法来解决群体性环境侵权请求虽不能称为是最完美的解决方法却也是最为有效的方法之一。以非讼纠纷解决基金的方法来解决大众侵权诉讼成为 21 世纪的一个显著标志。[1]和解集团诉讼和非讼纠纷解决基金之间的关系如何处理就成了一个必须要解决的问题。

---

[1] Linda S. Mullenix. Mass Tort Funds and the Election of Remedies: The Need for Informed Consent, The Review of Litigation, 2012. Vol. 31:4, p.833.

本案中为了处理墨西哥湾海上溢油事故造成的损失，美国总统最终说服 BP 公司自愿创建一笔 200 亿美元的基金，专门用于赔偿溢油事件的私权受害者，如果受害者各种资料齐全，可以直接向墨西哥湾索赔便利机构申请赔偿，直接获得赔偿，而不用上法庭。① 这笔基金由美国资深律师费恩伯格负责掌管，由三位法官组成的小组负责监督，并处理对申诉的裁决。墨西哥湾索赔便利机构为受害者提供的赔偿方案包括紧急提前支付（Emergency Advance Payments）、最终支付（Final Payment Awards）、临时支付（Interim Payment）、快速支付（Quick Payment）四种，其中第一种紧急提前支付是针对未来损失，其余三种是针对已发生损失，其中过渡支付和快速支付选择要求当事人放弃未来向 BP 和其他责任主体提出溢油引发的法律主张的权利。在溢油污染索赔的和解集团诉讼中美国将替代性纠纷解决基金和索赔过渡过程进行了很好的衔接，当事人如果选择以免除对英石油及其承包商未来责任的追溯为交换条件而接受墨西哥湾索赔便利机构提供的赔偿，便可不经过诉讼程序快速地获得赔偿。如果在集团诉讼中，墨西哥湾索赔便利机构的申请赔偿期还没有到期或还没有处理完部分主张，和解之前索赔过渡过程的创设使当事人有权在接受墨西哥湾索赔便利机构提供的 60% 临时性赔偿金后，在拟议的法庭监管索赔方案中提出主张，并获得索赔。这一制度为受溢油污染伤害经济陷入困境并不愿意放弃自己未来追诉权的人提供了救济，扩大了当事人的程序选择权。此外，当事人还可以选择退出集团接受墨西哥湾索赔便利机构的条件或者另行依据现行法律主张自己的权益。如果当事人退出集团或集团未被确认，当事人仍有法律上可获得的所有另行提出主张的权利。

（4）和解集团诉讼中法官对非讼纠纷解决基金运作的监管。本案中的原告指导委员会提请法官限制由费恩伯格作出的关于墨西哥湾索赔便利机构的公共陈述，澄清墨西哥湾索赔便利机构的独立性和当事人对律师帮助的需求是否得到满足等问题。诉请中陈述到：费恩伯格说服当事人选择墨西哥湾索赔便利机构是比提起诉讼更好的选择，并声称已经雇用了几家私人法律服务公司为当事人提供法律咨询，这些公司坚持他们是独立于 BP 公司的，他们接受 BP 公司的报酬并不应被认为他们会背叛他们的职业道德准则。原告指导委员会请求法院干预墨西哥湾索赔便利机构规定的让渡条款，即如果接受支付，他们要放弃不仅仅是对 BP 而是对所有可能的责任主体的诉讼权。作为非讼私人纠纷解决机构，墨西哥湾索赔便利机构虽然有权利作出支付上的条件限制，但全部责任主体诉讼权利的让渡未免过于偏重被告的利益而有失公平。

---

① 石磊生：“美国墨西哥湾溢油事件损害赔偿法律适用问题的启示”，载《中国海洋大学学报（电子版）》2011 年第 1726 期，第 4 版。

第二章　域外环境侵权群体性诉讼的考察与分析

法官发现墨西哥湾索赔便利机构并不独立于 BP，而是一个混合性实体。BP 管理者的指定没有接纳当事人或法院的意见，其与一个中立的第三方管理者的角色有所不同，其也不是政府的代理人。墨西哥湾索赔便利机构寻求的和解不受美国《1990 年油污法》（OPA）框架的约束。法官以先例①中曾授权法官对待决跨区诉讼相关交流可以进行监督为依据，命令墨西哥湾索赔便利机构及管理者：禁止直接与知道或者应当知道的被律师代理的当事人直接联系，确认他们是否已经登记了诉讼；禁止宣称墨西哥湾索赔便利机构、其管理者、受其委托的法律服务公司是中立的和完全独立于 BP 的，而应以口头或书面的方式宣称其代表 BP 公司；根据美国《1990 年油污法》（OPA）履行作为责任方的法律义务；对于推定的集团成员应当表明他们有权利在选择接受和解和签订让渡协议之前咨询律师；禁止建议当事人不要雇用律师，由墨西哥湾索赔便利机构负责给当事人提供法律建议；如果当事人没有接受最后支付，应向当事人公布所有美国《1990 年油污法》（OPA）下可选择的解决途径，包括申请加入待决的 MDL2179。建议资助 GCCF 当事人的无偿服务律师和社区代表可直接或间接从 BP 获得赔偿。② 法官并没有干预墨西哥湾索赔便利机构要求当事人接受最终的支付必须放弃对所有被告起诉的权利，法官对于非讼基金运作的监管仅限于保证过程的透明和当事人能够得到法律建议，以使当事人能够全面预测到签订让渡条款的意义。这个案例代表了跨区诉讼中法官监管权力的进一步发展，并在一个公平、高效和解协议的形成过程中扮演积极的角色。

（5）和解集团诉讼顺利进行的技术保障。和解集团诉讼中文书的电子公开为没有亲自参加集团诉讼的当事人充分、及时地了解案件情况、选择加入或退出集团和对和解集团提出意见提供条件。在过渡过程完成后，由于和解计划涉及众多类型的主张，每一种主张又有许多子类型，法庭为每一个主张类型创设了计算机模型，书写了每一个主张类型的详细组成要求，对每一个主张类型的合格性和因果关系标准进行评定。还创造一个网站，为每一个主张类型提供表格和指导手册，当事人可以在线登记主张。所有这些电子模型都经过了双方当事人和集团律师的验证和批准后方可使用。通过该种方式处理了超过 10 亿美元以上金额的诉讼请求。③ 在处理案件诸多事务方面，法官也可雇用专家和运用其他案件管理工具去促进诉讼的某个方面发展。集团诉讼中联络律师、集团律师、原告指导委

---

① Gulf Oil v. Bernard, 452 U. S. 89, 101 – 02(1981).

② Edward F. Sherman. The BP Oil Litigation and Evolving Supervision of Multidistrict Litigation Judges, Mississippi College Law Review, Vol. 30:237. pp. 252 – 253.

③ Final Fairness Hearing, November 8, 2012.

员会（PSC）等案件管理角色的设置有效地节约了司法资源，使得较少的法官即可完成此项工作。特别是由登记中的诉讼律师组成的原告指导委员会协调诉讼发现程序的进行，在对请求进行分类的基础上探索可能的和解方案，对和解协议的形成具有促进作用。

第二节 加拿大环境侵权群体性诉讼考察与分析

一、加拿大环境公民诉讼

（一）可诉范围

加拿大在联邦和省级立法赋予公民、社会团体提起环境公益诉讼的资格后，环境公益团体发展迅猛，如山脉社法律辩护基金（Sierra Legal Defense Fund）、加拿大国家环境公益律师事务所（Canada's First National, Full-service, Pro Bono Public Interest Environmental Law Firm）先后成立，来自环境团体的公益诉讼在20世纪90年代迅猛增长。长期以来，对加拿大环境公民诉讼制度的研究较美国相对缺乏，忽视了加拿大存在的典型性。在可诉范围上，除了有权对涉嫌损害环境的行为、行政机关的不作为违法行为起诉外，还允许公民对简单判罪案件[1]中环境犯罪提起私人追诉。《加拿大刑法典》特别规定任何人只要有充分的理由相信某人犯罪都可以起诉到省法院或治安法官，除非法律有特别的例外规定。[2] 形成了民事、行政、刑事三位一体的环境公民诉讼机制。

（二）原告起诉资格

加拿大环境公民诉讼中原告的起诉资格也经历了从严格的诉讼资格到宽松的诉讼资格的发展过程，从强调原告与案件有直接的利害关系发展到损害社会公共利益为标准。在 Finlay v. Canada Minister of Finance[3] 案中，确立了公益诉讼原告起诉资格审查的三个标准：一是诉讼提出了一个严重的和可裁判的争议；二是

---

[1] 根据1985年《加拿大解释法》第34条规定：所有省和市犯罪都属于简单判罪犯罪，联邦犯罪除了法律有特别规定是可指控犯罪以外也是简单判罪犯罪。《加拿大刑法典》特别规定任何人只要有充分的理由相信某人犯罪都可以起诉到省法院或者治安法官，除非法律中有特别规定的要求或障碍。

[2] 王彬辉："加拿大环境公民诉讼制度及对我国的启示"，载《湖南师范大学社会科学学报》2014年第3期，第85页。

[3] [1986]2 S. C. R. 607. 转引自 Chris Tollefson. Advancing an Agenda? A Reflection on Recent Developments in Canadian Pubulic Interest Environmental litigation. University of New Brunswick Law Journal, 2002, 51 U. N. B. L. J. 175.

对诉讼标的争议的结果有真正的利益；三是没有其他受到直接影响的利害关系人就该问题提起诉讼。允许法官根据法律的目的和价值的追求，运用自由裁量权审查原告的资格。其中第三个标准在加拿大矿业观察者诉加拿大海洋渔业部和加拿大自然资源部部长案①时被 Martineau 法官否决，他认为不能仅仅因为可能享有原告资格的公众没有采取法律行动，其他的起诉人就应该永远被拒绝。

（三）禁令救济

RJR-MacDonaldq 确立了禁令救济的三个严格标准：一是是否有严重的问题待审判；二是如果禁令被拒绝申请者将会遭受不可挽回的损害；三是寻求禁令救济的正当性在当事人双方之间进行利益平衡。此外，申请者应当提供担保在败诉时用于赔偿被告的损失。环境公民诉讼的起诉者遭遇的最大困境来自提供担保的要求和对不可挽回损害的解释。如果起诉者缺乏经济能力而又需要提供担保，法庭应当灵活地去处理担保问题以保证公益获得救济的权利。如果申请者申请禁令的事项涉及严重的公共利益，通过利益衡量应倾向颁发禁令，则禁令救济不应当因为经济上无法提供担保而被放弃。不可挽回的损害在私益诉讼中是申请者遭受人身伤害或经济损失。而在环境公益诉讼中这种私益的损害是空缺的，相关的不可挽回的损害是对环境的损害，是不可修复的或修复需要付出较长的时间和金钱成本，难以用金钱补偿的永久性的损害。自然的损害不应该用金钱赔偿的替代手段而令其合法。

（四）诉讼费用

在加拿大诉讼费用的负担由法院根据诉讼的结果作出判定。败诉方负担原则（Adverse Costs Liability）的原因在于：一是诉讼费用应当由对诉讼的发生负有责任的一方承担；二是诉讼费用应当被当作一种对于采用不恰当诉讼策略的一种惩罚以阻止其他相似的行为发生；三是败诉方应当赔偿给胜诉方为诉讼而支出的成本。然而在公益诉讼中这一做法受到了质疑。在 Singh v. Canada 一案中，McKeown J. 认为公益诉讼的主张虽然被驳回，但公益诉讼的原告有权利获得诉讼费用的支持，因为针对宪法原则的诉讼很明显属于公益且是民主的核心。② 败诉方负担原则成为环境公益诉讼中接近司法正义的障碍。融资的复杂和被迫拖延的公益诉讼在环境领域尤为突出。对被告诉讼费用的负担成为考虑是否提起环境公益诉讼的因素，除非胜诉已经非常确定，否则经济上较为窘迫的公益诉讼人将会选择放弃。公益诉讼的目的是指向社会公共事业的法律问题的解决，督促政府执行法律、解决纠纷，受益的是大多数人。现在法院确立了公益诉讼独立的诉

---

① Shiell v. Canada (Atomic Energy Control Board), (1995), 98 F. T. R. 75 (Fed. T. D.).
② Singh v. Canada (A. G.). (1999)4F. C. 583. at para 87.

规则。法院经常运用自由裁量权免除败诉方的公益诉讼当事人的诉讼费用。[①] 20世纪90年代末，修改后的《联邦法庭规则》(the Federal Court Rule) 明确了诉讼费用的决定与分配应考虑的因素：包括诉讼的结果、问题的重要性和复杂性；诉讼中的公益给予特殊的费用判决是否合理正当；当事人缩短或不必要的延长诉讼的行为。[②] 环境公益诉讼的成功或失败不应当以胜诉或败诉来进行判断。环境公益诉讼的目标在于引起司法、立法和公众的注意去处理社会环境问题，是政府作为或不作为的监督者的角色。[③]

（五）诉前告知和申诉程序

加拿大也认为诉讼不是解决环境法律执行问题的最好方式，采用"穷尽救济"原则。要求在提起环境公民诉讼前，公众应该通知被追诉者，告知其行为的违法属性，并向负责该项法律执行的有关政府部门提起正式的申诉。如果政府官员打算调查或开展环境执行，那么环境公民诉讼就没有必要提起。[④]

二、加拿大环境侵权集团诉讼——以科尔伯恩港口居民诉国际镍业有限公司环境侵权集团诉讼案为例

（一）案情简介

1918~1984年，国际镍业有限公司（Inco Limited）在科尔伯恩港从事冶炼生产，66年中冶炼厂释放了大量的镍氧化物及其他有毒的致癌物聚集于附近的土地，污染了科尔伯恩港的环境特别是同冶炼厂相邻并处于顺风向的低收入区——罗德尼街区。Wilfred Robert Pearson 是科尔伯恩港口受影响最严重地区的居民。2000年环境保护部发布了被告国际镍业有限公司镍排放增加了大量的环境和健康问题的报告，2005年 Pearson 作为原告代表提起了环境侵权诉讼，诉讼请求限定在环境污染引起的所有潜在损失，包括健康损害、精神痛苦、收入损失和对科尔伯恩居民亲戚的损害等。但确认集团诉讼的请求被驳回，原因是集团是不可识别的（Identifiable），包括了与健康相关的个人损害主张，这些主张会引起共同责任问题在个人责任问题面前显得矮小；集团的确认不能达到诉讼经济和行为修正的目标；原告的代表人 Pearson 不能充分地代表原告的利益，因为他没有经济实力去承担诉讼成本。

---

① Sierra Club of Western Canada v. (1991), 83 D. L. R. (4th) 708 at 716. Friends of Oak Hammock Marsh Inc. v. Ducks Unlimited (Canada) (1991), 84 D. L. R. (4th) 371 at 381. (Man. Q. B.)

② Federal Court Rules, r. 400.

③ Chris Tollefson. Advancing an Agenda? A Reflection on Recent Developments in Canadian Public Interest Environmental litigation. University of New Brunswick Law Journal, 2002, 51 U. N. B. L. J. 175.

④ 王彬辉："加拿大环境公民诉讼制度及对我国的启示"，载《湖南师范大学社会科学学报》2014年第3期，第88页。

第二章 域外环境侵权群体性诉讼的考察与分析

原告上诉到安大略省高级法院下属法院[①]后，为了提高集团确认的可能排除了所有与健康相关的个人损害主张，转向将诉讼请求限定在由于土地的污染引发的不动产贬值。原告不仅减少了诉讼请求的数量，而且将潜在集团的大小从大约 20 000 人缩减到仅 7 000 名土地所有者。该集团确认的上诉仍被驳回，二审法官认为原审法官认定集团是不可识别是没有错误的；同时，在集团是否具有共同的事实或法律问题上，原告代表人未充分考虑到与不动产价值损害相关的主张与防御具有明显的个体化特征。最后，原告没有提出任何合适的方法去确定集团范围内的损失。

原告上诉到安大略省高级法院上诉法院。该法院认为该案满足了集团确认的要求。集团诉讼的确认对于之前严重限制环境侵权集团诉讼的裁判来讲预示着一个重要的进步。首先，通过客观标准来解释该案能够满足可识别集团的要求，原告已经提出证据证明科尔伯恩港限定地区不动产价值自 2000 年环保部公布该地镍水平之后出现了下降。其次，集团并不是没有必要的广泛，诉请和集团解释之间有逻辑上的联系，因为原告正在寻求确认的集团成员是伴随着环境保护报告的宣布不动产的价值受到直接影响的人。原告已经满足了共同问题的要求，在确认中对共同问题的要求是较低的，有大量的共同问题之外的事实问题要求个别解决并没有破坏集团具有共同要解决问题的结论。主张的限缩满足了集团确认要求的司法经济。集团程序同样服务于接近司法正义的要求，因为许多财产价值受到严重影响的人们是年长的、失业的或者丧失劳动能力的人。同时，集团诉讼程序能够达到行为修正的目的，行为的修正这一概念被初等法院限定的过于狭窄，行为的修正不能只针对被告，而应看到更广泛的同类被告。因此，总体上原告限缩的主张满足了更适合程序的要求。上诉法院同时指出，地方初审法院因为原告没有明确的诉讼基金安排而认为其不具备作为代表人的条件是于法无据的；认为原告是污染最严重地区的居民并因此比那些受影响并不是很严重地区的居民更具有攻击性，因而不适合做原告代表人的观点是错误的。

（二）加拿大环境侵权集团诉讼的确认

加拿大是个多法域的国家[②]。各省立法有一定的差别，但集团诉讼的确认都

[①] 加拿大法院系统分为地方法院和联邦法院。以安大略省为例，其有三种级别不同的民事审判法院，分别为省法院的民事法庭、地方初审法院和省最高法院。其中省最高法院由三个审判权完全不同的分庭组成，即省高级法院审判庭，省高级法院下属法院和上诉法院。联邦法院分为审判庭和上诉庭。参见黄春芳："加拿大法院的组织、系统介绍"，载《现代法学》1999 年第 2 期，第 128 页，第 129 页。

[②] 加拿大主要属于英美法系国家，在加拿大的十省二区中，除魁北克省之外，九个省的法律制度起源于英国的普通法。魁北克省曾经是法国殖民地，法语人口占多数，有自己的民法典，具有大陆法系的明显特征。1978 年现代的集团诉讼制度被引入魁北克省，接着被引入安大略省，1995 年不列颠哥伦比亚省也制定了有关集团诉讼的新法律。

必须满足五个最基本的标准①。以 1992 年安大略省《集团诉讼法》（the Ontario Classing Proceeding Act）为例，该法第 5 条（1）规定了集团确认的五个要件：一是诉由（Cause of Action）；二是集团是可识别的（Identifiable Class）；三是集团有共同的问题（Common Issues）；四是集团诉讼是更适合的程序（Preferable Procedure）；五是公平和充分的代表（Fair and Adequate Representation）。

1. 集团确认的方式

世界各国集团诉讼的确认主要存在两种方式：听审方式和拟制推定的方式。瑞典、澳大利亚等国家采用了拟制推定的方式确认集团，但运作效果不甚理想。在诉讼初期采用回避确认审查的方法拟制推定集团存在，并不能根本解决此问题，在诉讼中重新审查反而会带来更烦琐的程序。② 加拿大的安大略省、不列颠哥伦比亚诸省③则采用了听审的确认方式。集团诉讼本质上是一种代表诉讼，大多数当事人的诉讼权利是交由代表人代为行使，正当程序原则要求的当事人的"到场权"即在场见证法院的调查和庭审活动并参与法院相关行为的权利④是无法得到满足的，为了弥补正当程序与代表制度之间的冲突，各国在集团诉讼的确认要件中都规定了对代表选任的要求、集团可识别性和共同性的要求以排除不必要的集团诉讼，这就必然要求在诉讼的早期对当事人集团诉讼的诉请进行严格的衡量和考察。听审阶段原告代表人、集团成员需要提出证据证明集团确认的要件得到了满足。被告可以进行抗辩，证明此案件不适合以集团诉讼的方式进行。这样既增加了被告防御集团诉讼的机会，也有效地防止了原告对集团诉讼的滥用，过滤了不必要的集团诉讼，实现了资源的优化配置。

2. 集团可识别性的客观解释标准

在确定集团成员资格时，客观标准与主观标准本质的区别在于是否对成员相关案件事实进行实体上的判断。对可识别性要件的强调应该是加拿大集团诉讼确认要件的独特之处。加拿大对集团诉讼成员的识别旨在根据案情确立一个确定集团包含成员的客观标准，在集团的包容性与限定性之间实现平衡。该客观标准需要能够展现集团与共同问题间的合理关系，即使不明确每一位集团成员具体信息

---

① W. A. Bogart, Jasminka Kalaydzic, Ian Mathews, Class actions in Canada: A National Procedure in a Multi-Jurisdictional Society, A report prepared for The Globalization of Class Action Conference, Oxford University, December 2007, p. 6.

② 拟制推定集团存在的方法，是指集团资格被视为由司法权当然赋予的，除非法院有否定的命令或裁定，集团应被推定实际存在。参见王福华："集团是怎样形成的——基于普通法集团诉讼程序的分析"，载《司法改革论评》2008 年第 8 期，第 32～33 页。

③ Robert v. Canadian Pacific Railway, Vancouver S041677.

④ 任凡："论美国法院对听审请求权的保障——从联邦最高法院判例谈起"，载《法律科学》2010 年第 6 期，第 150 页。

的情况下实现对集团范围的清晰限定。以上述案件为例,原告代表集团的可识别性解释为:所有的自 1995 年 3 月 26 日以来在科尔伯恩港居住并遭受到镍污染损害的人。省高等法院下属法院的法官认为这个解释武断地排除了那些其居住地的土壤包含同样水平的镍的原告。排除了那些 1995 年以前遭受了伤害但已离开此地,却刚发现损害而有必要去起诉的人。集团不应当包括某种主张的同时排除其他拥有同样主张的人。

省高等法院上诉法院的法官认为集团的包容性应该小心的应用,如果这个原则被应用的太严格将很少有环境主张被作为集团程序确认。污染的特点是它的后果总是广泛的和扩散的,空气和水的污染很少在一个固定的界限停止。当主张限定在不动产价值降低的时候,不顾实际镍的排放水平,基于地理界限识别集团的武断消失了。集团解释的基础依赖于报告引导的镍的水平本身是非理性的和武断的,以一个客观的标准解释集团的可识别性,上诉人已经满足了这个要件。集团可以用客观标准去解释并不完全决定于集团的可识别性,还必须要展现集团与共同问题之间的合理关系。此案中,上诉人提出证据证明不动产价值在限定地区由于 2000 年报告的发布而下降,报告作出时不再拥有此地土地的人不能提出主张。因此,集团识别的解释为:自 2000 年 9 月 20 日报告公布之日后在科尔伯恩港拥有财产的人(包括已故之人的继承人、遗嘱执行人、管理人、受让人、遗产代表人)。虽然上诉人没有每一位集团成员的具体信息,但是很清楚集团是有限制的。如果他在一个特定的时期、特定的地域内拥有财产即可成为集团成员。当被告抗辩并提出证据证明财产价值没有真正下降,而是与加拿大其他地区的财产价值保持同步。这个事实性的争论是审判中的问题,不需要在确认阶段解决。

3. 加拿大集团确认中共同性要件的适用

集团诉讼确认中的共同性问题在省地方初审法院时期和省高级法院下属法院的审判中都作出了详尽的总结。第一次起诉阶段,原告总结了 10 个与被告有关的共同问题,例如,被告是否排放了污染物、造成了多大的危害、是否违背了阻止污染物排放的注意义务、是否形成了妨害(Nuisance)、是否构成侵害(Trespass)、是否适用严格责任以及是否适用惩罚性赔偿等。法官认为其满足了共同问题的要求。被告认为上诉人试图复杂化责任的基础,武断地膨胀了共同问题的数量和复杂性使诉讼更适合作为集团诉讼来确认。被告认为责任的基础是简单和直接的,如果对镍的排放是有责任的,唯一的问题就是要求对损害进行个体的评估。省高级法院上诉法院法官认为诉请限缩后,不仅减少了问题的复杂性而且降低了共同问题的数量。上诉法院发现共同责任问题不再为个体的责任问题所淹没,构成了每一个集团成员主张的基本因素。与被告相关的共同问题对于每一个集团成员来讲也应该是个共同的问题,这些问题的解决标志着每一位集团成员的成功。只有这样,集团诉讼才能对潜在的受影响的每个集团成员以一种更加经济的方式解决。

4. 加拿大集团确认中更适合程序要件的适用

法官在 Cloud 案件中确立了衡量更适合程序要件的基本原则,即相比其他解决手段集团诉讼是否是促进诉请进行的公平、有效和可管理的方法;集团诉讼是否是更适合解决集团成员主张的方法。法官分析更适合程序要件需要参考三个集团程序目标:司法经济、接近司法正义和行为修正。

(1) 司法经济。诉讼请求没有限缩前,地方初审法院的法官认为本案适用集团诉讼程序并不能促进司法经济目标的实现。因为集团成员损害因果关系是否存在的决定是非常广泛和个体化的。集团范围的广泛性和伤害种类的多样性会使集团程序很快变得不可管理。伴随着潜在的上万个个体问题的解决诉讼将不可避免瓦解为上千个个体的审判。例如,当事人暴露于污染物下的后果是问题的中心,但这个问题是以个体为基础的,20 000 个集团成员不得不通过发现程序获得检验。此外,这里还需要对每个人的健康历史、职业、习惯等作出检验,它将有必要知道个人的居住地污染物集中的程度。诉讼请求限缩后,省高级法院审判庭的法官认为个体问题将表现为是否任何污染的出现将影响财产的价值和价格,并在多大程度上有影响。原告提出了从不动产代理那里获得的反映过去几年中科尔伯恩港口房价在下降趋势的证据。被告提出了不动产经济学家的分析,认为最近的销售数据不能支持不动产价值受到影响的观点。即使财产价值的影响能够被呈现,要与一个特别的因素形成因果关系需要更多个体化的分析,去决定影响对个体财产所有者产生的经济后果。不动产价值受到多种因素的影响,例如,此地段、学校的质量、犯罪活动出现频率、交通事故发生状况、工业污染状况、交通拥堵状况、购物商场的分布等。无数的因素决定着实际的财产价值,财产价值损失的问题可能形成大量的个体主张。如果作为集团诉讼来确认将会变得不可管理。

安大略省高级法院上诉法院的法官认为,即使存在实质性的个体问题,更适合程序的要件仍然能够得到满足,共同问题不需要对个体问题占统治性的地位。需要考虑的是共同问题在整个主张中的重要性。案子最初没有达到司法经济的要求是因为个人健康的损害主张矮化了共同问题解决的重要性,伴随着诉请的变窄这已经不再是个问题。共同问题的解决将决定于是否承认污染影响到了不动产的价值,上诉人主张的前提是科尔伯恩地区镍污染的信息对该地不动产价值已经构成一个可以发现的影响,作为一个污染源,被告必须要对财产价值下降的所有者赔偿损失。每一个具体不动产价值上覆盖的是与污染水平有关的下降,他们构成了一个集团成员主张的基本要素,如果上诉人能够证明污染与财产价值间的联系,个人问题就仅是每一个集团成员去证明对财产影响的数额,如果上诉人不能证明这个联系,法院可以推翻集团诉讼的确认。不能说这些问题的解决同个人问题的解决比较起来是微不足道的,没有一个共同问题的审判,这些问题将不得不以个体诉讼来处理，耗费较多的司法成本并可能导致矛盾的判决。

（2）接近司法正义。政府管理的健康风险评估团体（Community Based Risk Assessment，CBRA）通过添加物，如某种草木植被，吸收污染土壤中的镍以减轻污染的后果。该救济措施能移除污染的影响，包括对不动产价值的影响。但该救济计划相对集团诉讼程序来讲其并不是一个可靠的替代性解决方案，因为该计划不能提供赔偿金。虽然该计划可以连同共同诉讼、试验诉讼一起作为替代程序的一部分，但一个集团成员有可以寻求救济的赔偿计划不是否定集团诉讼的依据。在评估接近司法正义的时候，这样一个计划的存在是一个考虑的原因。罗德尼街区的所有者许多是老年人、失业的和半雇用状态下的残疾人以及需要社会救助者，很明显这些人也是最脆弱的和较少能够为自己的主张起诉的，单独诉讼是超乎寻常的困难，允许提起集团诉讼可以减轻集团成员要面临的困难。

（3）行为的修正。省地方初审法院认为确认集团诉讼不能获得行为修正的目标，因为环境保护部已经介入并确立了前述救济计划，被告的行为修正已经开始，集团确认或许会让被告变得不合作。省高级法院上诉法院认为此种观点过于狭窄，为了换取被告的合作让财产的所有者放弃他们的法律权利的看法是荒谬的。修正被告的行为并不意味着可以忽略他们对公众的义务。同时，行为的修正也不能仅仅看本案的被告，还应当看对潜在排污者的影响，诉讼使他们更加注意避免污染活动，这也是为什么环境诉讼适合集团诉讼。集团诉讼是通过实际或者潜在的违法者不要忽视他们的公众义务来服务于公正和效率的。没有集团诉讼，那些范围广泛对个体来讲小额的伤害将不会得到侵权者的修正。

5. 集团确认阶段代表充分性的衡量标准

加拿大环境保护法在衡量原告是否具有代表性时提出以下几点：一是公平充分的代表集团的利益；二是制订一个推动程序进行的工作方法和计划，并通知集团成员；三是关于集团的共同问题并没有和其他集团成员的利益相冲突。首先，省地方初审法院审查诉请的法官（the Motion Judge）认为原告未满足这些条件中的任何一项。认为原告代表人有能力去承担诉讼费用是在集团诉讼中成为合适代表的一个要考虑的重要因素。原告代表必须有实际的替代性的基金安排，如公共捐助的基金、私人捐助、公司捐助、法律援助等。其次，法官认为原告代表写的诉讼计划不够充分，过于概括而缺乏细节。特别是将要进行的调查如何使用专家证人、如何引导证人对话、文件如何被管理以及在共同问题解决之后遗留下来的个体问题如何去解决都没有论述。同时认为上诉人与其他的集团成员存在利益冲突，作为受污染最为严重的罗德尼街区的居民，比起那些受污染程度较轻的居民有更多的利益诉求，更具有攻击性。

省高级法院上诉法院的法官指出，集团诉讼委员会只考虑那些进行了防御陈述后的基金申请,而被告经常拒绝填写防御陈述,因此很多时候原告拿不到集团诉讼委员会的基金援助。地方初审法院不合情理的强调上诉人对于发生的诉讼费用的支付能力。要求上诉人在确认阶段有实际的和明确的供选择的基金安排,是立法本身没有提出的强制要求。更何况虽然有些缓慢但上诉人已经支付了诉讼费用。诉讼请求限缩后,计划的基本要素都能找到。初审法官以上诉人作为受污染严重地区的居民而更具攻击性,断定上诉人有利益冲突而不适合做原告是武断的,这种情况下更有利于使上诉人全身心地提起诉讼主张,如果证明上诉人没有正确地代表集团利益,法庭完全可以采取措施随时更换集团代表。

(三) 环境侵权集团诉讼中的因果关系的认定

经验法则是人们从生活经验中归纳获得的关于事物因果关系或属性状态的法则或知识。它是人们判断未知事物存在与否的前提。本案中法官在因果关系的分析上运用了两个常识性原则:一是如果住宅不动产位于大型的工业区,无论工业生产是否引起了空气、水和土壤的污染,该住宅不动产的价值肯定会降低。集团成员不动产位于镍冶炼场附近的事实,会使集团成员的不动产价值压低。如果报告中的消极信息引起了不动产价值的降低,那么损失的数额也要从被压低的价格起算。二是环境污染的报告及新闻报道将会对不动产的价值带来消极影响,距离污染地越近,房价就越低。

科尔伯恩港口土地中的镍含量虽然很高,但污染对人类和动植物的毒性是不确定的,对健康的风险是不确定的,对公众意味着什么也是不确定的。因此对于潜在购买者来讲唯一的方式就是降低买价。专家 Skaburskis 证实,两个在各方面均一样的房产,如果其中一处位于被污染或被认为污染了的地段上,该处不动产将会贬值,因为污染财产通常被认为是高风险投资,会降低财产的投资价值。可以预期的是镍污染必然会对附近的不动产价值带来消极影响。专家 Steele 研究了 1997~2005 年韦兰和科尔伯恩港口的不动产销售量,发现科尔伯恩港口不动产的销售量在 2000~2001 年两个财政年度急剧下降,销量的下降与财产价值下降直接相关,推论 2000 年存在一个对不动产市场的冲击。专家 Berkhout 证实,科尔伯恩港口不动产的销售额和销售量在 20 世纪 90 年代初的四五年时间里持续上升,从 2000~2003 年开始不断下降,基于以上的所有证据和两个常识性的原则,可以认定镍污染信息的公开对集团成员不动产价值造成了消极影响。

(四) 加拿大环境侵权集团诉讼中损害赔偿的分配程序

1. 数据模型可信度分析

集团成员人数众多,受到的损害千差万别,众多受害者损失赔偿额的确定是集团诉讼要解决的核心问题。本案法官运用了四个数据模型:自动估价模型

(AVM)、市镇物业评估系统（MPAC）、多重列表服务系统（MLS）和混合 ASP 数据系统。专家 Tomlinson 运用市镇物业评估系统（MPAC）对 1996~2008 年科尔伯恩港和韦兰地区不动产价值数据进行了比较分析；Marion Steele 运用多重列表服务系统（MLS）分析了销售数量和不动产价值的相关性。Maughan 则运用自动估价模型（AVM）监控实际登记的销售交易，用持续性相关理论计算出每一个登记在册的不动产的理论价值。即使该不动产很多年没有出售，系统也可计算出该不动产理论上的当前价值，是一个登记财产当前价值的数据库。被告聘请的专家 David Atlin 则运用多重列表服务系统（MLS）对 1997~2008 年科尔伯恩港同韦兰地区不动产价值数据进行了比较分析。

根据经济学家的分析，自动估价模型（AVM）和市镇物业评估系统（MPAC）的数据分析可靠度较高，是对财产整体价值的评估，统计数据包括港口所有不动产而不仅是出卖的不动产。而多重列表服务系统（MLS）是基于出售财产建立的数据库。其中关于自动估价模型（AVM）系统，法官提出了很多关于数据可靠性的质疑，如该系统不能评估 2003 年之前的不动产价值，不同年份的数据来源不同，后期数据中 RSA 区域的数据占据了较高比例、一些应当包括在内的数据被排除而应当排除的数据却收录了进来。对法官来讲，如果计算机中的数据来源不同并以不同的方式筛选，很困难地去比较 2000 年 9 月之前和之后的财产的价值，信息的不一致提高了对于数据分析可靠性的担忧。原告聘请的专家对 AVM 系统做出了解释，数据以这种方式被筛选是为了保证存在于数据库中的居民销售数据在地理区域内更具有代表性。有些表面上一致的数据被排除是为了排除偏见。对于一些错误信息如包括商业财产的销售数据，他说每一个数据库都不可能完全清洁，只要能假定这些错误是随机分布的，将对计算没有什么影响。经过综合分析，法官认为最可信的数据模型是市镇物业评估系统（MPAC）、其次是多重列表服务系统（MLS）和混合 ASP 系统，最后是自动估价模型（AVM）。

2. 不动产损失赔偿额的确定中整体估算方法的运用

安大略省高级上诉法院确认该集团诉讼后，该案交由安大略省高级法院审判庭（Ontario Superior Court of Justice）审理。集团由大约 7 000 名住宅房地产的所有者组成，原先的集团代表人 Wilfred Robert Pearson 更换为 Ellen Smith。集团限定地域包括了几乎科尔伯恩港口的所有城区和韦兰运河东部的一些乡村。为方便审理法官将集团划分为 3 个子集团：RSA、ESA、WSA 。

确定赔偿数额的程序主要包括两种：个体性估算和整体性估算两种方法。整体性估算是指法院在所做集团诉讼判决或批准的和解协议中，在总体上确定被告应承担的赔偿金数额，然后再通过灵活简便的方式向各集团成员分配。① 主要适用于反不正当竞争诉讼、环境集团诉讼、证券集团诉讼等复杂诉讼，是一种适应现代化大型纠纷解决的高效的赔偿估算方法。这一方法在加拿大安大略省的《集团诉讼法》（Class Proceeding Act，Ontario，Canada，1992）上得到了采纳，该法规定：总额可以合理地确定并无须通过单个集团成员证明时，法院可以确定赔偿总额。

本案中，法官依据市镇物业评估系统（MPAC）中的数据，发现1999～2008年，科尔伯恩港口居民不动产价值增长了59.5%，同一时期韦兰增长了65.4%，相比之下科尔伯恩港口不动产价值损失为48 586 500美元。Tomlinson运用另一计算方法，最终的损失额为48 000 000美元。对该数据系统的批评源于对其中314栋建筑的计算，计算结果显示未能与韦兰同步，部分原因在于这些建筑没有被包括在1999系统中评估但却包括在2008年的数据中评估。Tomlinson承认这些建筑的计算扭曲了结果，但从计算中去除这部分建筑是没有效的。因为计算方法是大众估值法，这些建筑仅仅代表了韦兰和科尔伯恩港中25 000处财产中的314个居民财产，其他24 700处财产也可能存在同样影响结果的情况发生。此外，计算是以被告聘请的专家Clayton的计算结果为前提而展开的，该专家算出了1999～2005年韦兰不动产价值增长赶超科尔伯恩港口2.8%，他的计算包括了这片建筑，因此2008年运用市镇物业评估系统（MPAC）的计算中具备包含这片建筑的连续性。法官接受了Tomlinson的证词，发现从市镇物业评估系统（MPAC）数据库中完全地排除这批建筑是不合适的，但是需要对计算结果进行一些调整。

被告Clayton计算出的2.8%的损失作为2008年不动产损失的最小数，Tomlinson的计算结果为5.9%，作为损失的最大数，实际损失取二者的平均数。因此，从1999～2008年同韦兰相比科尔伯恩港口城市的不动产价值损失为4.35%。因此居民不动产的价值损失总数为36 000 000美元。专家Skaburskis运用回归分析法，计算出2008年9月科尔伯恩港口不动产价值损失为33 125 000美元；运用ASP系统计算出的结果为16 000 000美元；Maughan运用自动估价模型（AVM）计算出的不动产损失为47 000 000美元。Atlin运用多重列表服务系统（MLS），以1997～2000年的三年平均销售价格为基础，得出了相反的结果，即到2008年9月科尔伯恩港价格增长了53.9%，而韦兰增长了44.8%。但法官观察到该种计算方法显示2001～2004年对港口不动产的价格有消极影响，2005年开始科尔波恩港口不动产价格才开始超过韦兰的销售价格，按照2001年两城

---

① 王福华：“如何向集团赔偿——以集团诉讼中的赔偿估算和分配为中心”，载《法律科学》2009年第1期，第153页。

市的增幅差距 5.1% 计算不动产损失为 34 000 000 美元。综合以上几种计算结果，法庭最后采纳了 Tomlinson 的计算方法，取平均数将损失赔偿额定位 36 000 000 美元。在 RSA 地区，每项不动产的价值在 2000 年下降了 23 000 美元，按照每年 2% 的下降率，到 2008 年 340 处不动产的损失额为 9 000 000 美元。剩下的 27 000 000 美元在 WSA 和 ESA 中分配，按照同样方法，ESA 区域 2002 年落后 WSA 区域每项不动产 6 160 美元，根据不同区域主张不动产的数目，推算出赔偿 ESA 区域 15 000 000 美元，WSA 区域 12 000 000 美元。

表 2-3 不同地块赔偿对比

受偿区域	待赔不动产数量（块）	区域受损度	判决赔偿数额（美元）
RSA	340	最严重	9 000 000
ESA	1 500	次严重	15 000 000
WSA	5 200	轻微	12 000 000

第三节 日本环境侵权群体性诉讼考察与分析

根据提起环境诉讼的目的来划分，日本环境诉讼可以划分为环境公害诉讼和环境保护诉讼两类。公害诉讼是针对人为地对环境进行污染和破坏而造成的人和物等方面的损害而提起的诉讼。环境保护诉讼是针对各种环境要素的保护尤其是环境污染和破坏所导致的公共利益的受损所提起的诉讼。

一、日本环境公害诉讼

日本的环境诉讼始于公害诉讼。日本的公害诉讼开始于 20 世纪 60 年代后半段，其代表的事件就是有名的四大公害事件[①]。1967 年提起的新潟水俣病诉讼是日本大型公害司法审判中最早提起诉讼的案件。[②] 在此之前，日本国民多倾向于选择行政厅来解决问题，但由于行政厅的压制，反对环境公害的居民运动，强行要求受害人接受较低的补偿而放弃权利，受害人的权利得不到应有的保护，日本公害人开始寻求民事诉讼救济。但由于当时日本的环境法制度不完善，诉讼请求的内容多为事后救济，即要求侵权者承担对生命、健康及财产造成的损害赔偿责任。与此同时，公害纠纷也有不少是采用行政机关主持下的诉外和解的方式来解决。1971 年日本《公害纠纷处理法》的颁布，将公害纠纷的行政处理制度规范化，

[①] 指富山骨痛病事件、新水俣病事件、四日市烟害事件、熊本水俣病事件。
[②] 日本律师协会主编：《日本环境诉讼典型案例与评析》，王灿发监修，皇甫景山译，中国政法大学出版社 2011 年版，第 4 页。

设置了斡旋、调解、仲裁和裁定四种公害纠纷处理形式。明确了公害的范围、处理机构、处理途径和处理程序。纠纷的行政处理程序与司法救济有同等的重要性。公害受害人还可以在获得民事救济之前依据《公害健康被害补偿法》等有关法律规定，通过行政程序及时、迅速地获得损害赔偿。日本公害纠纷的解决方式是行政救济与群体性的司法救济机制并存，同时发挥其救济受害人作用的救济模式。

（一）辩护团的组成及诉讼经费的筹集

在四大公害诉讼原告辩护团的组成问题上呈现出共同的特征是采取将当地德高望重的老年律师奉为团长，广泛集结对公害受害的救济与根除负有强烈意愿的中青年律师组成辩护团的方式。原告辩护团需要不断地发掘并鼓励作为原告的受害人[①]。在提起诉讼之时，考虑到受害人经济上的困难，原则上不让受害人承担律师费用，决定在将来诉讼获胜阶段再收取报酬。并在提起诉讼时为受害人尽量争取到诉讼救助制度，暂缓支付部分或全部诉讼费用。对于维持诉讼活动的费用，原告辩护团从支持诉讼的团体和个人获得捐款。在日本先后设立了对提起或维持公害或环境诉讼所需费用提供信贷支持和援助的公共基金和私人基金。[②]

（二）环境公害诉讼中构筑的法理

对于公害的民事诉讼救济来讲，原告起诉加害的企事业单位必须满足一定的要件，同时要提供加害方侵害其健康并造成损害的证据。但由于受害方向法院举证存在诸多困难，鉴于环境公害纠纷的特殊性和复杂性，法院在审理具体的案件时，也会根据案情的不同性质而使用不同的法律理论。如对加害行为主观要件判断中的无过错责任理论、加害行为审查中的"新受忍限度理论"，因果关系判断中的"盖然性因果关系说""疫学因果关系说""间接反证说"。[③] 在大气污染诉讼中，认定诸多加害人构成共同侵权，需要受害人证明加害人之间存在共同关联性，以及证明因共同行为导致损害结果的发生，法律上即可推定损害结果存在，加害人如不能证明其个人行为与结果的发生不存在因果关系，就不能免除承担责任。

（三）公害诉讼中的损害赔偿与停止侵害

日本的多数公害诉讼大都是依据民法中的对侵权行为的损害赔偿而提起。同时在案件中如果存在国家、地方自治体疏于实施防止公害扩大的措施，导致损害发生时，可依国家赔偿法令其承担赔偿责任。如大阪国际机场噪声案、熊本水俣

---

① 有时加害企业与行政方合为一体，对准备提起诉讼的人不断施加压力，试图分裂和瓦解受害人。日本律师协会主编：《日本环境诉讼典型案例与评析》，王灿发监修，皇甫景山翻译，中国政法大学出版社2011年版，第9页。

② 日本律师协会主编：《日本环境诉讼典型案例与评析》，王灿发监修，皇甫景山翻译，中国政法大学出版社2011年版，第10页。

③ 冷罗生：《日本公害诉讼理论与案例评析》，商务印书馆2005年版，第34~50页。

病诉讼。在公害诉讼损害赔偿数额的计算上，并未采取赔偿数额个别累计的计算方法，而是采用了"综合性同额赔偿"新的损害赔偿。这种赔偿计算方法可以避免由于受害人众多，证明每个人的损害往往导致诉讼长期化的结果，还可以防止由于受害人的收入不同而导致赔偿额存在较大差异的问题。法院判决中也是根据病情程度分开等级、根据已定型的类型认定损害额。例如，在新潟水俣病诉讼中，采用了原告要求的精神损害抚慰金同额赔偿请求的方式，即对生存患者，根据其所患症状的轻重分别划定了3个档次，在每个档次不考虑受害人的个别情况如被害人的收入、被害人的死亡时间等因素，千篇一律地算定赔偿额的请求。① 熊本水俣病诉讼中，采取了包括请求的方式。即在因同一原因而遭受生命侵害或致身体伤残的多数原告请求的损害赔偿事件中，以包括受害人所遭受财产损害和精神的损害等全部损害在内的"抚慰金"为请求目标的请求形式。②

在20世纪八九十年代出现了新的四大公害诉讼，即川叶、西淀川、川崎、尼崎的大气污染诉讼。被告人数众多，其诉讼的目的已经不再限于损害赔偿，更多的是希望彻底地杜绝公害，诉讼请求包括要求损害赔偿并阻止某一侵权行为继续为侵害（设置公害防治措施、停止生产或者缩短工作时间）或者某一损害环境的设施予以停止建设或停止施工。③ 公害诉讼的请求向预防和抑制环境侵权行为发生的方向开始转移。

（四）即时强制执行制度

在公害诉讼中，原告如果取得了附带执行的判决，在作出一审判决的当天，即可申请强制执行。如骨痛病诉讼，在法院作出判决的当天，就成功促成被告全额支付了赔偿金。此后，促使被告立即全额支付赔偿金就成为此后公害诉讼的通例。在一般的案件中，即使一审判决附带了执行，只要被告上诉至二审法院，在二审法院做出判决前，通常裁定中止强制执行。但在公害诉讼中，早一天对受害人进行救济十分重要，如果认可中止强制执行的裁定，将有违救济受害人的初衷。④

二、日本的环境保护诉讼

环境公害诉讼是环境污染和生态破坏引发了不特定多数人的人身权、财产

---

① 日本律师协会主编：《日本环境诉讼典型案例与评析》，王灿发监修，皇甫景山翻译，中国政法大学出版社2011年版，第14页，第88页。
② 罗丽：《日本公害健康被害救济制度及其对我国的启示》，载《中国环境法治》2010年第1期，第210页。
③ 冷罗生：《日本公害诉讼理论与案例评析》，商务印书馆2005年版，第33页。
④ 日本律师协会主编：《日本环境诉讼典型案例与评析》，王灿发监修，皇甫景山翻译，中国政法大学出版社2011年版，第15页。

权、环境权益的损害而提起的诉讼。在私益维护的同时,也制止了危害环境公益的行为。如有明海谏早湾围海造田诉讼,其提出请求停止该工程施工的民事暂时处分申请,既是对该工程造成的生态损害的制止,也是对该工程引发的渔民的渔业损失进一步扩大的制止,是公益和私益并存的环境公害诉讼。① 除了有人类卷入的环境公害问题,还存在不一定对人及生活直接发生影响的或现阶段影响尚未显现的自然环境破坏的问题。"20 世纪 70 年代,在环境权理论的鼓吹下,日本国民关注环境问题的热情日益高涨。随着日本环境立法的完善,产业公害日益减少,取而代之的是噪声等公共设施产生的环境问题,大气污染造成的环境问题,城市化带来的采光等环境问题,以及过度开发给自然环境带来的问题等。在 1994 年的'原子能发电诉讼'一案中确立了环境权的合法性和可救济性。诉讼的重心从原来公害诉讼中的损害赔偿转到预防将来发生环境侵害的停止请求,取消建设计划。提出诉讼的原告中出现了并非污染受害者的国民。"②

在日本自然保护法律制度相对不完善的情况下,依靠法律手段将自然保护诉诸解决面临着十分困难的局面,诉讼当事人适格的认定存在各种不同的法律观点,如强调自然的权利,主张野生动植物也是有原告资格的团体;地方自治体是道路、堤坝、围海造田等事业项目的部分建设资金的负担者,作为地方自治体的居民而当然取得了针对事业项目的诉讼原告资格等。③ 法院在涉及大气污染、水污染、噪声污染案例中的停止侵害请求时,必须对环境保护和产业发展做出利益平衡。因为大部分的致害企业的事业活动具有社会正当性,如果宽泛地认可停止侵害请求将会使有用的社会性事业活动被迫停止或废弃。但即使加害行为具有公益性,但其带来的损害超过了市民的容忍限度应当承担损害赔偿责任。但对停止侵害的主张大多不予支持。

三、日本环境侵权群体性诉讼的特点

(一) 公害诉讼的原告人数众多

公害是以涉及相当范围的区域性的环境污染为媒介,使众多的人受到人身、财产上的损害。公害诉讼是由于环境受损引起的众多人提起的人身、财产等私益上的请求。20 世纪六七十年代,日本公害病患者人数众多。如 1968 年日本北九州市、爱知县一带,因食用油厂在生产米糠时,使用多氯联苯作脱臭工艺中的热

---

① 日本律师协会主编:《日本环境诉讼典型案例与评析》,王灿发监修,皇甫景山译,中国政法大学出版社 2011 年版,第 176~177 页。
② 路保钧:《日本环境诉讼制度研究》,河北大学 2009 年诉讼法学硕士毕业论文,第 4 页,第 6 页。
③ 日本律师协会主编:《日本环境诉讼典型案例与评析》,王灿发监修,皇甫景山译,中国政法大学出版社 2011 年版,第 194 页,第 202 页。

载体，毒物混入米糠油中被人食用后中毒，患者超过 10 000 人。日本政府 2009 年制定《关于解决水俣病受害者救济和水俣病问题的特别措施法》时，熊本、鹿儿岛、新潟 3 县共有申请救济者逾 6.5 万人。①

（二）公害诉讼处理进程较为缓慢

公害病发生时，企业和政府没有及时采取措施治理并进行赔偿，法院也因缺乏法律依据、科学依据而难以决断。同时在日本没有专门的环境公害诉讼制度，在日本有关公害诉讼的诉讼程序所依据的是一般的民事诉讼法的相关规定，有关公害诉讼的特别程序法并不存在。最高法院经常召集公害诉讼的法官召开法官会，就公害诉讼的审理方式进行切磋。大阪国际机场噪声案，原告 3 694 名，诉讼代表最终为 302 名。起诉到全面的解决历经了 14 年零 3 个月。4 次起诉合并审理。痛痛病的赔偿过程延续了近半个世纪。

（三）通过判例完善环境诉讼法律制度

日本《民事诉讼法》规定的选定当事人诉讼制度，对具有共同利益的多数人为共同诉讼时，选定其中一人或数人，作为当事人进行诉讼，以达到简化诉讼程序，节约法院和当事人力、物力之目的。该制度在维护多数人环境利益方面的缺陷是诉讼的成员系属特定，必须是全体共同利益人对实际参加当事人的选定，未参加者，将不受判决效力所及。② 日本的环境诉讼是众多受害者在现行环境法、诉讼法制度并无完善的相应规定的情况下提出的。法院、原告律师团通过充分的学理解释，做出超前的判决，形成重要的判例，以这些判例推动了日本环境法律制度的完善，政府公共政策和环境诉讼制度的形成。

（四）环境诉讼公益与私益的融合性

公害的种类可能是由于特定主体的环境污染、生态破坏行为造成的，但更多的公害是由不特定多数发生源无可非难的日常行为蓄积而成，现代蓄积的公害已不是单纯依靠私法上追究个人责任的原理所能应对。20 世纪 70 年代的大阪国际机场噪声案、东京大气污染案都是群体性的损害赔偿和公益性的停止侵害请求同时出现在诉讼中。此外，在环境诉讼中，出现了公害裁判后的和解，在司法审判判断是非曲直、法律责任的基础上进行平等性的和解，以推动受害人权利救济的实现。③ 和解协议扩展了审判判决的内容，受害人与加害企业达成"环境再生协

---

① 李云峰："日本公害治理及赔偿的历程、经验及对中国的启示"，载《环境与发展》2014 年第 23 期，第 114 页。
② ［日］原田尚彦：《环境法》，法律出版社 1999 年版，第 185～190 页。
③ ［日］村松昭夫："日本公害审判制度的改进与律师的作用"，载王灿发：《环境纠纷处理的理论与实践》，中国政法大学出版社 2002 年版，第 24 页，第 204 页。

议",加害人除支付受害者因公害而实际遭受到的损失外,还应支付一定数量的恢复被破坏的环境或使被恶化的环境得以再生的环境再生金,为破坏的环境的恢复和再生提供了物质保障。①

第四节 德国环境侵权群体性诉讼的考察与分析

一、德国环境团体诉讼

德国的环境团体诉讼是继美国环境公民诉讼之后另一个比较成功的范例。在传统的德国法中,基本法中没有赋予公民环境权,公民无法依据基本权利提起环境公益诉讼。只有在人身、财产权利或其他主观权利受到损害才可以提起诉讼。伴随着世界范围内的环境保护运动和德国境内日益严重的环境污染,迫使德国政府作出放松对环境团体诉讼的禁锢,从1979年开始,不莱梅首先在环境保护领域引入了团体诉讼制度,其他各州如黑森、汉堡、柏林、萨尔州、勃兰登堡州、图林根州等地也陆续出现了相关立法。② 2002年,联邦政府在《联邦自然保护法》中确立了自然保护团体诉讼制度。但联邦和州对团体诉讼的适用范围规定各有不同。随着《联邦自然保护法》对自然保护团体诉讼的确认,《奥胡斯公约》的签署和生效以及执行《奥胡斯公约》所签署的《欧盟公众参与指令》(2003/35/EC)的颁行,促使德国在2006年颁布了《环境司法救济法》,明确确立了环境团体诉讼制度。2009年修订该法时,统一了根据《自然环境保护法》的自然保护团体诉讼和《环境司法救济法》环境团体诉讼的确认程序和管辖范围。以弥补自然保护法律方面的漏洞。

(一)环境团体的确认

获得政府的确认是团体获得诉讼资格的前置条件,德国的《环境司法救济法》和《自然保护法》规定了各类环境团体的确认条件和程序,一是团体是非营利的,并持续的促进自然环境保护之目标;二是公益性;三是至少成立3年,并且实际实施环境保护活动;四是成员的构成、能力能切实有效地完成章程规定

---

① 罗丽:"日本公害健康被害救济制度及其对我国的启示",载《中国环境法治》2010年第1期,第211页;杨素娟:日本公害.环境纠纷处理机制及其公害.环境诉讼,律师环境法律实务培训,2001年10月,北京,中华全国律师协会、国家环境保护总局政策法规司、中国政法大学环境资源法研究和服务中心主办。

② 张大海:《群体诉讼制度研究》,复旦大学2008年博士毕业论文,第10页,第43页;张式军:"德国环保NGO通过环境诉讼参与环境保护的法律制度介评——以环境公益诉讼中的'原告资格'为中心",载《黑龙江政法管理干部学院学报》2007年第4期,第95页。

任务；五是团体的开放性及内部的民主原则，保证任何支持团体目标的人都可以加入成为成员，并且在成员大会中有完全的表决权。①

(二) 环境团体诉讼的起诉类型和损害赔偿请求

根据《联邦自然保护》第61条第2款第1项，环保团体可以对违反自然保护法规定或者依据自然保护法所制定的法律规范或者其他旨在保护自然环境规定的行政行为提起诉讼。② 德国的环境团体诉讼主要是环境行政公益诉讼，主要针对政府的行政不当行为和行政不作为两种情况。这与欧洲国家将环境保护视为国家的义务，环境法基于公法的基础上构建有关。德国的环境团体有权根据修订的《环境损害法》提出生态损害赔偿的请求，以前的损害赔偿只能要求直接的、现实的、局限于私人的损害，并不包括生态系统的损害，因为其不属于个人财产而属于公共财产。③

二、德国的环境示范诉讼

德国的团体诉讼主要适用于公益的保护，德国没有建立起具有私益损害赔偿功能的群体性诉讼制度，对于私益聚集的群体性纠纷利用传统的诉讼制度来解决。如普通共同诉讼、律师代理多数当事人④、利益共同体⑤。德国对于自己的群体性诉讼的改革方案，已经形成了三种思路：一是引入针对损害赔偿的团体诉讼，允许团体就其保护范围内的个人损害提起损害赔偿之诉；经团体之诉胜诉所得赔偿金，应当在法院的主持下在受害人中进行分配。

二是设立示范诉讼。示范诉讼是指某一诉讼纷争的事实与其他事件之事实大部分相同，该诉讼事件经由法院裁判后，其结果成为其他事件在诉讼上或诉讼外处理之依据，此判决可称作示范判决。⑥ 示范诉讼通常可以分为三类：一是协议

---

① 张大海：《群体诉讼制度研究》，复旦大学2008年博士毕业论文，第10页，第43页；
② 张大海："论我国环境保护团体诉讼的建构——以德国环境保护团体诉讼制度为参考"，载《法律适用》2012年第8期，第36页；张大海：《群体诉讼制度研究》，复旦大学2008年博士毕业论文，第63页。
③ 谢伟："德国环境团体诉讼制度的发展及其启示"，载《法学评论》2013年第2期，第110~114页。
④ 同一律师代理的多个案件以共同诉讼的形式进行。参见张大海：《群体诉讼制度研究》，复旦大学2008年博士毕业论文，第63页。
⑤ 当事人由于相同的利益而结成的组织，大型侵害案件的受害者通过组成利益团体来协调行动，不断尝试代表全部受害者以利益共同体的名义提起诉讼。参见张大海：《群体诉讼制度研究》，复旦大学2008年博士毕业论文，第63页。
⑥ 沈冠伶：《诉讼权保障与裁判纷争的处理》，北京大学出版社2008年版，第199页。

型示范诉讼；二是职权型示范诉讼，三是混合型示范诉讼。① 这一建议由 Koch 教授首先提出，后经过 Haß、von Bar 等人的发展，Haß 建议在具体程序的设计上，借鉴《行政法院组织法》规定的示范诉讼。将诉讼程序分为启动阶段和审理阶段，首先由大规模受害人向法院提出申请，法院需要审查提出申请的人数是否达到法定最小数额，单个请求额是否达到法定最小额，受害人请求是否属于同一类型。随后法院发布公告，以便有更多的受害人知悉诉讼并参加诉讼，经过法定期限，如果有足够符合要求的受害人参加到诉讼中，法院裁定批准申请，适用群体诉讼程序。审理阶段，只对一个示范诉讼进行审理，其判决构成此后处理所有其他案件的基础。但是为了给其他个人请求提供一个事实和法律的基础，示范诉讼不允许和解。示范诉讼判决后，法院对其他平行案件进行后续审查，不涉及已经在示范诉讼中已经裁决的事实和法律问题。在诉讼进程中，单个受害人有权选择加入群体性诉讼。当事人一般不允许提出新的事实主张，如果其主张与示范诉讼中已经裁决的事项存在决定性的差异，则需要按照普通程序进行证据调查。为了加强群体当事人的诉讼地位，允许受害人组成利益团体进行诉讼。或者授权现有的团体提起诉讼。② Koch 教授采用的是职权型示范诉讼，然而对于通过诉讼协议提起示范诉讼的实践在德国民事诉讼中久已有之，但由于缺乏相关规定，其适用存在很大的难度和不确定性。对于大规模侵害来讲，获得众多原、被告之间的合意实际上是不现实的。对此学者建议可以仿效奥地利、赋予团体代表受害人与被告达成示范诉讼协议。③

三是群体诉讼模式，此种模式由 Haß 教授提出，Stadler 剔除了其中的示范诉讼的成分，将其改造为一种"纯正的群体诉讼制度"。首先由受害者（至少 20 名）向专属管辖法院提出申请，要求法院就环境责任案件或空难等一次性事故中某个对所有个人请求同等重要的事实，或者裁决某个对所有受害人同等重要的法律问题进行裁判。并建议可以由事件发生地的法院专属管辖。法院审查申请是否符合条件后，以特定的方式公布申请，以召集更多受害人参加诉讼，期限截止后，召集原告大会选出原告代表以代表大家进行接下来的诉讼活动。审理中，只有和解和撤诉需要获得原告大会的同意。和解没有达成，由法院作出的判决对全

---

① 肖建国、谢俊："示范性诉讼及其类型化研究"，载《法学杂志》2008 年第 1 期，第 33 页。

② Detlef Haß. Die Gruppenklage Wege zur proyessuralen Bewältigung von Massenschäden, München 1996. S 337ff. 转引自吴泽勇："集团诉讼在德国：异类抑或蓝本"，载《法学家》2009 年第 6 期，第 113 页。

③ 吴泽勇："集团诉讼在德国：异类抑或蓝本"，载《法学家》2009 年第 6 期，第 116 页。

体原告有效。个别原告可以就其损害赔偿的数额请求法院作出个别判决。[1]

上述建议某些部分进入了德国的现行立法,如 2002 年修订后的《法律咨询法》规定了受官方支持的消费者团体,可以通过消费者让度债权的方式提起集合诉讼。2005 年生效的《投资者保护示范诉讼法》确立了该领域的示范诉讼。但德国民事诉讼法未对私益性质的群体性诉讼作出一般规定,也未在环境侵权领域做出特别立法。

第五节 瑞典环境侵权群体性诉讼的考察与分析

一、瑞典群体性诉讼概述

1948 年《瑞典诉讼法典》是按照自由市场经济所奉行的个人主义原则而设计的,主要适用于解决私益纠纷。一直以来,瑞典普通法院[2]对于涉及多数当事人的诉讼是通过共同诉讼来进行的。随着后工业时代的来临,越来越多具有扩散性特征、影响不特定多数民众的新型权利案件出现,现行的民事审判程序往往无法应对,瑞典在群体性的索赔上存在着明显的接近正义的障碍。虽然在瑞典的特别法院即劳动法院和市场法院,群体诉讼已经进行了几十年,但只有公共诉讼和团体诉讼两种形式,并且要求损害赔偿的诉讼在市场法院是不被允许的。

2003 年 1 月 1 日,瑞典实施了《群体诉讼法》(the Group Proceeding Act),成为欧洲第一个对群体诉讼制度进行集中立法的国家,开创了对群体性纠纷解决全面立法的先河,在欧洲的其他国家对于大规模的纠纷解决模式特别是引入集团诉讼仍处于小心翼翼探索阶段的时候,瑞典突破性的立法引发了北欧以及欧盟范围内各国的积极讨论及立法的跟进。该法确立了三种形式的群体诉讼:私人集团诉讼(the Private Group Action);团体诉讼(the Organization Group Action)和公共诉讼[3](the Public Action)。该法最主要的特点是立法上集中确立了三种群体

---

[1] Astrid Stadler. Referat. In Verhandlung des 62. Deutschen Juristentage/(Band Ⅱ1),München 1998,Ⅰ42ff. 转引自吴泽勇:"集团诉讼在德国:异类抑或蓝本",载《法学家》2009 年第 6 期,第 114 页。

[2] 在瑞典法院分为普通法院(the General Courts)、行政法院(the Administrative Courts)和特别法院(the Special Courts)三种。普通法院分为初审法院、上诉法院和最高法院三级,主要审理民事和刑事案件。参见:Lindell. Bengt, Sweden, In International Encyclopedia of Laws: Civil Procedure, edited by Piet Taelman, Alphen aan den Rijn 21, 39-40 (Kluwer Law International, 2013).

[3] 有观点将公共诉讼与公益诉讼、公法诉讼等同。参见张艳蕊:《民事公益诉讼制度研究——兼论民事诉讼机能的扩大》,北京大学出版社 2007 年版,第 18 页。

性诉讼方式,为公众提供了全方位、多元化的群体性纠纷解决方式以满足公众接近司法正义的需求。各种形式群体诉讼之间不是竞争关系而是补充关系。"禁令诉讼和损害赔偿诉讼在群体诉讼法中得到了认可,在上述三种诉讼形式中,原告既可以提起禁令诉讼,也可以同时要求法院对于群体中的具体成员所遭受到的具体损害给予救济。"①

(一)瑞典群体性诉讼的概念和诉讼主体资格

瑞典的群体性诉讼是指案件由一名原告代表多人提起诉讼,诉讼判决对被代表人发生法律效力,但被代表人不是案件当事人。② 包括四个部分50个条款,立法定位上为传统诉讼程序的补充。对于私人集团诉讼的原告应当是实质纠纷的当事人。瑞典的团体诉讼被限制在两方面:消费者保护领域和环境保护领域。所有的非营利组织只要其财政事务运行良好且是某一群体的良好的代表均有权在该组织既定的目标内提起群体诉讼,不因该组织得到的政府授权范围、组织规模的大小、成立的时间等方面而存在任何限制。一个成立只有一天仅有几个成员的组织也可以向法院提起诉讼。对于公共诉讼,负责提起公共群体诉讼的机构由政府来决定,目前瑞典可以提起公共诉讼的机构仅限于消费者监察专员和环境保护局。③

(二)瑞典群体性诉讼的管辖法院和起诉条件

群体性诉讼的管辖由法院指定,保证每一个郡有一个有资格审理群体纠纷的地区法院。提起群体诉讼要满足的条件包括:一是群体诉讼所根据的情况对群体成员是共同的或者同一性质的;二是群体成员提出的诉讼请求与其他诉讼请求的实体依据可以不同但是提出群体诉讼仍然是适当的;三是群体诉讼应当是可供利用的最佳程序选择;四是群体在大小、范围及其他方面都是可确定的;五是群体诉讼的代表不应与其他群体成员的利益相冲突,原告根据其实体利益、经济能力及总体情况,代表提起群体诉讼是适当的。④

(三)瑞典群体性诉讼的律师代理和诉讼费用负担规则

私人的集团诉讼和团体诉讼实行强制的律师代理,若有特别理由,则法院也可允许不需要代理或非律师代理。⑤ 但瑞典的普通诉讼并无此要求,主要是考虑到群体性诉讼程序的复杂性、专业性,普通民众难以理解和掌握。瑞典的群体性诉讼适用普通诉讼相同的诉讼费用负担规则,即败诉方应当负担对方法院收费、

---

① 钱颖萍:《瑞典群体诉讼制度研究》,中国政法大学出版社2013年版,第2页。
② 瑞典《群体诉讼法》第1条。
③ 钱颖萍:《瑞典群体诉讼制度研究》,中国政法大学出版社2013年版,第67~68页。
④ 吴泽勇:"瑞典的群体性纠纷解决机制分析",载《法学》2010年第7期,第156页。
⑤ 瑞典《群体诉讼法》第11条。

第二章　域外环境侵权群体性诉讼的考察与分析

律师费以及其他的支出、补偿费用等。如果群体一方败诉，群体的代表则要被责令支付对方的费用。而群体的成员由于不视作当事人，原则上不需要承担诉讼成本除非群体成员干预了诉讼，如提出上诉。而在原告胜诉时，如果被告无力支付时，则由群体的成员分担此费用。此外，群体成员还应当承担其疏忽大意引起的费用。① 但法院如果在诉讼中认为原告不再适合代表群体成员，可以另行指定其他原告，被指定的原告有权获得为准备诉讼，进行诉讼及聘请代理人及法律顾问之费用补偿，只要该费用为合理维护群体成员利益所必需。还应当对原告的诉讼工作及耗费时间进行补偿。② 允许群体诉讼代表可以与律师达成收费协议，但必须经过法院批准，如果风险协议完全基于案件损害赔偿的百分比是不获批准的，这一点不同于美国集团诉讼中的风险费用，在瑞典如果案件胜诉，律师可以得到通常基数二倍或三倍的报酬，而如果群体一方败诉则只能得到一般律师费甚至为零。③ 但这种奖励与判决确定数额没有关系，是一种额外的奖励。群体性成员的确定上选择加入制，但在瑞典，即使是已经选择加入的群体成员也并非当事人一方，不需要对诉讼费用负责。但在证据事项以及裁判的执行上，群体成员被视为当事人的一方，只要选择加入，裁判即对其产生约束力。

二、瑞典环境法庭的设置与环境侵权群体性纠纷的预防

（一）瑞典环境法庭的起源与发展

1999 年，瑞典环境准则（*the Swedish Environmental Code*）实行，该准则规定了环境法基本原则和一般规则并在此基础上整合了之前 15 部较为散落的环境法律。虽然瑞典环境准则的大部分内容是行政法，但也包含了民事赔偿规则、罚金规则和法庭的构成规则。④ 环境准则的主要目的在于协调和集中环境纠纷的解决。配合新的环境行政许可和上诉制度，设立了瑞典环境法庭。瑞典环境法庭替代了国家环境保护许可委员会（The National Licensing Board）和水法庭。⑤ 在瑞典法院分为普通法院（the General Courts）、行政法院（the Administrative Courts）

---

① 钱颖萍：《瑞典群体诉讼制度研究》，中国政法大学出版社 2013 年版，第 79 页。
② 瑞典《群体诉讼法》第 30 条。
③ Per Henrik Lindblom, National Report: Group Litigation in Sweden, Oxford Conference, December, 2007.
④ 钱颖萍：《瑞典群体诉讼制度研究》，中国政法大学出版社 2013 年版，第 75～76 页；《瑞典群体诉讼法》第 16 条；Roverth Nordh, Group Actions in Sweden: Reflection on the Purpose of Civil Litigation, the Need of Reforms, and a Forthcoming Proposal, Duke Journal of Comparative & International Law, Vol:11.
⑤ Jan Darpö, Justice through Environmental Courts? Lessons Learned from the Swedish Experience, Environmental Law and Justice 2 (Ed. Ebbesson & Okawa, 2009).

· 89 ·

和特别法院（the Special Courts）三种。普通法院分为初审法院、上诉法院和最高法院三级，主要审理民事和刑事案件。环境准则规定了五个区法院称作土地与环境法庭（Land-and Environmental Courts，LEC）处理与环境相关的案件，具体包括环境行政许可、对行政机关的决定或命令不服的上诉、禁令救济和环境准则下的损害赔偿纠纷。① 瑞典土地环境法庭除将原先分立的行政法院的职能吸收合并外，还被授权对法律特别规定的事项，行使行政许可的权利，实现了环境行政许可、行政复议与环境行政诉讼一体化连接。事实上，瑞典的环境法庭是五个区法院内设的一个专门法庭，瑞典的环境上诉法庭设在斯德哥尔摩普通上诉法院内。② 在某些情况下，一些环境案件的上诉可上诉到瑞典最高法院。在2011年，过去一直由当局处理的一些规划、建筑和基础设施建设方面的案件归由环境法庭受理。有关瑞典环境法庭的构成见图2-1③。

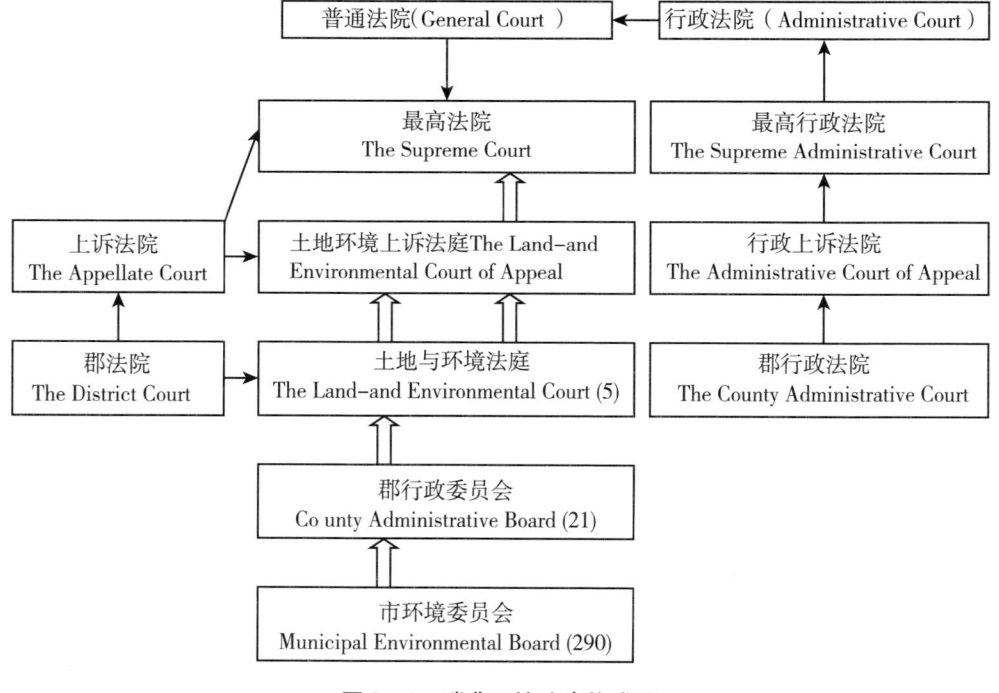

图2-1 瑞典环境法庭构成图

---

① Peter Westberg, The Role and Functions of Courts in Sweden, Swedish Legal System, Edited by Michael Bogdan 204 (Elanders Sverige AB, Mölnlycke, 2010).

② 20 Swedish Environment Code § 1(1999).

③ 除了普通法院、行政法院外，瑞典还有独立的特别法院即劳动法院和市场法院，由于空间限制，未在图中标明。

第二章 域外环境侵权群体性诉讼的考察与分析

（二）瑞典环境法庭的受案范围

1. 行政案件

在瑞典环境法庭承担部分行政决定的功能（包括除地面排水外重要的水利用上的危险活动，涉及水的存储和释放的修复和替代工作的批准，活动完成和开始事件的延长，一项持续活动的撤销或禁止）尽管环境监管的主要职能是由市环境委员会（the Municipal Environmental Boards，MEB）和郡行政委员会（the County Administrative Boards，CAB）来完成。[①] 同时瑞典环境法庭还承担着行政法院的职能，如果是 CAB 做出的决定，当事人可以到 MEB 复议进而上诉到环境法庭（LEC），部分有上诉许可的还可以上诉到环境上诉法庭（LECoA）。由环境法庭做出的行政决定如果不服，当事人可以上诉到环境上诉法庭，进而上诉到最高法院。[②] 所有的环境决定的上诉都遵循上述路线，虽然起点和终点会有不同，但除了个别情况外，不允许越级上诉。

2. 民事案件和刑事案件

瑞典环境法庭还拥有对环境民事案件的管辖权，包括水操作中的公共干预和许可申请引发的赔偿，环境损害的赔偿、禁止垂钓的损失和其他私主张，如人身损害、经济损失。根据《环境准则》第 32 章第 12 节，民事主体可以请求法院命令行为者采取保护性措施或其他防范性措施以阻止进一步的损害活动，原告也可以按照司法程序申请禁令救济。环境群体诉讼也纳入瑞典环境法庭管辖。[③] 在瑞典环境刑事案件的起诉权由总检察长（the Prerogative of the Attorney General）行使。根据环境准则第 26 章，监管机构在发现有刑事犯罪的嫌疑时有义务向起诉机构报告。[④]

（三）瑞典环境侵权群体性纠纷的预防

在瑞典，环境法庭的大部分案件都是行政诉讼案件，由于瑞典特殊的环境行

[①] 在瑞典 MEB 承担应用环境法的任务，其独立于政府和中央机构，因此没有机构能够指导和干预其如何在具体事务中如何应用法律，但是他们的决定可以被提起上诉。See Jan Darpö, Justice through Environmental Courts? Lessons Learned from the Swedish Experience, Environmental Law and Justice 2 (Ed. Ebbesson & Okawa, 2009). CAB 负责空气、水方面的环境监管并负责对造成主要环境影响的活动进行检查，同时还需要从事对维护生态和生物多样性方面的自然保护。See Environmental Sweden in Brief: Who does what, Government Office of Sweden, at: http://www.sweden.gov.se/sb/d/5400/a/43490 (last visited on June 13, 2014).

[②] Annika Nilsson, Environmental Law, edited by Michael Bogdan 484, (Elanders Sverige AB, Mölnlycke, 2010).

[③] Per Henrik Lindblom, Group Litigation in Scandinavia, 10 ERA Forum 13, 7 – 35 (2009).

[④] Lars Emanuelsson Korsell, Big Stick, Little Stick: Strategies for Controlling and Combating Environmental Crime, 12 Journals of Scandinavian Studies in Criminology and Crime Prevention 142, 127 – 148 (2010).

政复议及诉讼机制,使得很多环境问题在行政审批与决定阶段就经历了多次的复议和审判,较好地避免了环境损害的发生,因此,在瑞典私人起诉到环境法庭的案件较少。① 瑞典《群体诉讼法》颁布以来,瑞典环境群体性诉讼只发生了一起,即卡尔代海尔等人诉瑞典阿兰达机场和其空中导航服务(Carl de Geer et al v. The Swedish Airports and Air Navigation Service——"Arlanda")② 的私人集团诉讼。集团原告是位于瑞典阿兰达机场附近的一个社区乌普兰韦斯比的居民,该地居民设立了一个团体组织,简称维斯比居民反航空噪声(Residents of Väsby against Aviation Noise),该案原告代表约20 000人主要是毗邻阿兰达机场附近的居民请求因航空噪声引发的损害赔偿,地区法院发出传票,迄今为止大约有7 000多人加入了诉讼。③ 环境领域的团体诉讼、公共诉讼在瑞典尚未发生。对于私人集团诉讼的原告必须与诉请有直接的利害关系,选择加入的群体成员不是当事人,但在资格审查、未决程序、案件的合并与证据的审查方面,群体成员被视作当事人一方。④ 在瑞典,环境团体诉讼的提起要求社会团体必须是致力于自然保护和环境保护的非营利组织。立法上未对社会团体的规模、存续年限做出任何限制,只要其财务状况良好并被法院认为可以成为群体的代表即可。⑤

---

① Jan Darpö, Justice through Environmental Courts? Lessons Learned from the Swedish Experience, Environmental Law and Justice 6 (Ed. Ebbesson & Okawa , 2009).

② Nacka District Court, Environmental Court, case number M 1931, 2007.

③ Per Henrik Lindblom, National report: Group Litigation in Sweden, Global class actions exchange, November 2008, http://globalclassactions. stanford. edu/search/node/Group% 20Litigation% 20in% 20Sweden.

④ Per Henrik Lindblom, Group Litigation in Scandinavia, 10 ERA Forum 13,7 - 35(2009).

⑤ Peter Westberg, The Role and Functions of Courts in Sweden, Swedish Legal System, Edited by Michael Bogdan 221 - 222, (Elanders Sverige AB, Mölnlycke, 2010).

第三章 我国环境侵权群体性诉讼的立法不足与司法困境

第一节 我国环境侵权群体性诉讼的立法现状及评析

一、我国环境众益诉讼的现行立法

中国环境法的实施效果受人质疑，与长期以来不重视程序法保障，没有将纠纷解决机制当作法律发展的直接动力有关系。① 长期以来，立法及政府管理部门关注的重点在于环境保护的行政管理问题，关于环境纠纷处理的政策和立法并不发达。环境侵权众益诉讼唯一可适用的法律依据是民事诉讼法中的代表人诉讼制度。我国环境法中与环境侵权众益诉讼相关的规则屈指可数。我国《水污染防治法》第88条规定："因水污染受到损害的当事人人数众多的，可以依法由当事人推选代表人进行共同诉讼。环境保护主管部门和有关社会团体可以依法支持因水污染受到损害的当事人向人民法院提起诉讼。②" 2015年1月1日生效的《环境保护法》未出现涉及此问题的相关条文。作为针对一般的民事诉讼案件设计的群体性诉讼制度，代表人诉讼制度对环境侵权民事诉讼的特殊性、复杂性不可能特别考虑。现行的《民事诉讼法》和最高人民法院的司法解释均未对环境群体诉讼的具体程序作出具体规定。

---

① 吕忠梅："环境友好型社会中环境纠纷解决机制论纲"，载《中国地质大学学报（社会科学版）》2008年第3期，第5~6页。
② 支持起诉是指支持受害者以受害者的名义提起诉讼。受害者因自身知识、技术、经济和心理上的弱势而不会和不敢请求法院保护自己的财产和人身权利的情形，环境保护主管部门和有关社会团体主要是在监测、经费和精神上为受害者提供法律咨询、技术支持、物质帮助和精神鼓励。

二、我国环境公益诉讼的现行立法

(一) 与环境公益诉讼相关的法律

随着各地环境公益诉讼实践的丰富,环境公益诉讼的立法有了突破性进展,2012年新《民事诉讼法》第55条规定:"污染环境、侵害众多消费者合法权益等损害社会公共利益的行为,法律规定的机关和有关组织可以向人民法院提起诉讼。"该条从立法上第一次确立了公益诉讼这一诉讼类型,并以列举的方式明确环境公益诉讼是公益诉讼的重要组成部分。2015年1月1日生效的《环境保护法》第58条对《民事诉讼法》第55条中社会组织作出了相应的限定。规定依法在设区的市级以上人民政府民政部门登记,专门从事环境保护公益活动连续五年以上且无违法记录的社会组织可以对污染环境、破坏生态,损害社会公共利益的行为向人民法院提起诉讼。

部分单行环境法对提起公益诉讼的机关做了规定,例如我国《海洋环境保护法》第90条规定,由依照本法行使海洋环境监督管理权的部门作为破坏海洋生态、海洋水产资源、海洋保护区的环境侵权行为的起诉主体。但仍有大部分具体环境法未涉及此问题,未能明确公益诉讼的提起机关。例如2008年修订的《水污染防治法》虽然在第88条规定了水污染代表人诉讼和支持起诉制度,关注到水污染的环境众益侵权诉讼,但并没有明确规定环境公益诉讼条款。并在第85条规定,"因水污染受到损害的当事人,有权要求排污方排除危害和赔偿损失",排除了检察院、普通公民和环保组织可以起诉污染者承担排除危害责任的含义。《大气污染防治法》第62条规定:"造成大气污染危害的单位,有责任排除危害,并对直接遭受损失的单位或者个人赔偿损失。"该条只规定了应当承担排除危害、赔偿损失责任的主体,却回避了有权提出排除危害、赔偿损失的主体。《固体废物污染防治法》和《噪声污染防治法》仅规定受到固体废物污染和环境噪声污染的单位和个人,有权要求依法赔偿损失。其中《固体废物污染防治法》第85条规定造成固体废物污染环境的,应当排除危害,依法赔偿损失,并采取措施恢复环境原状。但对于公益性的环境遭受固体废物污染后,有权主张排除侵害、恢复原状、赔偿损失的主体未给予明确。由以上可见现有的环境纠纷处理的相关条文散见于环境法律体系中,缺乏系统性,未能形成统一完整的环境纠纷解决机制。《民事诉讼法》和《环境保护法》对环境公益诉讼的规定有了突破性进展,但各单行环境法未能实现与基本法的统一,基本法对于公益诉讼的上位指导规则在各单行环境法中尚未充分体现。

(二) 与环境公益诉讼相关的司法解释

2015年1月7日,最高人民法院公布了《关于审理环境民事公益诉讼案件适用法律若干问题的解释》，2015年2月4日发布《最高人民法院关于适用〈中华人民共和国民事诉讼法〉的解释》（以下简称《适用〈民诉法〉的解释》），在《民事诉讼法》《环境保护法》等法律规定的基础上对环境公益诉讼的起诉主体、起诉条件、管辖、审理中的调查取证、和解、调解和撤诉等程序问题作出了明确的解释。并首次对公益诉讼和私益诉讼关系的处理作出了规定。

（1）起诉主体。对《环境保护法》第58条确定的具有公益诉讼起诉资格的社会组织的条件作出了解释，"社会组织"是指在设区的市级以上民政部门登记的社会团体、民办非企业单位以及基金会等社会组织。"社区的市级以上的民政部门"是指设区的市、自治州、盟、地区，不设区的地级市，直辖市的区以上人民政府民政部门。"专门从事环境保护公益活动"则要求社会组织章程确定的宗旨和主要业务范围是维护社会公共利益，且连续从事环境保护公益活动五年以上。"无违法记录"是指社会组织在提起诉讼前五年内未因从事业务活动违反法律、行政法规受过行政、刑事处罚。

（2）起诉条件。《最高人民法院关于适用〈民诉法〉的解释》规定对已经损害社会公共利益或者具有损害社会公共利益重大风险的污染环境、破坏生态的行为提起诉讼，不受《民事诉讼法》第119条起诉条件第1款的约束，即原告不必是与本案有直接利害关系的公民、法人或社会组织，并允许在有公益损害之重大风险时即可起诉。

（3）管辖法院方面。环境公益诉讼的管辖法院为环境污染、破坏生态行为的发生地、损害结果地或者被告住所地的中级以上人民法院。各省高级人民法院经最高人民法院批准可以根据本辖区环境和生态保护的实际情况，在辖区内确定部分中级人民法院跨现有区域集中管辖一审环境民事公益诉讼案件。管辖的区域由高级人民法院确定。中级人民法院认为确有必要的，可以在报请高级人民法院批准后，裁定将本院管辖的第一审环境民事公益诉讼案件交由基层人民法院审理。对于污染海洋环境提起的公益诉讼，由污染发生地、损害结果地或者采取预防污染措施地的海事法院管辖。

（4）受理后的公告程序和参加诉讼。人民法院受理环境民事公益诉讼后，应当在立案之日起五日内将起诉状副本送达被告，并公告案件受理情况。同时，应当在受案后十日内书面告知相关的行政主管部门。其他法律规定的机关和有关组织在公告之日起三十日内申请以共同原告参加诉讼，经审查符合法定条件的，人民法院应当将其列为共同原告。逾期申请的，不予准许。

（5）支持起诉原则。该司法解释确立了支持起诉的机关及形式，规定检察机关、负有环境保护监督管理职责的部门及其他机关、社会组织、企业、事业单位可以通过提供法律咨询、提交书面意见、协助调查取证等方式支持社会组织依法提起环境民事公益诉讼。

(6) 证明责任的分配。法律及相关司法解释未对环境公益诉讼证明责任的分配做出特别规定，仅规定了推定这一证明责任的缓和制度。是否适用《证据规定》第 4 条第 3 款实行因果关系上证明责任的倒置尚有争议。现有司法解释仅规定对于应当由原告承担举证责任且为维护社会公共利益所必要的专门性问题，人民法院可以委托具备资格的鉴定人进行鉴定。

(7) 责任承担方式和诉讼实际支出费用的承担。司法解释确立了预防性、恢复性、赔偿性、惩罚性的责任承担方式。原告为防止生态环境损害的发生和扩大，可以请求停止侵害、排除妨碍、消除危险等预防性的责任形式。如损害已经发生，原告可以请求恢复原状，人民法院可以依法判决污染者将生态环境修复到损害发生之前的状态和功能。无法完全修复的，可以准许采用替代性修复方式。人民法院可以在判决被告修复生态环境的同时，确定被告不履行修复义务时应承担的生态环境修复费用；也可以直接判决被告承担生态环境修复费用。该费用包括制订、实施修复方案的费用和监测、监管费用。原告还可要求被告承担生态环境修复期间服务功能的损失、检验、鉴定费用，调查取证费、合理的律师费和为诉讼支出的其他合理费用。

(8) 和解、调解及撤诉。环境民事公益诉讼当事人可以和解，人民法院可以调解，自行达成和解协议或者达成调解协议后，人民法院应当将协议内容公告，公告期间不得少于三十日。公告期满后，人民法院审查认为调解协议或者和解协议的内容不损害社会公共利益的，应当出具调解书。违反社会公共利益的，不予出具调解书，继续对案件进行审理并依法裁判。当事人以达成和解协议为由申请撤诉的，不予准许。法庭辩论终结后，原告申请撤诉的，人民法院不予准许，但负有环境保护监督管理职责的部门依法履行监管职责而使原告诉讼请求全部实现，原告申请撤诉的，人民法院应予准许。

(9) 公益诉讼和私益诉讼的关系。在两者的关系上，司法解释确立了两者并存，原告、被告证据共通原则的区别适用，私益赔偿优先于公益赔偿的原则。法律规定的机关和有关组织提起环境民事公益诉讼的，不影响因同一污染环境、破坏生态行为受到人身、财产损害的公民、法人和其他组织依法提起民事诉讼。已为环境民事公益诉讼生效裁判为认定的事实，因同一污染环境、破坏生态行为提起民事诉讼的原告、被告均无须举证证明，但原告一方对该事实有异议并有相反证据足以推翻的除外。对于环境民事公益诉讼生效裁判就被告是否存在法律规定的不承担责任或者减轻责任的情形、行为与损害之间是否存在因果关系以及污染者承担责任的大小等所作的认定，因同一污染环境、破坏生态行为依据《民事诉讼法》第 119 条规定提起民事诉讼的原告主张适用的，人民法院应予支持，但被告有相反证据足以推翻的除外。被告主张直接适用对其有利的认定的，人民法院不予支持，被告仍应举证证明。污染者因污染环境、破坏生态同时被环境民事公益诉讼和其他民事诉讼判决承担责任,其财产不足以履行判决确定的全部义务的,应当先履行其他民事诉讼生效裁判所确定的义务,但法律另有规定的除外。

三、我国环境侵权群体性诉讼现行立法评析

(一)代表人诉讼制度适用于环境侵权群体性案件时存在的问题

1. 欠缺诉讼管理规则配合下的代表人诉讼制度无法满足纠纷解决的需要

司法适用中,代表人诉讼制度解决环境众益侵权存在固有的功能局限,无法完全适应解决环境侵害纠纷的需要。一起环境侵权群体性案件通常引发的纠纷类型十分庞杂,以美国墨西哥湾溢油案为例,溢油污染引发的诉讼蜂拥而至,诉讼的提起主体从联邦政府、州政府、社会组织到从事各种职业的自然人和企业形形色色;诉讼主张更是有几十种类型之多,包括了人身伤害、环境损害、财产损害和经济损失等;受害者不仅来自海湾附近受到直接影响的五个州,更有五个州之外的众多受害者提起诉讼。2010年6月24日溢油案未停止受理前,共有分布于10个州的218项索赔请求提出,其中多起案件是由上千名个人和企业实体组成的集团诉讼。环境侵权案件往往引发的是复杂性诉讼,即众多代表人诉讼的聚集,欠缺诉讼管理规则配合下的单一的代表人诉讼制度难以满足环境侵权群体性纠纷解决的需要。

2. 代表人诉讼程序尚不完备,诉讼管理薄弱

现行《民事诉讼法》对代表人诉讼的规定仅有2条,即在第53条和第54条规定了人数确定的代表人诉讼和人数不确定的代表人诉讼两种类型。2015年2月4日《关于适用〈民诉法〉的解释》,对代表人诉讼作出了更为具体的规定,也仅有6条规定。法律规定和司法解释均很单薄粗疏,对于代表人诉讼的构成要件、判断标准、代表人诉讼的管辖、代表人诉讼的上诉等问题始终付之阙如,使得代表人诉讼制度缺乏可操作性。现有的代表人诉讼规则中也有部分难以适应环境侵权群体性纠纷的特殊性。在环境侵权群体性诉讼中,受到侵害的众多当事人并非一个确定的团体,各当事人之间的知识、能力、水平参差不齐,且大部分相互并不熟悉,当事人之间很难达成合意,推选出代表人。各当事人在价值理念、利益追求以及对诉讼结果的追求上多有不同,代表人在行使实体处分权时要获得众多当事人的同意很难。代表人的推选和代表人处分权行使的监督都需要法院的职权干预才能避免诉讼成本的大幅增加和诉讼陷入久拖不决的境地。《民事诉讼法》规定,对于人数不确定的代表人诉讼,当事人推选不出代表人的,人民法院可以与参加登记的权利人商定代表人。该条注意了法院在复杂诉讼中的职权管理作用的发挥。但代表人没有实体的处分权,其变更、放弃诉讼请求或者承认对方当事人的诉讼请求,进行和解,必须经被代表的当事人同意。该制度让选定代

人的当事人对代表人的权限给予监督和约束，而不是通过法院监督代表人的行为。各被代表人往往分居各地且人数众多，加之在许多问题上无法达成一致，环境侵权各受害人损害程度不一、诉讼请求各有差异的情况下，仅赋予代表人形式上的代表权，会使诉讼程序变得烦琐复杂，不利于纠纷迅速的解决。①

（二）环境公益诉讼立法上存在的主要问题

1. 公民被排除在提起环境公益诉讼的主体之外

环境公益诉讼的原告不是与案件有直接的利害关系，不是基于本身的私益受损而提起诉讼，而是针对环境污染、生态破坏等侵害公益的行为而提起的诉讼。最高人民法院《关于审理环境民事公益诉讼案件适用法律若干问题的解释》明确规定了提起环境公益诉讼的原告不需要满足《民事诉讼法》第119条第1项的规定，即不需要与本案有直接利害关系。只要符合《民事诉讼法》第119条第2项、第3项、第4项关于起诉规定的，人民法院就应予受理。但在提起环境公益诉讼的主体上仅规定了法律规定的机关和有关组织，而未授予公民个人提起环境公益诉讼的起诉资格。而环境污染、生态破坏必然会直接、间接损及每一个社会成员的利益。放宽环境诉讼的原告资格，已经成为世界各国立法的发展趋势。虽然公民个人有环境利益但缺乏诉讼能力，法律规定的机关和社会组织同个人比较起来力量雄厚，可以克服个人在环境专业知识、经济实力上的劣势。但是，环保团体在我国并不发达，数量、规模、资金和影响都非常有限，当地方职能机构怠于行使自己的公益保护职责时，赋予公民提起环境公益诉讼的资格，借助公众的力量制衡和弥补国家的力量，建立全民参与的环境公共利益保护机制，更有利于为环境公益提供最大限度的保护可能性。如果仅将环境公益的维护者限定为政府，容易导致权利主体的虚置或异化，导致环境公益易受损害且难以获得有效的法律救济。公民享有环境公益诉讼之权利是公民环境权的主要内容，环境权作为人之基本权利，个人有权诉请法院以对抗国家、社会之侵害。

2. 环境民事公益诉讼管辖法院未与环境私益诉讼相协调

很多情况下一起环境污染或生态破坏引起的环境侵权案件公益诉讼请求和私益诉讼请求都是相伴而生、同时提出，如沱江溢油污染案、松花江溢油污染案，诉讼都是基于共同的环境侵害行为而发生的，在环境侵害行为的举证上具有共通性。将两类诉讼通过同一审判组织集中管辖的方式进行审理应当是更为高效的选择。《关于审理环境民事公益诉讼案件适用法律若干问题的解释》规定了环境民事公益诉讼实行集中管辖，交由高院人民法院指定的侵权行为发生地、损害结果

---

① 胡敏飞："中美环境侵权群体诉讼之比较"，载《中国地质大学学报（社会科学版）》2006年第3期，第89页。

地或被告住所地的中级人民法院管辖。而适用代表人诉讼审理的环境众益诉讼在管辖规则上没有特别的规定，适用民事诉讼法的一般规定，即由侵权行为地或被告住所地的人民法院管辖。在环境公益诉讼除经省高级法院批准的指定基层人民法院管辖外，实现了中级人民法院集中管辖后，因同一污染环境、破坏生态行为受到人身、财产损害的公民、法人和其他组织依法提起的环境众益诉讼，其管辖仍集中于基层人民法院。环境案件的集中管辖应当是包含案件事实共通的环境众益诉讼和环境公益诉讼。

3. 以行政区划为基础设置的环境资源专门审判机构及管辖制度难以适应审判实践的需要

2014年7月，最高人民法院成立环境资源审判庭。在此之前，全国共设立150个环境资源审判庭、合议庭、巡回法庭，其中有105个设在基层法院，占到70%，中级人民法院有35个，省高级法院有9个。① 同月，最高人民法院发布的《关于全面加强环境资源审判工作为推进生态文明建设提供有力司法保障的意见》（以下简称《意见》）中提出合理设立环境资源专门审判机构，高级人民法院要按照审判专业化的思路，理顺机构职能，设立环境资源专门审判机构。中级人民法院应当在高级人民法院的统筹指导下，根据环境资源审判业务量，合理设立环境资源审判机构。案件数量不足的地方，可以设立环境资源合议庭。个别案件较多的基层人民法院经高级人民法院批准，也可以考虑设立环境资源审判机构。全国目前已有17个省区市的高级人民法院设立环境资源审判庭、合议庭、巡回法庭。仍有14个省高级人民法院，未按照最高人民法院的部署设立环境资源专门审判机构。②

现有的环境资源专门审判机构的设置以及环境众益诉讼、环境公益诉讼的管辖仍然以行政区划为基础设置。这种设置对于环境侵权纠纷来讲并不合理。以水污染纠纷为例，水域污染经常发生在"一个连续的、流动的具有整体性的生态单元中，侵权行为地往往跨越多个行政区域"。"审判管辖体制的设置只重视区域机构而忽视流域审判机构"③ 就会产生生态的整体性与现有的管辖体制分割之间的冲突。根据《最高人民法院关于海事法院受理案件范围的若干规定》，如果属于"船舶排放、泄漏、倾倒油类、其他污水或者其他有害物质，造成水域污染或其他船、货物及其他财产损失的损害赔偿纠纷案件，海上或者通海水域的航运、

---

① 截至2014年12月29日，基层人民法院设立环境资源审判机构达291个，中级人民法院有62个，最高人民法院和省高级人民法院有18个。参见黄丽娜："广东法院或将设立专门的环境资源审判机构"，载南方网，http://news.southcn.com/g/2015-08/01/content_129741572.htm，2015年3月6日。

② 吴斌："22省级高院未设环境资源审判机构"，载网易，http://news.163.com/14/0920/05/A6IH3ELQ00014SEH.html，2014年9月20日。

③ 吕忠梅："水污染纠纷处理主管问题研究"，载《甘肃社会科学》2009年第3期，第18~19页。

生产、作业或者船舶建造、修理、拆解或者港口作业、建设，造成水域污染、滩涂污染或者其他船、货物及其他财产损失的损害赔偿纠纷案件"，则由专门海事法院受理。海事法院的设置是依据自然形成的流域设置专门人民法院。但是海事法院的受案范围十分有限，如果是陆源污染物进入水域而发生跨区域的流域污染，并不属于海事法院的受案范围，而是由以行政区划为基础而设立的地方法院来处理。《意见》中提出探索与行政区划适当分离的环境案件管辖制度。逐步改变目前以行政区划分割自然形成的流域等生态系统的管辖模式，着眼于从水、空气等环境因素的自然属性出发，结合各地的环境资源案件量，探索设立以流域等生态系统或以生态功能区为单位的跨行政区划环境资源专门审判机构，实行对环境资源案件的集中管辖，有效审理跨行政区划污染等案件。

四、立法对环境公益诉讼、众益诉讼关系的处理和存在的问题

环境专门审判机构受理的案件有两类：环境私益诉讼和环境公益诉讼（其中环境公益诉讼包括环境民事公益诉讼和环境行政公益诉讼两类，本书主要探讨环境民事公益诉讼）。环境侵权引发的诉讼可能有以下几种类型：一是环境污染对环境的损害未超过生态容量①，如在排污许可范围内的排放，侵害到私主体的人身权益、财产权益。此时受害人可以提起环境私益诉讼，根据受害人人数的多少可以提起普通环境侵权诉讼、环境侵权共同诉讼或环境众益诉讼。二是环境污染、生态破坏对环境造成损害超过生态容量，导致资源性环境公益、容量性环境公益、人居性环境公益、调节性环境公益受损。由于环境是人类赖以生存的基本条件，生态性环境公益的受损必然同时引起众多公民、法人或其他组织的人身、财产损害。此时众多的不特定的受害人提起的环境侵权众益诉讼和法律规定的机关、有关组织代表公众提起的环境公益诉讼会发生竞合。在出现因同一污染环境、破坏生态行为引起的群体性环境侵权纠纷时，环境众益纠纷与环境公益纠纷的关联处理会产生以下几种情况。

（一）私益性环境侵权纠纷的行政调解和公益性环境侵权纠纷的协商

在我国的传统文化中，行政权力一直处于优势地位，当发生私益性的环境侵权纠纷时，行政机关成为公民寻求侵权救济的首位选择。环境权益的复合性决定了即使是私益的环境侵权纠纷也与行政机关的职权有着密切的联系。因此解决这些纠纷也被设定成为政府和其相关部门的职能。② 修订前的《环境保护法》第41

---

① 生态系统具有一定的自我调节的机能，但是这机能是有一定限度的，这个限度被称作生态容量。

② 刘超："疏漏与补足：环境侵权纠纷中进退失据的环境行政调解制度"，载《河南政法管理干部学院学报》2011年第3期，第107~110页。

条规定，环保行政主管部门或其他有环境监管权的部门可以在当事人同意的情况下对私益性环境侵权纠纷损害赔偿问题进行行政调解。2015年1月1日即将生效的《环境保护法》删除了该项规定。但在部分单行环境法中依然保留了诉前行政调解制度，如《水污染防治法》《大气污染防治法》等。对于环境公益的损害，负由维护和增进环境公益职责的公权机关依靠现有的行政执法手段和协调机制可以要求加害人停止侵害、排除妨碍、消除危险，并作为公益代表人对生态环境修复费用和损失支付的数额问题直接与加害人协商。以康菲溢油案为例，经过行政调解，康菲公司出资10亿元人民币，用于解决河北省、辽宁省部分区县养殖生物和渤海天然渔业资源损害赔偿问题，赔偿分配方案由政府在调查核实后作出；康菲公司、中海油公司分别从海洋环境与生态保护基金中列支1亿元和2.5亿元人民币，用于天然渔业资源修复和养护等方面工作。[①] 行政调解可以降低纠纷解决的公共成本，减轻当事人的负担，其产生的费用由公共财政支持对当事人免费。此外，环境保护相关职能部门可以便捷地咨询环境保护方面的技术、法律专家的专业意见。环境职能部门工作人员拥有专业知识、专业技术及专业问题的解决经验，对于环境基本法、单行法、行政规章、地方性法规、地方性规章较为熟悉，能够驾轻就熟地找到法律适用的依据。

（二）环保行政机关作为支持起诉人参加诉讼

环境众益与环境公益同时受损而行政调解不成或未经行政调解，环境众益的众多受害者可以通过提起代表人诉讼的方式维护自己的权利。如果此时环境公益的损害依靠现有的行政执法手段和协调机制可以停止侵害、排除妨碍、消除危险，受损生态环境修复费用和损失赔付已达成一致，就没有必要提起环境公益诉讼。由于"是否构成环境侵害的第一手资料和权威的鉴定报告在行政机关执法的过程中早已经掌握，基于公民和环保组织弱势地位的考虑，环保部门可以通过支持起诉而帮助他们进行诉讼"，"环保部门可以利用自身的技术、设备和人力资源优势，通过提供环境监测和环境损害鉴定等方面证据的便利，来实现对环境诉讼（包括私益诉讼和公益诉讼）原告的支持和帮助"[②]。《最高人民法院关于审理环境民事公益诉讼案件适用法律若干问题的解释》第11条规定了检察机关、负有环境保护监督管理职责的部门及其他机关、社会团体、企业事业单位对环境公益诉讼的支持起诉，环境众益诉讼中也同样需要上述机关通过提供法律咨询、提交书面意见、协助调查取证等方式支持诉讼。

---

① 王尔德、平亦凡："康菲溢油环境影响报告出笼 870 平方公里海水遭严重污染"，载凤凰网，http://tech.ifeng.com/gundong/detail_2012_07/10/15894276_0.shtml，2012年07月10日。

② 杨朝霞："论环保部门在环境民事公益诉讼中的作用"，载《太平洋学报》2011年第4期，第12页。

（三）法律规定的有关机关和社会组织可与私主体均提起环境侵权诉讼

环保职能部门在与侵害环境公益的加害方协商不成或未经协商，可以公益代表人的身份直接提起环境民事公益诉讼。公民和其他组织在环保职能部门怠于行使预防、增进环境公益的职能或对环境修复费用和损失的协商赔付数额不能令公众满意时，可以依法提起环境公益诉讼。环境公益诉讼的诉讼请求指向环境公益，环境众益诉讼的诉讼请求则指向环境私益。诉讼都是基于共同的环境侵害行为而发生的，在环境侵害行为的举证上具有共通性，案件的当事人之间存在着事实上的牵连性，为了便于查清案件事实，充分保护当事人实体利益和程序利益，并从一次性解决纠纷的目的出发，有登记为一类诉讼案件，在利用诉讼管理对现有案件分类的基础上进行审理和裁判的必要。[①] 首先，在康菲漏油事件中，海洋局可代表国家提起海洋生态损失索赔请求，渔政渔港监督管理部门可代表国家提出海洋渔业资源损失索赔请求，渔民可提出环境污染导致的人身、财产损失索赔请求。其次，"在公民、法人、环保组织等提起环境私益诉讼后，环保部门认为案件可能涉及环境公益的，可以公益代表的原告身份主动申请加入诉讼（当然也可以不提起诉讼，而运用支持起诉制度，直接支持原告提出维护环境公益的诉讼请求）。另外，公益诉讼是由原告、国家或公权力机关与法院之间合作或协力完成的，其目的是确保宪法或法律赋予共同体内弱势群体的权利、利益或特权得以实现并最终实现社会正义。法院不再固守传统诉讼中的中立地位，而是积极参与和监督诉讼程序的进行，采取政策实施型司法而非传统的纠纷解决型司法，因此若法院认为案件涉及"对公共环境本身的损害"需要予以维护的，也可基于"司法能动主义"原则，通知环保部门作为原告参加诉讼。"[②]

（四）环境众益诉讼与环境公益诉讼并存下存在的问题

传统的民事诉讼属于私人诉讼，主要对平等主体之间已发生的纠纷进行事后性的解决，以保护当事人的私益为宗旨和目标。无论在理念上还是在制度安排上，都无法适应对公共利益保护的需要。众益诉讼和公益诉讼的出现给传统诉讼的形式和特征带来了巨大的变化。群体性环境侵权诉讼应当是建立在传统民事诉讼的基础上，具有预防、激励和政策形成功能，融合了保护公益和私益于一体的诉讼。[③] 环境侵权等现代型诉讼中，纠纷所反映的受损利益都是双重的，一些主

---

① 章武生：《民事诉讼法学》，浙江大学出版社2010年版，第171页。
② 杨朝霞："论环保部门在环境民事公益诉讼中的作用：起诉主体的正当性、可行性、合理性分析"，载《太平洋学报》2011年第4期，第11~14页。
③ 齐树洁、郑贤宇："环境诉讼的当事人适格问题"，载《南京师大学报（社会科学版）》2009年第3期，第42页。

第三章　我国环境侵权群体性诉讼的立法不足与司法困境

体的行为既牵涉公共利益，也与社会主体的个人利益息息相关。① 附带诉讼就十分必要。附带诉讼就是法院将同一行为导致的两种或两种以上不同的法律关系或者存在着两种或两种以上性质不同但又相互关联的诉讼请求纳入同一审理程序由同一审判组织一并解决的诉讼。可以节约诉讼成本、提高诉讼效率、减轻当事人的讼累，避免矛盾裁判。环境诉讼模式是由环境私益诉讼、环境众益诉讼和环境公益诉讼等不同的环境诉讼机制构成的有机整体。三种诉讼形式下的实体权利处理和程序运作呈现出既有冲突又有交叉融合的状态。如何使环境公益诉讼与众益诉讼在交叉融合的运行中并行不悖，为不同层面的环境利益提供充分而附有效率的司法保障，是合并后的群体性环境侵权诉讼制度要解决的核心问题。

第二节　我国环境侵权群体性诉讼的司法现状

一、我国环境众益诉讼的司法现状

（1）代表人诉讼对环境公益诉讼的纠纷解决功能十分有限。群体性环境侵权诉讼分为环境众益诉讼和环境公益诉讼两类，我国当前并没有解决环境众益诉讼的专门程序，同其他类型的纠纷一样，依据的是民事诉讼中的代表人诉讼制度。由于环境众益诉讼备受社会和媒体的关注，部分影响范围广泛的案件关系到背后特定的利益群体，甚至政府部门的利益。各地法院对于此类案件的审理和裁判的做法也极不统一。有些法院不愿意受理群体性的环境众益案件。很多起诉到法院的环境众益诉讼都被法院抬高起诉标准而拒之门外。以渤海湾康菲溢油案②为例，众多受害渔民委托律师先后向天津海事人民法院、海南省高级人民法院、青岛海事法院递交诉状，提出环境侵权众益诉讼，最后法院均因"举证不足"而无法受理。"举证不足"主要有两点，无法证明损失和无法证明损失与溢油的关联。虽然按照《证据规定》，在环境污染侵权案件中，因果关系适用举证责任倒置，应由康菲公司来举证。但在实际操作中，还是需要原告能提出一定的鉴定证据才能立案：第一是确实有石油泄漏并漂到海边；第二是证明这些溢油直接导致

---

①　颜运秋："论公益诉讼对传统诉讼的挑战"，载《湘潭大学社会科学学报》2003 年第 3 期，第 56 页。

②　2011 年 6 月 4 日，康菲公司开发的渤海湾蓬莱 19 - 3 油田作业区 B 平台出现少量溢油，6 月 17 日，该作业区 C 平台发生小型井底事故，使周围海域 840 平方公里的 1 类水质海水下降到了劣 4 类。

了海产损失。① 还有一些法院以需要研究或请示为理由拖着不立案。例如，武汉锅顶山环境诉讼案中，5位垃圾焚烧受害者来到法院起诉被告武汉博瑞环保能源发展有限公司和武汉汉氏环保工程有限公司，要求被告停止侵害，赔偿损失。法院起初认为原告没有证据证明受害者与垃圾有关，后表示要向上级领导汇报，由领导定夺。后回复，经请示上级法院，研究决定，不符合《民法通则》第119条，不予立案。② 有些法院采用分别立案、合并开庭审理、分别判决的方式来处理，如北京市27户居民诉某煤炭开发经营公司煤尘和噪声污染一案，法院于2001年1月17日、18日、19日连续3天分三组一并审理了这27个案件。③

部分环境众益诉讼案件，虽然得到了法院的受理，却长期搁置不审。以环境诉讼中原告人数最多的福建屏南千人环保诉讼案为例，2002年11月，张长建等5人所代表的1 643名村民（后变更为1 721人）诉福建省榕屏化工有限公司环境污染损害赔偿案④，法院按照人数确定的代表人诉讼受理后，仅寻找损失鉴定单位就用了两年多的时间，直到2005年1月24日，才第一次开庭审理，2005年4月才做出一审判决，确认被告造成环境污染损害，要求其立即停止侵害，赔偿原告山场林木、果树、毛竹和农田等损失约25万元，并限期清除堆砌于厂内的及倾倒于后山的工业废渣。由于法院进行评估、鉴定的时间与原告要求评估鉴定的时间相差了两年多，原告认为损失的自然环境起了变化，导致评估鉴定结果发生误差。⑤ 原被告双方均向福建省高级人民法院提出了上诉，福建省高级人民法院终审驳回一审被告上诉，判决一审被告赔偿一审原告人民币约68万元。⑥ 本案的诉讼费和鉴定费由中国政法大学污染受害者法律帮助中心垫付，并派出3名律师代理案件。该案的二审判决免除了一审原告一审、二审的受理费共90 000元。⑦ 分析该案的审理过程和争点可以发现，环境众益诉讼由于环境侵权过程的复合性、长期性、潜伏性，主体

---

① 李妍："律师称向康菲索赔面临环保法律体系薄弱等困境"，载中国网，http://www.china.com.cn/ news/env/2011-09/20/content_23449787.htm ，2011年9月20日。
② 李蒙："武汉锅顶山环境诉讼难立案"，载《民主与法制》2014年第24期，第11页。
③ 王灿发：《环境纠纷的处理理论与实践》，中国政法大学出版社2002年版，第243页。
④ 被告福建省榕屏化工有限公司是亚洲最大的氯酸盐生产厂，污染防治设施没有经过验收即投入使用，企业排放的废水、废气、废渣严重超标，致使当地环境遭受严重破坏，大片树林、果树、竹林、庄稼被污染致死，河流鱼虾不能生存，周边居民罹患皮肤病和呼吸系统疾病的人不断增多。原告一审诉请福建省宁德市中级人民法院依法判令被告立即停止侵害，并且清除厂内及后山废渣，另外要求赔偿农作物和精神损害总计人民币1 353.464万元。
⑤ 福建省高级人民法院民事判决书（2005）闽民终字第349号。
⑥ 中外对话评选2000~2010年八大代表性环境案件，载腾讯网，http://news.qq.com/a/20111008/001106.htm，2011年10月8日。
⑦ 王灿发："从一起大气污染集团诉讼案件的判决看我国的环境诉讼"，载《中国环境法治》2006年第1期，第102页，第104页。

的不确定性和诉求的多样性,面临着加害人难以确定、受害人交不起诉讼费,难以委托到有鉴定评估资格的单位进行因果关系和损失大小的评估鉴定,因果关系证明困难等问题,较为粗疏的代表人诉讼制度规则未能满足实践的需要,许多法院在自由裁量中,导致法律适用的极度不统一以及纠纷解决的无序和低效。

(2)适用代表人诉讼解决群体性环境侵权纠纷的动力匮乏。代表人诉讼制度在实践中的利用率极其低下,在我国众多的群体性环境侵权案件中,真正诉诸法律运用代表人诉讼制度的寥寥无几。从法院的角度来看,部分环境侵权群体性案件涉及社会转型期的政策性问题和新出现的问题,还涉及地方经济的发展等问题。群体性环境侵权诉讼的审理就成为一个极为敏感的公共话题。在稳定压倒一切、司法独立性相对较低的大环境下,绝大多数法院不愿选择适用人数不确定的代表人诉讼,因为此类案件的处理难度比较大、顾虑的因素较多,来自各方面的指示、关系运作紧紧包裹着案件的审理,形成了复杂的博弈过程。部分法院的领导认为这种方式太张扬,扩大了群体纠纷的规模和影响,引来了媒体和舆论对此纠纷的关注。在司法行政指标化的管理模式下,受理群体性诉讼的成本高而收益低,一件代表人诉讼法院所消耗的人力、物力、时间是普通单一诉讼案件的几倍或几十倍,但在数量上只能作为一起案件计算,影响法院受案数量和工作效率的统计结果。另外,群体性环境侵权诉讼涉及当事人人数众多,难以协调且关系复杂。因此,大部分法院更愿意采取分别立案、合并审理或分别立案、分别审理的方式。[①]从当事人的角度来看,环境侵权往往侵害的是相当地区不特定多数人的人身权益、财产权益和环境权益,但有些案件中每一个个体所受到的损害并非足够大,[②]对于一些小额分散性的环境众益来讲,遭受环境侵权的当事人谁也不愿意费时、费力地带头到法院起诉而让他人坐享其成,分享利益。这也是导致环境公害虽多,公民环境私益受侵犯随处可见,但代表人诉讼制度却很少得到援用的原因之一。[③]

二、我国环境公益诉讼的司法现状

2005年12月,国务院发布的《关于落实科学发展观加强环境保护的决定》中指出,要"发挥社会团体的作用,鼓励检举和揭发各种环境违法行为,推动环境公益诉讼"。贵州、江苏、云南、海南等地方陆续成立环保法庭,通过地方文

---

① 陈开梓:"论环境侵权群体性诉讼处理机制的完善",载《湖北民族学院学报(哲学社会科学版)》2009年第5期,第119页。

② 陈亮:"环境侵害下我国的代表人诉讼制度:功能局限于制度创新",载《河北法学》2008年第1期,第123页。

③ 王红岩、王福华:"环境公害群体诉讼的障碍与对策——从环境公害诉讼看我国代表人诉讼制度的完善",载《中国法学》1999年第5期,第98页。

件鼓励环境公益诉讼,例如,贵阳市出台的《关于大力推进环境公益诉讼、促进生态文明建设的实施意见》,出名的云南玉溪中级人民法院《关于办理环境资源民事公益诉讼案件若干问题的意见》,出名的海南省高级人民法院《关于开展环境资源民事公益诉讼试点实施意见》等。截至2013年12月,我国各级法院共受理环境公益诉讼53件。其中我国环保组织以原告(含共同原告)身份提起的环境公益诉讼有8起,占到了所有环境公益诉讼案件的15%。① 例如,2011年云南曲靖铬渣污染公益诉讼案,自然之友将涉事企业告上当地环保法庭,要求对方赔偿因铬渣污染造成的损失1 000万元。这被视为中国首起成功立案的、民间草根环保组织提起的公益诉讼。此外,环保行政机关、人民检察院、公民个人都以原告的身份成功提起过环境公益诉讼。如2010年广州首宗环境污染公益诉讼案,是由广州市番禺区人民检察院向广州市番禺区人民法院提起的,诉番禺博朗五金厂违法排污导致水域污染,请求法院判令被告立即停止违法排放污水等一切破坏水域环境的行为,并赔偿环境污染损失费用79 500元以及负担案件的受理费。② 云南省首例环境公益诉讼案件由昆明市环境保护局向昆明市中级人民法院提起,要求被告停止侵害,赔偿为治理大龙潭水污染的全部费用。③ 同时请求法院判决被告赔偿污染事故产生的专项应急环境检测费和污染治理成本评估费及各项相关费用30余万元。公民个人提起的环境公益诉讼第一案,是由贵阳公众环境教育中心的志愿者蔡长海诉清镇市屋面防水胶厂负责人龙兴光,要求被告赔偿倾倒污染物造成的水环境污染损失107.3万元,将赔偿款付至清镇市环保局生态恢复公益金专门账户,用于治理被告所损害的水环境。④

各地环境公益诉讼的实践,也创造性地形成了一些有益的经验。如在云南省首例环境公益诉讼案中,法院最终判决两被告向昆明市环境公益诉讼救济专项资金支付污染治理费用417.21万元和污染治理成本评估费13.252万元。⑤ 该资金是全国第一例有关环境公益诉讼的专项资金,判决赔偿金支付给该专项资金将用

---

① 郄建荣:"各级法院受理环境公益诉讼案件53件",载人民网,http://news.xinmin.cn/shehui/2013/12/03/22836353.html,2013年12月3日。
② 罗艾桦,广东首宗基层法院受理环境公益诉讼案一审胜诉,载人民网,http://news.sohu.com/20100916/n274984886.shtml,2010年9月16日。
③ 茶莹:"云南首例环境公益诉讼案尘埃落定",载《人民法院报》2011年6月6日,第一版。
④ 阎志江、万静:"公民个人提起环境公益诉讼首案开庭",载新华网,http://news.xinhuanet.com/legal/2012-09/27/c_123769330.htm,2012年9月27日。
⑤ 刘玲:"云南首例环境公益诉讼案昨开庭 被告喊冤",载云南网,http://news.sina.com.cn/green/news/roll/2010-12-14/153021639462.shtml,2010年12月14日。

第三章 我国环境侵权群体性诉讼的立法不足与司法困境

于本案环境污染的专项治理。① 在石梁河水库环境污染损害赔偿案中,法院判决首次采用了政府垫付赔偿款,在政府垫付赔偿款之后,敦促企业赔偿,为诉讼的成功获得了更大的支持。② 中华环保联合会和贵州省贵阳市公众环境教育中心诉乌当区定扒造纸厂案,是全国首个公益诉讼案件鉴定费用得到基金会帮助的案例。原告向"两湖一库"保护基金会提出了申请,环保法庭经审核后同意,"两湖一库"保护基金会根据法庭意见支付了鉴定费用。③

2013年1月1日起生效的新《民事诉讼法》首次规定了环境公益诉讼的有关条款,规定"对污染环境、侵害众多消费者合法权益等损害社会公共利益的行为,法律规定的机关和有关组织可向人民法院提起诉讼"。然而中华环保联合会,于当年上半年在三个省市先后递交公益诉状,案件均未被受理。理由是因尚未出台相关司法解释说明原告应具备的资格。④ 相对于立法的进步,地方司法实践似乎尚处于观望状态。2015年1月1日生效的《环境保护法》对有资格提起环境公益诉讼的社会组织作出了明确的界定,即依法在设区的市级以上人民政府民政部门登记,

---

① 2010年6月,昆明市环境保护局起诉被告昆明三农农牧有限公司、昆明羊甫联合牧业有限公司没有按照环评要求建成污水收集处理设施的情况下,允许养殖户进入生猪养殖基地。养殖废水渗入地下水系统,导致嵩明县杨林镇大树营村委会七里湾大龙潭水质于11月开始出现发黑、发臭现象,人、畜无法继续饮用,大树营村相关村组人畜饮水发生困难。被告对停止养殖、建设的通知置之不理,在自行对原收集池采取了临时防渗措施后仍继续养殖。今年2月、3月再次发生养殖废液泄漏入地下水系统事故,大龙潭水质仍严重超标。参见(2011)云高民一终字第41号判决书。

② 1999年9月至2000年6月,位于连云港市东海县、赣榆县和山东省临沭县交汇处的石梁河水库,接连发生三次特大型污染死鱼事故,事故共涉及沿库百姓97户人家,损失惨重。该水库是江苏省最大的人工水库,是连云港市备用的饮用水源。每次事故发生后,石梁河水库的养鱼户都向山东省政府和国家环保总局反映情况,并到山东省临沂市政府要求解决受害赔偿的问题,但是问题始终没有解决。2001年,江苏省连云港市东海县、赣榆县97名养殖户向法院起诉山东省临沭县金沂蒙纸业有限公司、山东省临沭县化工总厂,请求法院依法判两被告赔偿渔业污染事故造成的网箱养鱼损失560.4万元,承担事故调查费4.8万元及其他实际支出费用,并且排除危害。连云港市中级人民法院最终确认被告方排放工业废水的行为与原告方的损失之间具有因果关系,应承担相应的赔偿责任。2003年年底,97位农民拿到了560万元赔偿款。此案是跨流域污染、赔偿金额极高的水污染损害赔偿案,由于案件管辖地不在被告所在地,法院判决时没有因为考虑企业赔偿能力而给企业赔偿"打折",而是鉴定损失多少就判多少,因此原告获得了与鉴定损失相应的赔偿。参见杨波、敏婷:"江苏石梁河水库污染案今日判决 养鱼人获赔560万元",载新浪网,http://news.sina.com.cn/c/2001-12-14/420754.html,2001年12月14日。

③ 乌当区定扒造纸厂生产废水,污染南明河及其下游长江的重要支流乌江。中华环保联合会和贵州省贵阳市公众环境教育中心提起诉讼。2010年清镇市环保法庭当庭一审判决被告立即停止向南明河排放工业污水,消除对南明河的危害,并判决被告支付原告为搜集证据支付的合理费用及承担本案产生的分析检测费用、诉讼费等。本案采用了先予执行措施,要求被告立即停止排污,及时有效地减少了其对环境的危害。本案还在审理过程中采用了专家意见。专家认为,被告厂只有污水储存、沉淀池,没有全程对污水进行处理,很难实现零排放。参见(2010)清环保民初字第4号判决。

④ 金煜:"环境公益诉讼,法院'不搭理'?",载《新京报》2013年6月19日,第A21版。

专门从事环境保护公益活动连续五年以上且无违法记录的社会组织向人民法院提起诉讼的,人民法院应当依法受理。在 2015 年 1 月 7 日实施的《最高人民法院关于审理环境民事公益诉讼案件适用法律若干问题的解释》中对环境公益诉讼法律适用中的关键问题如起诉条件、社会组织的类型及认定、管辖、公益诉讼与行政监管的衔接等关键性问题作出了界定,为法院受理和审理环境公益诉讼提供更为明确的适用依据。

三、公益、私益融合下环境侵权群体性诉讼的司法现状

群体性环境侵权以环境损害为媒介,损害客体包括人身权、财产权、环境权及其他环境权益,这就必然决定了群体性环境侵权引发的诉讼中众益与公益相伴而生。如 2002 年塔斯曼海轮海洋油污案中的诉请既包括赔偿海洋生态损失和海洋渔业资源损失等公益性的诉讼请求,也包括 1800 名渔民提起的私益性损害赔偿请求。2011 年康菲溢油案中,既有众多受害渔民提起的环境众益侵权诉讼,也有公民为了维护环境公共利益提起的环境公益诉讼。[①] 环境众益诉讼和环境公益诉讼都会涉及保护较大范围内的因同一或同类事实、法律问题而提起具有相同或相似诉讼请求的多数人的利益,甚至会涉及保护大量的潜在群体的利益。诉讼都是基于共同的环境侵权行为而发生的,在环境侵权行为的举证上具有共通性。笔者认为,将两类诉讼通过同一审判组织、运用诉讼管理技术进行审理应当是更为高效的选择。

在我国当前很多的环境侵权诉讼中,除了上述溢油污染方面的案件外,鲜有环境众益诉讼和环境公益诉讼并存的环境侵权群体性诉讼发生,往往是环境公益诉讼和环境众益诉讼各自提起。如在云南陆良化工污染索赔案中,民间环保组织"自然之友"、重庆绿色志愿者联合会向曲靖市中级人民法院提起环境公益诉讼(曲靖市环保局中途加入原告之列),诉被告陆良化工实业有限公司、云南省陆良和平科技有限公司停止侵害、消除危险、赔偿因铬渣污染造成的环境损失。两

---

① 此案中众多受害渔民开始委托律师向天津海事法院、海南省高级法院、青岛海事法院递交诉状,提出环境侵权诉讼,最后法院均以"举证不足"而无法受理。公民贾方义向青岛海事法院、天津海事法院以及海南省高级人民法院提起对康菲公司的公益诉讼,与此同时,环保社团组织中华环保联合会向国家海洋局发出律师函,建议国家海洋局依照《海洋环境保护法》第 90 条的规定尽快提起民事诉讼,从而对康菲石油启动民事司法程序。如果 60 天内,国家海洋局不起诉,他们将提起公益诉讼。2012 年 4 月 28 日,中国政府与康菲公司达成协议,康菲石油中国有限公司和中国海洋石油总公司总计支付 16.83 亿元人民币,用于渤海生态建设与环境保护、渤海入海石油类污染物减排、受损海洋生态环境修复、溢油对生态影响监测和研究等。在政府主导下,建立针对私益的 10 亿元天然渔业资源损害赔偿和补偿基金,用于赔偿辽宁省、河北省受害的渔民。参见何欣:"康菲及中海油为漏油埋单 16.83 亿",载中国经济网,http://www.ce.cn/macro/more/ 201204/28/t20120428_23282062.shtml,2012 年 4 月 28 日。

家环保组织索赔数额高达1 000万元人民币。① 而陆良化工实业公司所在的西桥工业园与村民多年来因环境污染导致的土地污染、秧苗死亡、癌症频发等侵权纠纷却没有顺畅的解决之道，环境诉讼的维权十分艰难。对比美国的墨西哥湾溢油案，提起诉讼的主体及诉讼种类涉及各行各业、方方面面。除失业的渔民、参与油污清理致病的工人外，还包括公寓所有人、酒店和度假村运营商、餐饮业者、捕虾船主及其他认为自己受到侵害的个人。对比我国康菲溢油事故的索赔主体，只能看到那些难以维持生计的渔民在为生存而争取权利的实现。耶林在《为权利而斗争》中讲到："放弃权利的行为是非常危险的，因为当这种行为成为一种社会普遍现象的时候，无疑是对非法行为的纵容和鼓励，法律自身的权威将受到严重的挑战，法律的功能将得不到发挥，社会秩序也就很难得到有力维护。"中国处于一个权利意识的觉醒期，那些为权利而斗争的热情容易被法院一次次的不予受理、无休止的诉讼拖延、昂贵的环境诉讼成本而浇灭。众多的受害人如果求告无门、权利得不到及时救济，将会被人推向绝境。因此，公正、高效索赔机制的建立无疑将为遭受侵害的权利和生态环境的修复提供一条救济途径，让污染者对因疏忽而造成的损失进行赔偿并得到应有的处罚，让受害人在绝望之中找到一丝重生的希望。

第三节　我国环境侵权群体性诉讼制度构建中的基本问题

一、"四合一"审判模式下环境公益诉讼和环境众益诉讼的衔接

"四合一"审判模式是在我国环境司法专门化改革背景下提出的，指将环境民事侵权案件、环境刑事案件、环境行政案件和环境非讼执行案件从传统的审判模式中分离出来，由环保法庭集中管辖。主要目的在于促进三大诉讼程序在诉讼进程中的融合，避免重复审判、矛盾裁判，以减少司法资源的浪费，提高诉讼效率。我国当前"四合一"审判模式的理论探讨因缺乏实例样本而显得空洞而缺乏建设性。环境侵权群体性案件中环境公益诉讼和环境众益诉讼的衔接是"四合一"审判模式构建中的重要问题，为探讨关联交叉案件审理规则提供了一个切入点，有助于理论上深化对"四合一"审判模式的认识。环境公益诉讼和众益诉

---

① 2011年6月，云南陆良化工厂将五千余吨的重毒化工废料铬渣非法倾倒在曲靖市麒麟山区，致珠江源头南盘江附近水库水体遭到严重污染。于澄："云南陆良铬渣公益诉讼案开始庭审"，载法制网，http://fazhiwang.blog.sohu.com/217377836.html，2012年5月22日。

讼既在诉讼目的、诉讼形式上存在诸多不同，也在案件事实的认定上存在着紧密的联系和共同之处。明确两者在程序运作中的关联性并设置科学的程序运作和管理规则，为不同层面的环境利益提供充分而附有效率的司法保障，是环境侵权群体性诉讼制度构建中要解决的核心问题。

二、环境侵权群体性纠纷的诉讼要件

诉讼要件又称程序要件，是从程序的角度判断诉的合法性的重要依据，[①] 是进行本案审理作出本案实体判决的前提性要件。[②] 一般认为诉讼要件涉及三个方面即法院、当事人和诉讼标的。主要解决当事人是否适格、诉的利益的问题。为改变现阶段环境侵权群体性纠纷起诉难、受理难的问题，构建畅通的环境侵权群体性纠纷司法救济途径，应当明确环境众益诉讼、环境公益诉讼中原告、被告的范围与资格，判断环境纠纷是否属于法院主管时遵循的标准，公益、私益并存的环境侵权群体性纠纷管辖法院的协调，环境众益诉讼和环境公益诉讼受案的共同标准和特别标准等问题。

三、环境侵权群体性诉讼的证明规则

群体性环境侵权诉讼面临着科学证明上的障碍、证据偏在上的障碍和待证明事实特殊性引发的障碍等问题，需要采取合理的法律技术来减轻当事人的证明难度。特别是在理论研究中对因果关系要件举证责任的倒置和因果关系的推定不加区分地同时论之，产生不必要的混淆，为法官的适用带来了混乱。需要澄清二者之间的关系和在司法适用时应遵循的原则。在因果关系的认定、待证事实的证明标准上对环境公益诉讼和环境众益诉讼应建立怎样的区别适用规则尚缺乏深入的探讨和研究。

四、环境侵权群体性诉讼保障制度

传统的诉讼保障制度是指保障诉讼顺畅进行，保障当事人获得充分、及时的司法救济的制度，主要包括临时救济制度、诉讼援助制度和妨害民事诉讼的强制措施等。环境侵权群体性诉讼中的保障制度主要包括群体性环境侵权诉讼管理规则，非讼基金的设立和环境众益诉讼的诉前和解，以促进诉讼中做出公正、快捷的裁判。环境侵权群体性纠纷中的保全制度，以避免造成不可逆的环境侵权的发生。通过诉讼费用负担规则和法律援助机制来减少环境侵权案件中公民接近司法正义的障碍。

[①] 郑金玉："我国民事诉讼实践中的诉讼要件问题"，载《甘肃政法学院学报》2009年第5期，第97页。

[②] ［日］中村英郎：《新民事诉讼法讲义》，陈刚等译，法律出版社2001年版，第152页。

第四章 比较法下我国环境侵权群体性诉讼制度的构建思路

第一节 我国环境侵权群体性纠纷解决模式构建中的基本原则

一、预防优先原则

环境污染和生态破坏一旦发生，不仅会对公民的人身权、财产权和环境权造成损害，更要付出高昂的经济成本、更长的时间代价来修复，有些甚至是不可逆的。因此，在环境侵权纠纷解决机制的构建中，预防应当是处于第一位考虑的。反观各国环境纠纷解决模式，行政复议与行政诉讼则应该是纠正违法环境行政行为，避免环境侵权损害发生的第一道大门。德国的环境团体诉讼从发展之初主要是为行政公益诉讼设计的，美国、加拿大的环境公民诉讼很重要的一部分是环境公民行政诉讼。瑞典是在制度设计上对预防原则最为重视的国家。在瑞典，政府在环境监管和决策中处于主导的地位，民众对于政府环境职责履行的监督是以《奥胡斯公约》①（the Aarhus Convention）规定的环境事务知情权、公众参与环境事务决策权和接近司法正义（Access to Justice）为基础建立起来的。在此基础上如仍有错误的行政行为被认为可能会造成环境损害的发生或已经发生了损害时，瑞典在1999年颁布的《环境准则》中确立了行政决定、行政复议与行政诉讼融合的一站式纠纷解决模式，郡行政管理委员会（County Administrative Board）、市环境管理委员会（Municiple Environmental Board）和瑞典5个基层环境法院、1个中级法院和最高法院组成了瑞典环境事务的管理与救济体制，法院和行政机关根据管辖规则均享有环境事务的行政决定权，任何将会受到行政决定影响的当事

---

① 该公约是欧洲经济委员会发布的第一个关于政府为市民保护环境上承担的管理权力和义务的公约。

人如果对市环境委员会、郡环境委员会或者 5 个基层环境法院的行政决定不服，可以按照层级结构图向上一级上诉（见前瑞典环境法院结构图）。统一了行政复议和行政诉讼两种救济方式，并赋予法院直接变更行政机关具体行政行为的权力，提高环境行政争议解决的效率的同时，可以更好地避免环境损害的发生。[1] 因此，瑞典环境法庭大部分纠纷都是行政纠纷，而环境侵权的民事损害赔偿只占很小的一部分，在瑞典群体诉讼法颁布后至今，只发生了一起环境侵权集团诉讼。

二、诉讼一体化原则

"一体化"的用语可应用于各类学科[2]，具体的内涵和外延也千差万别。究其实质，一体化概念的含义可以理解为：将两个或两个以上的互不相同、互不协调的事项，采取适当的方式、方法或措施，将其有机地融合为一个整体，形成协同效力，以实现组织策划目标的一项措施。[3] 而群体性环境侵权诉讼领域的一体化是指将环境诉讼中三类不同性质诉讼、公益与私益融合为一个整体，形成协同效力，以促进群体性环境侵权纠纷解决中公正和效率的实现。环境纠纷的特点决定了环境诉讼案件具有关联与交叉、公益与私益融合的特点，环境侵权案件，因同一环境污染或生态破坏的法律事实可能同时侵犯了公共利益和私人利益，可能同时引起环境行政诉讼、环境民事诉讼和环境刑事诉讼。环境司法专业化是实现诉讼一体化的措施之一，但不能将群体性环境侵权诉讼中的诉讼一体化简单等同于环境司法专业化，没有在国家层面建立环保法庭的美国，在诉讼一体化上形成了诸多值得借鉴的经验，如公益、私益诉讼并存下的复杂诉讼的管理、复杂集团诉讼的处理等。

我国部分学者认为，如果环境案件由不同的审判庭"以流水线"的方式分别审理，必将容易引起法律适用的不统一、耗费国家司法资源、拖延诉讼周期。[4] 为了提高环境诉讼效率，多地成立环保法庭，通过地方法律、法规、规章等规范性文件[5]的形式或通过变更配置环境司法权的方式探索将环境侵权民事案件、环境刑事

---

[1] Swedish Environmental Code (1998).
[2] 如欧洲一体化、社会一体化、城乡一体化、科技一体化、区域经济一体化、横向一体化、纵向一体化、产运销一体化、一体化项目管理、一体化设计、机电一体化技术、物流一体化、QHSE 一体化管理体系、集约型一体化管理体系等。
[3] 王治卿主编：《集约型一体化管理体系创建与实践》，中国石化出版社 2010 年版，第 102 页。
[4] 吴俐："环境群体诉讼一体化研究"，载《商业时代》2010 年第 1 期，第 74 页。
[5] 如《福建省宁德市柘荣县人民法院生态环境审判庭工作制度（试行）》（2009），重庆市高级人民法院《关于试点设立专门审判庭集中审理刑事、民事、行政环境保护案件意见》（2011），江苏省高级人民法院《关于加快生态省建设全面提升生态文明水平提供司法保障的意见》（2011）和《关于在全省部分法院开展环境保护案件集中化审判试点工作的通知》（2012）。参见徐刚："环保法庭审判模式的规范化思考——以三审合一模式为视角"，载《中国人口·资源与环境》2014 年第 5 期，第 111 页。

第四章　比较法下我国环境侵权群体性诉讼制度的构建思路

犯罪案件、环境行政案件和环境非讼执行案件从传统的审判机制中分离出来，由环保法庭集中管辖的"四合一"的环境审判模式。① 在最高人民法院发布《关于全面加强环境资源审判工作为推进生态文明建设提供有力司法保障的意见》中明确了我国环境司法专门化的改革方向后，这一探索和构建显得更为迫切。但环境司法"四合一"审判模式的探讨应当建立在对司法实践中案例分析的基础上，而非建立在一些凭空构想的、大且空的合一审判下的问题和对策的探讨上。例如，有学者认为："现有的三大诉讼已经分别有了相关的配套制度，各自审判庭的权限都有了明确的分工，合一审判后三大诉讼法的证据规则不一致、认定标准不统一，可能会出现案件事实认定、证据推定、因果关系认定不统一的局面，使一些再审案件、上诉案件出现证据规则不统一的现象等等。"② 实际上，一体化不是对认定事实、适用法律规则的统一，而是在承认各类诉讼独立性的基础上寻求共通之处，合并处理，避免重复、矛盾的审理和裁判，提高复杂纠纷的解决效率。通常情况下，在环境损害后果尚未发生阶段，多为预防性的环境行政纠纷。如美国、加拿大的环境公民行政诉讼、德国的团体诉讼；如环境损害后果已经发生时，通常面临环境众益诉讼和环境公益诉讼不同类型诉讼的竞合，环境民事诉讼和环境行政诉讼关联和交叉等情况，需要为实现诉讼公正、效率而进行一体化的设计。

三、诉讼多样化原则

在社会生活日益复杂化和利益关系多元化的现代社会，单纯通过国家的行政行为去维护公共利益，公民个人通过司法手段去维护私人利益的权力架构已经难以适应。就环境保护而言，单纯依靠行政机关的执法或损害发生后的末端治理、事后救济已经难以适应环境保护的需求。在此领域更需要国家与市民社会的广泛合作，需要政府、检察机关、非政府组织、民间团体、市民个人等多元治理主体的互助和多元式的结合，形成多元化、多层次的诉讼途径应对多样化的环境纠纷。③ 首先，应建立多元化的诉讼启动模式，在环境公益维护主体上除赋予国家有关机关提起环境公益诉讼的资格外，更重要的是赋予社会团体、公民个人公益诉讼的提起资格，以更好地监督政府环境决策和权力行使过程中的失误和失范，发挥他们之间互补的功能，同时更好地克服不同主体在提起环境公益诉讼中的优

---

① 也有部分法院采用"三合一"的审判模式（民事、刑事、行政），如云南环保法庭。
② 徐刚："环保法庭审判模式的规范化思考——以三审合一模式为视角"，载《中国人口·资源与环境》2014年第5期，第112页。
③ 刘萍："我国环境民事公益诉讼模式的选择"，载《湖北社会科学》2010年第10期，第145页。

· 113 ·

势和劣势。在群体性私益聚集型的环境众益诉讼中，除了直接受到侵害的公民可以提起诉讼外，也可允许经过授权的社会团体作为群体的代表提起诉讼。其次，应建立多层次、多元化的能够涵盖环境侵权救济需求的诉讼途径，在环境侵权所需的救济方式上主要存在两大类，一类是寻求禁止性措施防止侵害的发生或者制止侵害继续扩大；另一类是损害已经发生后寻求对公益性的环境的损害赔偿和针对私益的损害赔偿。群体性环境侵权纠纷解决模式的构建应当满足救济请求获得高效的解决。

第二节 我国环境侵权群体性诉讼模式的选择

一、环境公益诉讼模式的选择

（一）环境公益诉讼模式的设计思路

环境污染和生态破坏的发生原因来自两个方面：一是政府的环境行政违法行为（如违规的项目审批、排污行政许可等）或不作为（如未能及时地履行其环境监管职责制止环境侵权行为的发生）威胁或侵害公民的环境权益；二是环境污染者和破坏者的行为有可能或已经侵害环境权益。我国现有的救济体制对于环境行政违法行为可以由检察机关、公民和社会团体提起行政复议或环境行政公益诉讼，以阻止可能的环境侵害发生。从环境纠纷预防性原则出发，行政复议与行政诉讼在环境事务中的纠纷预防功能是我们在环境纠纷解决机制的设计中应当首要关注的问题，但却长期以来一直被忽视。整合现有的环境行政争议解决方式，对避免环境损害的发生无疑有着积极的作用，也是避免群体性环境侵权纠纷发生的治本之策。按照《环境行政复议办法》的规定，"公民、法人或者其他组织认为地方环境保护行政主管部门的具体行政行为侵犯其合法权益的，可以向该部门的本级人民政府申请行政复议，也可以向上一级环境保护行政主管部门申请行政复议"。行政复议作为行政系统的内部监督，不仅可以审查行政行为的合法性、还可以审查行政行为的合理性并有权直接变更错误的行政行为。行政相对人也可以选择提起行政诉讼或在行政复议后如对结果不服提起行政诉讼，但我国法院没有权力审查行政行为的合理性，只能审查行政行为的合法性，通常情况下无权对错误的行政行为作出变更，只能撤销该行为要求行政机关重新作出具体行政行为，这就导致了很多纠纷陷入了无限循环中而长期得不到解决。特别是对那些没有停止执行的环境行政行为，撤销具体行政行为已经无法阻止实际损害的发生。

在《意见》明确了在各省高级人民法院设立环境资源审判机构的改革方向

第四章 比较法下我国环境侵权群体性诉讼制度的构建思路

后,本着环境纠纷预防性原则、诉讼一体化原则和我国环境司法"四合一"专业化的改革方向,笔者建议借鉴瑞典环境行政复议与诉讼一体化的经验和印度环境公益诉讼的经验来设计我国的环境行政复议和环境行政诉讼制度。在行政相对人认为基层环保行政主管部门的环境行政行为存在违法情形,可能侵害公众的环境权益时,取消水平方向的向本级人民政府的复议申请权,仅允许向上一级环保行政主管部门申请复议,如对复议结果不服可以直接向省高级人民法院环保审判机构提起环境行政诉讼。同时赋予行政诉讼与行政复议同样的可直接变更错误行政行为的权力,赋予法院在环境领域不仅可以审查行政行为的合法性还可以审查行政行为的合理性。这样的设计不仅可以简化救济路径、提高救济效率,还可以避免地方保护主义的弊端。如果是对地级市的环保行政主管部门作出的行政行为不服,可以向省高级人民法院环保审判机构提起行政诉讼,由最高人民法院环保审判机构作为此种情况的终审法院。如果行政行为是由省级环保行政主管部门作出,当事人可选择向国务院环保行政主管部门复议,不服后向最高人民法院提起诉讼或直接向省高级人民法院环保审判机构提起诉讼,不服后上诉到最高人民法院。一体化的设计将精力集中于违法环境行政行为的审查(参见图4-1)。

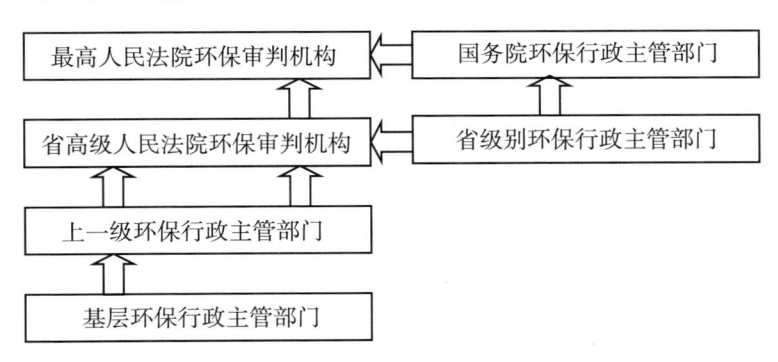

图4-1 我国的环境行政复议和环境行政诉讼制度设计

如果政府的不作为行为只是威胁到公民的环境权益,适用环境行政违法行为的解决路径。如果政府的不作为已经造成了公益和私益的环境侵害(此种情况占大多数),此时,应允许任何公民和社会团体提起环境公益诉讼、允许私益受到侵害的众多受害者提起环境众益诉讼。按照《最高人民法院关于审理环境民事公益诉讼案件适用法律若干问题的解释》第12条的规定,法院在受理案件后应当在十日内告知对被告行为负有环境保护监督管理职责的部门。如果负有监管职责的部门通过行政执法行为禁止了环境侵害行为,阻止了损害的进一步扩大,则待解决的纠纷为针对环境损害提起的公益诉讼和众多主体针对人身、财产损害提起的私益诉讼。我国不同于美国、加拿大等国将通知政府履行职责的通知义务在诉前交给公民,而是起诉后由法院来完成,体现了原告、法院和政府非控辩式、合作式的努力。如果负有监管职责的部门依然怠于履行自己的职责,当事人可以申请法院颁布禁令禁止这些行为或依照环境行政违法行为提起环境行政公益诉讼。

(二) 社会主导型的环境公益诉讼模式

2015年1月7日实施的《最高人民法院关于审理环境民事公益诉讼案件适用法律若干问题的解释》将我国环境民事公益诉讼的提起主体规定为法律规定的有关机关和在设区的市级以上人民政府、民政部门登记的社会团体、民办非企业、事业单位以及基金会等专门从事环境保护公益活动的诉前五年内无违法记录的社会组织,而环境行政公益诉讼的起诉主体目前尚无明确的法律规定。形成了国家型和社会型公益诉讼模式[1]并存的局面,为我国环境公益诉讼提供了法律依据。但是公民个人并没有被纳入允许提起环境公益诉讼的提起主体之内。部分观点认为个人诉讼能力不足,难以支付高昂的诉讼成本,举证能力不足,难以与实力强大的污染企业相抗衡;个人缺乏相应的专业知识,对于隐蔽性较强的环境侵权难以了解和发现;公民对于与自己利益没有直接相关性的"公益"缺乏诉讼的热情。[2] 部分观点认为赋予公民起诉资格容易出现个人滥诉的现象,给法院带来更大的审判压力。[3] 笔者认为,上述原因都不足以否认公民的环境公益诉权。首先,公民是无可争议的环境权享有主体,权利是诉讼程序的基础,而程序作为实现权利的有效保障,如果不允许公民将自己是否拥有权利的真实状况表达出来以获得必要的法律和制度保障,权利就不具有实质的意义。[4]

其次,环境公益诉讼的主要功能侧重于权利的保护与预防,救济方式主要是制止将要发生的或正在发生的环境侵害,防止损害的进一步扩大。而这样的预防功能在制度健全的国家是从环境行政执法的最初阶段自然延伸而来的。在联合国欧洲经济委员会发布的《奥胡斯公约》(the Aarhus Convention) 中,确立了政府为市民保护环境上承担的管理权力和义务,即公众环境事务知情权(Access to Information)、公众参与环境事务决策权(Public Participation in Decision-making) 和接近司法正义(Access to Justice) 的权利。其中公众是指个人、个人集合、法人和由此组成的

---

[1] 有学者将环境公益诉讼的模式分为国家主导型模式和社会主导型模式两种。前者主要以检察机关、环境保护行政部门作为环境公共利益的代表提起诉讼;后者主要是以公民个人或社会团体为主体来提起诉讼的模式。参见潘世钦、潘小江、石维斌:"我国环境公益诉讼模式选择",载《青海社会科学》2009年第3期,第172页。

[2] 杨露:《环境公益诉讼司法模式的构建》,重庆大学2014年硕士学位论文,第27页。

[3] 庹继光、李缨:"我国环境公益诉讼主体立法掣肘与破解",载《西南民族大学学报(人文社会科学版)》2012年第11期,第97页。

[4] 吴勇:"环境权的程序保障与环境诉讼的更新",载吕忠梅主编:《环境资源法论丛》,法律出版社2010年版,第155页。

第四章 比较法下我国环境侵权群体性诉讼制度的构建思路

协会、组织和集团。① 信息公开是公众参与监督的前提和基础，在明确环境信息公开的主体和具体内容的基础上，还应赋予公众主动申请公开环境信息的权利、参与环境决策的权利，并对因侵犯公民环境知情权的行为受到伤害的人给予行政或者司法的救济。美国、加拿大的环境公民诉讼的起诉主体包括个人和社会团体。而对于允许团体诉讼的国家，理论上在"团体不提起诉讼时，成员是可以提起诉讼的，团体享有的诉权属性，并不排斥其成员的享有，甚至在损害赔偿请求权的诉讼中，其诉权的获得尚需通过成员的特别授权"②。同时，我国在环境行政执法阶段环境知情权、公众环境参与事务的决策权的主体均是公民个人，而非社会团体，为保持制度设计上的一致性，不应把公民排除在有权提起诉讼的主体之外。

最后，法律规定的有关机关提起诉讼一般发生在环境民事公益诉讼，而当破坏环境的实施者是行政机关，污染者或破坏者不愿意清除和消除污染，政府和其他行政机关不能或不愿意为受到侵害的公众给予充分的救济和保护时，通常提起的是环境行政公益诉讼，公民个人也是各国环境公益诉讼的主体。其本质在于公民以诉讼的方式参与环境保护管理，"保障环境法规的实施，提高环境法规的可执行性，将中央自上而下的监督转变为借助司法手段自下而上的监督"。③ 个人和社会团体为主的环境公益诉讼模式应当成为主导模式，虽然部分欧盟国家基于成文法和诉讼文化背景，仅选择了团体作为提起环境公益诉讼的起诉主体。④ 但由于环境公民诉讼本质上是一种环境侵害的禁止权或者强制措施权。原则上对环境公益诉讼的起诉主体不应做过多的限制，其将环境公益诉讼的起诉权赋予公民个人而不仅是社会团体也符合公益诉讼的宗旨和环境保护的公众参与趋势。特别是我国环境社会团体发展未达到强大的阶段，扩大环境执法的监管范围是预防环境侵害发生的有效途径。环境只有通过预防型措施才能真正得到保护和改善，诉讼程序中公民的广泛参与是环境权得到承认的重要因素。因此在"环境法实施并由此实现共同利益中赋予公民以及依一定标准被认可的社团诉权，是对现代多极政治体系的及时回应"。⑤

---

① 《奥胡斯公约》于 2001 年 10 月 30 日生效，到 2013 年 4 月它已经有 46 个成员包括 45 个国家和欧盟。The Aarhus Convention: An Implementation Guide, Second edition, 2013, United Nations Economic Commission for Europe. Para 11.

② 汤维建："论团体诉讼的制度理性"，载《法学家》2008 年第 5 期，第 102 页。

③ 沈百鑫："德国环境法中的司法保护"，载曾晓东、周珂编：《中国环境法治·2011 年卷·上》，法律出版社 2011 年版，第 217 页。

④ 欧盟国家设立个人行政公益诉讼的较少，如葡萄牙、西班牙、斯洛文尼亚、爱沙尼亚。英国、爱尔兰和拉脱维亚则通过判例确立了个人提起环境行政公益诉讼的权利。参见陶建国："德国环境行政公益诉讼制度及其对我国的启示"，载《德国研究》2013 年第 2 期，第 71 页。

⑤ 沈百鑫："德国环境法中的司法保护"，载曾晓东、周珂编：《中国环境法治·2011 年卷·上》，法律出版社 2011 年版，第 211 页。

二、环境众益诉讼模式的选择

由于我国环境侵权纠纷预防机制的不健全,很多环境侵权因为政府的行政违法行为或不作为未能通过公众的参与决策和提起环境行政诉讼而得到预防。事后救济型的群体性环境侵权纠纷在我国大面积爆发。针对其中的私益聚集型的环境众益诉讼,各国都在寻找一种能够快速、妥当地解决纠纷、控制环境污染的有效形式,并在实践中根据环境纠纷的特点及需要而改进现有的诉讼制度。如美国的集团诉讼、德国的团体诉讼、示范诉讼和日本的选定当事人诉讼。

(一) 集团诉讼的可借鉴性分析

传统上美国的集团诉讼属于对群体纠纷进行"集合的、模糊性"的救济。集团诉讼的代表人无须被代表人的选举或任命而自愿为整个群体提起诉讼。集团确认后通过选择退出的方式来明确集团成员,集团成员的人数无须具体确定。通过缺席成员的利益代表对争议进行集合性处理无须对个人的请求进行单独处理,判决对诉讼中被代表的当事人都具有约束力。[1] 美国的集团诉讼是私人执法的重要方式。通过该制度对"小额多数的侵害行为"执法,达到惩治违法、让违法者吐出不法所得并不敢再犯,进而达到政策创制的功能。由于受害者的损害非常小,需要从收益和制度两方面来进行制度设计为私人执法提供足够的诱因和制度保障。如通过惩罚性赔偿、胜诉酬金制、集团代表象征性的奖励、原告胜诉方律师费用由败诉方负担等方式来降低私人执法的成本。可以说集团诉讼的目的并不在于损害赔偿和对于个人权利的维护,而在于通过诉讼让做错事的人为社会福利付出代价。震慑和改变行为是其主要的目标。[2] 部分学者认为,美国的集团诉讼不适合我国这样一个偏重公共执法的国家,我国当前频发的群体性纠纷大多是与普通民众生活息息相关的"大额多数"纠纷,如拆迁补偿、商品房买卖、劳资纠纷、环境污染纠纷等。受害人都会积极地主张权利、参与诉讼程序、参加赔偿金的分配,这类纠纷更适合个别的具体的救济,更适合代表人诉讼或示范诉讼。[3] 而且我国缺乏适用集团诉讼的环境和条件,集团诉讼需要的诱因和制度保障,如胜诉酬金制,在我国法律职业评价较低的情况下,对于其腐蚀作用更应提高警惕。

上述观点对集团诉讼的认识有失偏颇,美国的集团诉讼除了具有"小额多

---

[1] 薛永慧:"代表人诉讼抑或集团诉讼——我国群体诉讼制度的选择",载《中国政法大学学报》2009年第5期,第104页。

[2] [美]史蒂文·苏本、玛格瑞特·伍:《美国民事诉讼的真谛:从历史、文化和实务的角度》,蔡彦敏、徐卉译,法律出版社2002年版,第200页。

[3] 薛永慧:"代表人诉讼抑或集团诉讼——我国群体诉讼制度的选择",载《中国政法大学学报》2009年第5期,第111页。

第四章 比较法下我国环境侵权群体性诉讼制度的构建思路

数"传统型的损害赔偿集团诉讼外,还有一种"新型损害赔偿"集团诉讼,即最初以个体的形式出现,后来才以诉讼合并的形式形成的集团诉讼,以大规模侵权诉讼为代表。[①] 环境侵权纠纷就属于第二种集团诉讼的典型。同时,环境法的特殊之处在于其具有公益和私益之法益的二元性,这也就决定了环境保护法公共执行和私人执行的双重性。公共执行是指环境保护行政主管部门代表国家利益,对环境违法行为进行规制;私人执行是指自身利益受到个体性危害或者整体性危害行为影响的私人通过检举、告发、起诉的方式实施环境法的行为。公共执行侧重保护公共利益,但同时也保护私人利益;私人实施侧重保护私人利益,但同时也起到保护公共利益的作用。众多环境受害人对侵权者直接进行民事诉讼,同对环境主管机构检举、告发和提起行政诉讼都是重要的环境私人执行方式,并不因为其采取集团诉讼或示范诉讼、代表人诉讼哪一种诉讼形式而有所改变。对于环境危害行为,由于其危害之动态性、延伸性及不可恢复性,这也决定作为事前预防的公共实施机制应当处于主导的地位,而作为事后责任的私人实施机制应该处于补充的地位。[②] 其中,环境行政公益诉讼更偏重于对环境侵害行为的预防和禁止,偏重于环境公共利益的保护,而环境众益诉讼更偏重于私益聚集型的"多人公益"的事后救济,偏重于受侵害权利的停止侵害、消除危险、恢复原状和损害赔偿。

20世纪60年代以来,美国在环境问题引发的集团诉讼中所占的比例颇高,在实践中由一开始的个人诉讼,到后来诉的合并直至发展出较为成熟的复杂诉讼的管理规则、和解规则和审判规则。任何制度的移植都需要在明确该制度的价值和功能的基础上,结合环境纠纷的特点和我国的具体情况来进行衡量和选择。美国集团诉讼和我国的代表人诉讼都属于群体性诉讼的一种,都是具有共同利害关系的人人数众多,无法共同进行诉讼时,由共同利害关系人中的一人或数人作为代表进行诉讼,法院判决的效力及于全体共同利害关系人的一种诉讼制度。我国代表人诉讼特别是人数不确定的代表人诉讼正是在借鉴美国集团诉讼等各国立法经验的基础上而设立的。但两者在"有无权利的登记程序、代表人产生的方式、代表人的权限,当事人与诉讼标的的关系、法院介入诉讼程序的程度、和解的程序和法院裁判扩张的方式和范围"[③] 上仍有诸多不同。对此应结合我国群体性环境侵权纠纷的特点,在总结美国环境侵权集团诉讼司法实践经验(例如,如何将多样性的主张划分为可管理的群体、和解在群体性环境侵权的运用等)的基础上提出改进我国环境众益诉讼中代表人诉讼规则的建议。

---

① 范愉编著:《集团诉讼问题研究》,北京大学出版社2005年版,第161页。
② 刘水林、王波:"论环境公共实施与私人实施的结合与衔接",载《甘肃政法学院学报》2011年第11期,第61页,第65页。
③ 翁潞梅:"美国集团诉讼与我国代表人诉讼制度之比较",载《甘肃行政学院学报》2004年第4期,第89页。

（二）引入示范诉讼的可行性分析

示范诉讼作为一种群体性纠纷解决方式已经成为现代西方国家立法上、司法实践中普遍存在的一种制度。德国早在1991年就在《德国行政诉讼法》中将示范诉讼成文化，后在2005年的《德国投资人示范诉讼法》中将示范诉讼应用于证券投资领域。在对示范诉讼的不断深入研究和实践过程中，德国将示范诉讼制度推广到环境侵权纠纷解决领域。2000年英国在《英国民事诉讼规则》中增设了集团诉讼制度，并同时将示范诉讼在新的集团诉讼制度中作出了规定，广泛运用于环境侵权等群体性纠纷的解决。美国也将示范诉讼作为集团诉讼的一种替代性方式作出了规定。[1] 在依据《美国联邦民事诉讼规则》第23（b）（3）评价集团诉讼优越性的时候，法院需要考虑纠纷解决替代性方法，包括与单独诉讼、强制的或任意的当事人合并、示范诉讼等进行比较。日本在以第三波理念勃兴的基础上，形成了对特殊的私人权利保护为基础的示范诉讼（在日本又称试验诉讼）。[2] 据1978年日本学者调查，日本的示范诉讼基本集中在消费者诉讼和公害诉讼领域。[3]

目前关于示范诉讼主要存在三种类型：一是契约型示范诉讼，示范诉讼的启动需要当事人之间达成示范契约来启动。协议包括停止争讼和暂不起诉协议[4]、示范判决拘束力协议[5]、强制执行的协议和舍弃[6]、认诺限制的协议[7]四种，其中前两种是示范契约的典型内容，后两种由当事人视其需要加以约定。二是职权型示范诉讼，法院依职权选择一宗案件进行示范诉讼，同时裁定暂时中止或暂停审理其他同类案件，示范案件的判决结果适用于其他中止或暂停审理的案件。此种方式克服了由于纷争的人数众多，示范诉讼契约达成难度较大甚至不可能的弱点。英国和德国目前采用此种类型。[8] 三是混合型示范诉讼，示范诉讼的启动基于案件的事实问题和法律问题具有同一性，经由签订示范契约的当事人申请，法院许可其中某一案件进行示范诉讼。美国采用的是混合型示范诉讼形式，以当事

---

[1] 张旭东：《民事诉讼程序类型化研究》，厦门大学出版社2012年版，第205页。
[2] 郑妮：《示范诉讼制度研究》，四川大学出版社2014年版，第38页。
[3] 季卫东："要关注'实验诉讼'——当事人推动的制度变迁及其实证研究"，载徐昕主编：《司法程序的实证研究（第二辑）》，法律出版社2007年版，第5页。
[4] 在示范诉讼判决确定前，已经提起诉讼的同类案件中止诉讼，尚未提起诉讼的案件暂时不起诉。
[5] 当事人约定该判决对于未起诉的当事人在后诉讼或诉讼外纷争的解决具有约束力。
[6] 与债务人约定示范诉讼判决后，对其未起诉当事人如不依示范诉讼判决自动履行债务，可以径为强制执行。
[7] 为避免示范诉讼的当事人在诉讼上为不利益之诉讼行为而受损害，可约定程序上示范诉讼当事人不得为舍弃或认诺。
[8] 徐昕：《英国民事诉讼规则》，中国法制出版社2001年版，第93页。

第四章 比较法下我国环境侵权群体性诉讼制度的构建思路

人签订示范契约为前提,法院许可为要件。

群体性环境侵权纠纷是示范诉讼的重要应用领域之一,对于因同一或同因的环境侵权行为造成的众多人的环境权益受损害的案件,我国的法律和司法解释对是否可以采用示范诉讼的形式未做任何规定,但是在司法实践中,大部分法院对群体诉讼案件适用代表人诉讼采用较为消极的态度,分拆案件的情况较为普遍,客观上造成我国需要运用示范诉讼处理的群体案件日益上升。实践中已经出现了类似示范诉讼的做法来解决群体性环境污染案件。例如,2004年北京市朝阳区珠江绿洲家园的业主因小区用水中的氟化物超标,要求开发商按合同约定提供市政用水,并支付违约金,法院先期选择了一户购房者的诉讼案件进行公开审理,明确该群体性案件中具有共通性的事实问题和法律问题。[1] 上述案例说明仅代表人诉讼一种群体性环境侵权纠纷解决方式是无法满足实践需要的,需要建立多层次、多元化的群体性纠纷解决机制。在大规模环境侵权案件中,不存在追诉动力不足的问题,对司法制度的要求主要体现在保障程序公正的前提下诉讼成本的降低和诉讼效率的提高。哪些案件适用代表人诉讼、哪些案件适用示范诉讼、采用哪种示范诉讼的模式能充分实现上述要求呢?

示范诉讼虽然通过小规模诉讼能够解决较大的群体纠纷中共通的事实问题和法律问题,扩大了诉讼解决纠纷的能力,减轻了法院的负担、节约了司法资源、避免了矛盾裁判,减轻了当事人于个别诉讼中的时间、费用上的支出。同时促进当事人自愿达成诉讼外和解。但是示范诉讼也有许多劣势,如果被告没有改变对群体成员的行为仍然需要更多的单独诉讼来确定各自的获赔数额,群体成员被剥夺了影响案件进行的机会,导致其他诉讼请求的迟延等。[2] "采用代表人诉讼的一个前提是所有群体成员诉讼请求不仅针对相同的被告,而且其法律与事实的争点也基本相同,"[3] 代表人诉讼更适合所有案件的争点大体相同的群体性纠纷,示范诉讼则适合案件共同点仅限于某一个或某几个争点的群体性纠纷,如果人数众多到群体成员的损害赔偿需要通过整体计算的方法来完成时,一般不能适用示范诉讼。[4] 能够成为示范的诉讼案件必须是与其他案件所涉及的法律问题和争议的事实问题具有同一性,并非是指他们在诉讼中需要证明的事实问题或者损失都是一致的,对于环境侵权案件来讲,通常是被告的侵权行为和因此行为而导致的

---

[1] 齐树洁、徐雁:"群体诉讼的困境与出路——示范诉讼制度的构建",载《中州学刊》2009年第1期,第75页。

[2] Garry D. Watson. Complex Litigation-a comparative perspective. C. J. Q. 1993.12(JAN). 转引自杨严炎:"示范诉讼的分析与借鉴",载《比较法研究》2007年第3期,第136页。

[3] 吴泽勇:"群体性纠纷解决机制的建构原理",载《法学家》2010年第5期,第97页。

[4] 同上书,第100页。

众多受害人之间是否具有因果关系对所有纠纷的当事人而言都是相同的。①

在示范诉讼模式的选择上，契约型的示范诉讼模式能够充分尊重当事人的选择权和处分权，但如果纷争当事人人数众多，达成示范性契约的难度很大甚至不可能达成，有时即使是小型的群体诉讼，当事人间合意的达成也有困难。此时就需要采用职权型示范诉讼，通过对多数案件进行整理和归纳，选出对其他环境侵权案件来讲包含在裁判上的重要争点的案件作为示范案件。而对于美国采取的混合型示范诉讼形式，示范诉讼的申请人要取得其他当事人的同意，签订示范契约，其他诉讼当事人有权在申请送达之日起10天内不同意，但要说明不同意的原因。同时，美国的示范诉讼制度给了当事人较多的程序保障，如当事人发现示范诉讼当事人有损害自己的诉讼利益的时候，可以申请免除中止令。示范诉讼的当事人的某些行为损害其他环境侵权案件当事人的地位时，法院可以依职权中止示范诉讼。法院在审理过程中作出的同意示范诉讼申请、中止示范案件审理、免除中止令等决定都要向缔结示范契约的当事人送达。这一措施，使得示范诉讼的耗时较长，诉讼成本较高，往往使制度设置的初衷落空。② 因此，建议我国采取职权型的示范诉讼，同时应适当加强对当事人程序知情权和选择权的保障。应当在选定示范案件之前，听取当事人的意见，即使法院选定示范诉讼案件之后，当事人也可以通过和解等诉讼外方式行使程序处分权。法院作出的同意示范诉讼的申请和中止审理等决定都要送达所有缔结契约的当事人。

三、公益、私益融合的环境侵权群体性诉讼模式的构建

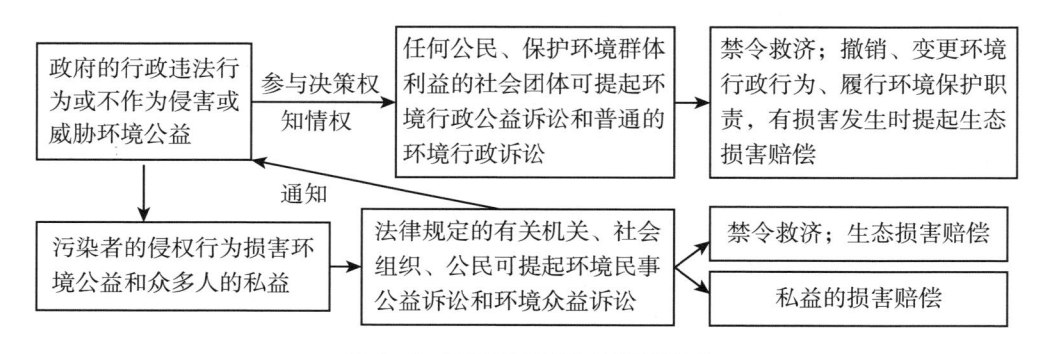

图 4-2 环境侵权群体性诉讼模式

环境权益具有公益和私益之二元性，这也决定了环境法在实施上也对应存在公共执行（公共实施）与私人执行（私人实施）两种方式，对于自身的利益受

---

① 刘毅、张谷："示范诉讼在我国审判实践中的运用"，载《人民司法》2009年第11期，第45页。
② 张旭东：《民事诉讼程序类型化研究》，厦门大学出版社2012年版，第209～212页。

第四章 比较法下我国环境侵权群体性诉讼制度的构建思路

到个体性危害或整体性危害的私人或社会团体通过参与环境决策、检举、告发和诉讼的方式实施环境法，都属于环境法的私人实施。它可以最快地发现环境违法行为并有效执行，减轻环境公共执行机构的负担，从而克服环境公共执行机构的失职与懈怠。其中诉讼是环境私人执行中的重要方式。长期以来我国是一个偏重公共执法的国家，通过行政执法、刑事执法来惩治违法行为，私人执法的空间比较小，未考虑调动私人与国家共同执法的可能性，私人在执法中的作用不受重视。[1] 在环境法领域，上述特征体现得尤为明显。环境行政公益诉讼对于环境侵权纠纷的预防作用基本未得到发挥，是我国当前大范围群体性环境侵权纠纷发生的重要原因。我们在关注环境民事公益诉讼和环境众益诉讼完善的同时，更应从纠纷预防的角度、诉讼一体化的角度系统地构建我国的群体性环境侵权诉讼制度。

由于环境权益的特殊性，环境立法采取了公法、私法的双重保护机制，在赋予公民个人环境权利的同时，也赋予行政管理机关对环境资源使用和监管的决策权，行使公权力的行政机关与享有私权利的公民法人在过去纯粹的行政法律关系之外又建立起了一个新的法律关系即社会法律关系，以社会性公权与社会性私权的平衡、协调与制约为特征的新型关系。[2] 这就要求诉讼程序的设计上要突破公权力和私权利程序保护上的分野，需要通过既不同于传统行政诉讼也不同于传统民事诉讼的形式来解决环境权这一社会性权利的程序保障问题。

（一）"四审合一"环境诉讼模式下环境行政诉讼与环境行政公益诉讼的竞合

环境诉讼模式体系是由行政诉讼领域的普通环境行政诉讼、环境行政公益诉讼、民事诉讼领域的环境私益诉讼、环境众益诉讼和环境公益诉讼、刑事诉讼领域的环境刑事诉讼和非讼执行等不同的环境诉讼机制构成的有机整体。三大类诉讼状态中多种诉讼形式下的实体权利处理与程序运作呈现出既有冲突又有交叉融合的状态。当多元主体的诉权并存时如何协调，如何安排诉权的行使顺序，发挥他们之间督促与互补的功能，如何使环境公益诉讼与众益诉讼在交叉融合的运行中并行不悖，为不同层面的环境利益提供充分而附有效率的司法保障，是合并后的群体性环境侵权诉讼制度要解决的核心问题。

首先，应完善我国的环境行政公益诉讼制度，使行政违法行为、行政不作为在环境损害尚未发生之时能得到制止。各国环境公民诉讼的设置既可以针对污染违法者，也可以针对政府的不作为。既包括环境民事公益诉讼，也包括环境行政公益诉讼，而我国环境司法实践中，更多地关注于民事公益诉讼，各地关于环境公益诉讼的规范性文件中，除了一般性规定外，有许多仅针对环境民事公益诉

---

[1] 徐昕："法律的私人执行"，载《法学研究》2004年第1期，第20页。
[2] 吕忠梅：《环境法学》，法律出版社2004年版，第217页。

讼，而针对环境行政公益诉讼的则较少。如 2008 年无锡市法院、检察院联合颁布的《关于办理环境民事公益诉讼案件的试行规定》；2010 年，昆明市法院发布的《关于办理环境民事公益诉讼案件若干问题的意见》；玉溪市法院、检察院联合发布的《关于办理环境资源民事公益诉讼若干问题的意见》等。2013 年民事诉讼法对环境民事公益诉讼进行规定后，更为突出。由于环境损害既包括个人性损害，也包括整体性损害，因此普通的环境行政诉讼中的权益受到直接影响的行政相对人在请求撤销行政违法行为或要求履行行政职责的同时已经在客观上维护了环境整体性利益。此时，不允许就同一行政行为再行提起环境行政公益诉讼。同时，法院在受理案件后应通知其他公益诉讼的提起主体，其他主体在发现公益保护不充分的情况下，可提起诉讼与普通行政诉讼中共同的事实和法律问题合并审理。如普通环境行政诉讼中其他主体因环境行政不作为或行政违法行为提起损害赔偿之请求则需要单独审理。

图 4-3 环境行政诉讼与环境行政公益诉讼的竞合

（二）环境民事公益诉讼和环境众益诉讼的竞合

环境民事公益诉讼和环境众益诉讼发生竞合的时候，环境民事公益诉讼的诉讼请求主要包括停止侵害、排除妨碍、消除危险、恢复原状、赔偿损失（生态环境受到损害至恢复原状期间服务功能的损失）、赔礼道歉。环境众益诉讼的诉讼请求主要是众多直接受害人提起的人身权、财产权受到损害的赔偿请求。在环境私益性损害尚未发生，仅存在威胁或可能损害环境利益的情况下，只能提起环境民事公益诉讼。一种情况是在环境损害已经发生，为了保护私人利益的直接受害人仅提起了损害赔偿之诉时，法律规定的有关机关和社会组织可以为维护环境公共利益提起公益诉讼，要求侵权者停止侵害、排除妨碍、消除危险、恢复原状、赔偿损失。此时，环境民事公益诉讼和环境众益诉讼的诉权并存。另一种情况是直接受害人提起了"自利利他型"诉讼，即众多的受害人除了要求侵害者损害赔偿外，还要求侵权者停止侵害、排除妨碍等客观上使包括自身在内的公众受益的公益请求。原则上公益诉讼代表人无须另行提起诉讼。[1] 由于我国目前未赋予公民提起环境民事公益诉讼的资格，在需要提起针对环境生态损害赔偿时，直接

---

[1] 王皓月、李贺娟："环境诉讼代表人与受害人诉权行使竞合探析"，载《公民与法》2013 年第 4 期，第 42 页。

受害人将无法提起,同时还有可能出现其他环境公益保护不充分的情况,笔者建议,法院在审查受理阶段,应当通知有权提起公益诉讼的主体该案件的情况和主要诉讼请求,以防止可能会发生公益保护不充分的情况。如通过行政执法无法解决,公益诉讼的提起主体可以提起环境公益诉讼,法院可以将两诉中共同的事实问题和法律问题合并处理。借鉴德国的团体诉讼,社会团体不仅可以代表公益提起环境公益诉讼,还可以接受团体成员的授权,代表成员提起私益聚集型的环境侵权损害赔偿之诉。此时,环境公益和环境私益的起诉主体统一于民间自治型的社会组织。

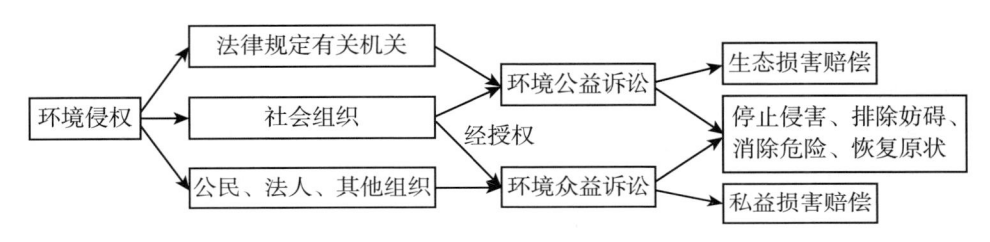

图 4-4 环境民事公益诉讼和环境公益诉讼的众合

（三）司法关联交叉案件的程序规则

"四审合一"的诉讼模式能够促进三大诉讼程序在诉讼进程中的融合,司法审判的专业化,虽然部分要素不能相互取代,但大部分程序是相通的。在具体程序规则的设计上应坚持以彻底解决纠纷、提高诉讼效率为目标,根据当事人的申请来决定交叉案件的审理模式。① 英国教授 Geraint Howells 根据是否在个人索赔之上存在概括的集体利益将群体诉讼划分为私人利益的群体诉讼（private Interest Collective Litigation）和公共利益的群体诉讼（Public Interest Collective Litigation）。前者是由私人控制的诉讼,包括示范诉讼、集团诉讼、代表人诉讼;后者是由第三方控制的诉讼,包括团体诉讼和公益诉讼。②

环境污染作为一种公害,它的解决往往涉及社会公共利益和受害人双重利益的保护。即使是公共利益之外私益受损的主张在复杂诉讼中也形形色色。在法律体系更重视公共执法的国家,如瑞典、德国,环境领域的私人执法大多发生在行政公益诉讼领域,如果纠纷预防完成得较好,环境民事公益诉讼和环境众益诉讼一般发生的较少。同时也有利于纠纷的协商解决而无须诉诸法院,因为公共机构具有相对较大的公信力,其有专业能力去调查相关证据,被告方往往在综合权衡

---

① 杨凯:"'三审合一'审判模式建构中的问题与对策",载《人民法院报》,2014年9月17日,第八版。

② Geraint Howells, "Litigation in the Consumer Interest", ILSA Journal of International & Comparative Law, Fall, 2002. 转引自钱颖萍:《瑞典群体诉讼制度研究》,中国政法大学出版社2013年版,第25页。

各方因素后能够与对方达成停止侵权和对受害者给予赔偿的意见。从而避免了周期长、花费大、较为复杂的群体性诉讼程序。[1] 对比而言，在私人执法较为发达的美国，环境公益诉讼和私益聚集型环境众益诉讼较多，也创新性地发展了较为成熟的公益、私益融合的复杂诉讼的管理规则。在前述的美国墨西哥湾溢油污染案中，由于群体性的环境侵权涉及地域广、人数众多，案件诉讼请求复杂多样，合并后的预审对法院的诉讼管理提出了极大的挑战。该案中法庭管理技术创造性地应用于主张支付、和解和审判管理过程中。将多样性的主张划分为可管理的群体形成目录式的分类框架为和解的顺利进行提供了保障。律师和法官共同创造了"主张束"（Pleading Bundles）这个概念来描述对众多主张的分类。根据主张的类型、损害的状态和法律依据的不同，法庭将该案件的主张划分为人身损害方面的主张、个人和私营商业损失主张、公共利益损害主张和禁令、监管要求 4 类，实现了具有共同问题需要解决的主张划归一类一同处理。在某一类主张的处理过程中，同样运用了分类技术来实现案件处理上的高效。以和解中对个人及商业经济损失主张的处理为例，将当事人所处地理位置划分为 A、B、C、D 四个区域，A 区域包括的是受到溢油直接影响的地区，除例外情况位于该区域的当事人不需要举证证明因果关系的成立，直接推定溢油引起了他们的损失。位于 A 区域和 B 区域的旅游业也不需要证明因果关系的成立；位于 A 区域、B 区域和 C 区域的海鲜加工和捕鱼业也不需要证明因果关系的成立；位于 B 区域和 C 区域的其他行业，需要提供同期记录证明溢油而引起的订单取消等经济损失。位于 D 区域的因果关系证明标准则更高。[2]

　　完整的环境侵害救济机制，应当是私益诉讼与公益诉讼相结合。环境公民诉讼的产生是对传统公众参与决策方式的补充，通过公众成员的力量来促进法律的施行和遵守。为公众参与政府决策提供了新的途径。公益诉讼的诉讼目的在于民主监督政府环境决策，保护环境公共利益。诉前通知程序的设立，避免了一些本可以利用行政程序和企业的自我更正违法行为过程而解决的案件在法庭上浪费司法资源。环境众益诉讼形式的多元模式，给予当事人更多纠纷解决选择上的自由。而公益、私益融合的环境侵权诉讼模式也需要在复杂诉讼的管理和环境公益诉讼、环境众益诉讼方面程序规则的完善。

---

[1] 钱颖萍：《瑞典群体诉讼制度研究》，中国政法大学出版社 2013 年版，第 194 页。
[2] Brendan Selby. RE：Oil Spill by the Oil Rig "Deepwater Horizon" on the Gulf of Mexico, On April 20, 2012, Order, Aug. 26, 2011. Harvard Environmental Law Review. Vol. 36. 2012. p. 564.

第五章　我国环境侵权群体性诉讼制度的程序构建

第一节　我国环境侵权群体性诉讼的诉讼要件和受案标准

一、起诉要件和诉讼要件

大陆法系国家的民事诉讼理论分为起诉要件和诉讼要件。诉讼要件是从程序的角度判断诉的合法性的重要依据，是进行本案件审理并作出本案实体判决的前提性要件。① 而起诉要件是使诉讼适法提起的要件。适法提起的诉具有诉讼系属的效力，而诉讼成立后才有诉的合法性问题。各国起诉要件一般仅包括提交记载法定事项的诉状，缴纳案件诉讼费和及时送达被告这几个方面，起诉状记载的诉讼请求及原因，仅指能使诉讼标的得以特定化或者被识别所需的最低限度的事实，法官对原告的起诉审查不做实质性审查，只做形式性审查。② 我国《民事诉讼法》第 119~124 条，对起诉的实质要件和形式要件的规定，是将传统大陆法系理论上的起诉要件和诉讼要件放在起诉受理程序中一并处理。

（一）环境侵权群体性诉讼中当事人适格

1. 环境众益诉讼中的当事人适格

"两造诉讼"是传统民事诉讼法的基本类型。诉讼当事人原则上仅限于直接受害人或利益相关人，原告在起诉阶段应当是主张的争议法律关系中权利的享有者或义务的承担者。虽然《环境保护法》《水污染防治法》等环境单行法都规定公民对污染和破坏环境的单位和个人有权检举和控告，但这种控告并非诉讼法意

---

① ［日］中村英郎：《新民事诉讼法讲义》，陈刚等译，法律出版社 2001 年版，第 152 页。
② 冯珂："诉讼要件与我国民事起诉条件研究"，载《研究生法学》2006 年第 5 期，第 53 页。

义上的起诉，仅限于向环境行政主管部门进行的告发。环境利益具有地域性、团体性、扩散型的特点，其侵害行为危害性一般是双重的，既会侵犯特定个体的利益，又会侵犯社会公共利益。① 对于分散的不特定多数人的私人利益聚集的环境众益诉讼，即使其在客观的诉讼效果上达到了对特定范围内整体公益的保护，原告仍需要是环境侵害行为的直接受害者，与相关案件有直接的利害关系。

2. 环境公益诉讼中当事人适格

环境侵权群体性诉讼应当具有预防性的功能，因为环境侵权一旦发生，事后救济不仅需要耗费大量的资源，甚至由于环境的不可逆性，根本无法恢复原状或进行补救。因此，对于众益外的整体环境公益的保护，则需要通过原告诉讼资格的适当扩张来达到制裁环境违法行为，保护环境公共利益的目的。原告可以是与本案有直接利害关系，也可以是与本案无直接利害关系的任何个人或组织。环境职能部门、检察机关和社会团体取得环境侵权诉讼的诉讼主体资格主要是基于公共信托理论和诉讼信托理论。② 修订后的民事诉讼法，将公益诉讼的提起主体限定为法律规定的有关机关和社会组织。然而"在一个多元化的民主社会，关于公共健康、环境保护、公共交通安全、消费者保护的共同利益，因其高度分散而很难组织起来并在政治上激活，因此，在行政机关的活动中，这类利益也不会受到认真对待"③。由于结社自由的限制，社会团体在中国社会中所起的作用是十分有限的，很多经合法注册的环保团体都是在官方的支持下建立的。因此，仅赋予环保职能部门、社会团体维护公共利益的诉讼主体资格是远远不够的。

公民诉讼正是公益诉讼在启动主体上的扩展与补充。民众对于空气污染、旅游景点被破坏等行为提起的环境诉讼，大多被法院以空气和风景不属于个人，个人对这些东西没有排他的使用权和所有权为由驳回。否认公民应具有公益诉讼提起资格的学者如德国学者 Großfeld 认为："像环境保护这类高度政治化的问题是否可以通过个人诉讼来解决，他表示怀疑。在政治问题的解决中，人们希望民法在边缘处发挥作用，引入这样一种制度，会有可能引爆现行司法制度的同时，危

---

① 杨严炎："当今世界群体诉讼的发展趋势"，载《河北法学》2009年第3期，第40页。

② "公共信托"理论是指水、空气、海岸、荒地等环境要素是人类的共同财产，国民可以将他们的共有财产委托给政府管理，政府代表人民对国家资源进行保护和管理。诉讼信托理论以公共信托理论为基础，当全体国民交给政府管理的财产受到侵害时，国家有义务保护信托财产不受侵害，国民将自己保护环境的诉权也信托给国家，国家又将诉权分配给有关机关或社会组织代表国家提起诉讼。齐树洁、郑贤："环境诉讼的当事人适格问题"，载《南京师大学报（社会科学版）》2009年第3期，第43页。

③ 吴泽勇："集团诉讼在德国：'异类'抑或'蓝本'"，载《法学家》2009年第6期，第107页。

及法院的地位。"① 然而环境利益与每个人息息相关,清新的空气、纯净的水、未污染的土壤都与公民的基本生存利益不可分割。环境侵权一旦发生,受损的主体必然十分广泛,任何人都有可能成为环境侵权的直接或者间接的受害人。这就必然要求环境侵权诉讼要放宽对原告资格的限制,才能有效地维护环境利益。美国公民诉讼中原告的起诉资格也经历了"法律权利说"到"事实损害说"的发展过程,确立原告起诉资格要具备损害要素、因果关系和可救济性三要素。一是原告的利益是否受到严重影响或可能遭受不利影响;二是损害能公平地追溯至被告的被控行为;三是损害有可能得到一个有利的给予救济的判决。并在司法判例中逐渐放宽了对原告起诉资格的限制,由 20 世纪七八十年代要求具体、特定的损害发展到具有普遍的环境损害也可提起环境公益诉讼的阶段。我国在立法上虽然不再要求环境公益诉讼的原告与案件有直接的利害关系,但却将公民排除在提起环境公益诉讼的主体之外,不利于环境公共利益的维护与实现。

3. 群体性环境侵权诉讼中的被告

群体性环境侵权诉讼的被告以起诉状中的记载为准来确定,要求必须明确、特定化。但并不是所有实施破坏环境危险行为的个人和组织都可以作为被告,对于军事、国防、外交中的国家行为引起环境冲突的,不通过诉讼解决。享有外交特权和豁免权的个人和组织,也不能成为该类诉讼的被告。除非其明确表示放弃司法豁免权。除此之外,作出环境侵权行为的一切组织、个人包括政府职能部门都可以成为环境侵权诉讼的被告。②

(二) 环境侵权群体性诉讼中诉的利益

诉的利益是法院对纠纷作出判决的必要性和实效性,是法院判断该纠纷是否属于法院主管的理论依据。对于诉的利益的判断通常遵循三个标准。一是该纠纷是否是平等主体间的民事纠纷。二是利益保护原则。即法院主管的范围应和诉权的保护范围是一致的。已经为实体法所确认的利益应当通过民事诉讼获得保护,但由于实体法自身的不周延性,当事人许多的正当利益游离于民事实体法之外,称为"形成中的权利"。当平等主体之间的有关人身和财产的正当利益或形成中的权利受到不法侵害时,就应当赋予当事人诉权,对实体权利之外的当事人的正当利益给予司法保护。三是司法最终解决原则。任何非司法组织解决不了的案件,最后都可以由法院通过审判方式给予解决;当一个纠纷涉及几个法律关系,其中既有法院主管的又有属于其他机关主管的,则一并由法院主管。群体性环境

---

① Großfeld. In Adolf Homburger/Hein Kötz, Klagen Privativer in öffentlicher Interesse, Frankfurt 1975. S105. 转引自吴泽勇:"集团诉讼在德国:'异类'抑或'蓝本'",载《法学家》2009 年第 6 期,第 107 页。

② 蔡维力著:《环境诉权初探》,中国政法大学出版社 2010 年版,第 258 页。

侵权诉讼中的环境权主张即属于形成中的权利。在一些国家，形成中的环境权早已被纳入审判权的范围。如工程的建设可能影响自然景观，凡是景区周边的居民甚至外地人都有资格起诉。法院不得以没有相应的实体法规范为理由而拒绝受理和作出裁判。而对于环境公益诉讼，则需要是法律授权的起诉主体，初步证明环境公共利益有可能遭受损害即可。《民事诉讼法》第284条将环境公益诉讼的起诉条件设置为社会公共利益初步受到损害，不利于实现环境侵权诉讼的损害预防功能。

(三) 环境侵权群体性诉讼中的管辖

依据《关于全面加强环境资源审判工作为推进生态文明建设提供有力司法保障的意见》，我国环境资源专门审判机构的设置构想如下图所示。

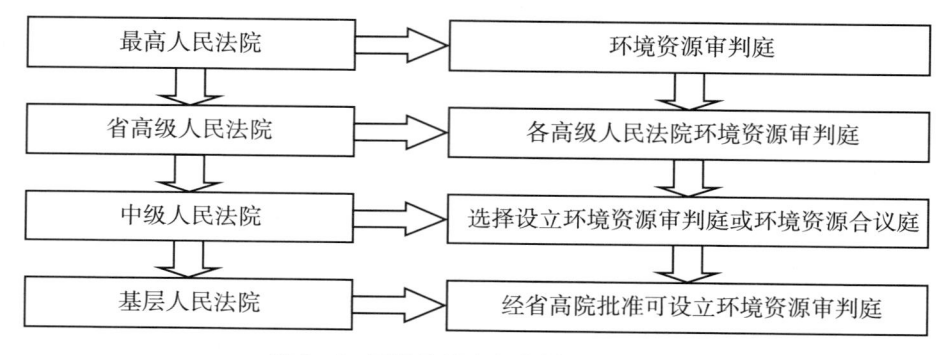

最高人民法院	→	环境资源审判庭
省高级人民法院	→	各高级人民法院环境资源审判庭
中级人民法院	→	选择设立环境资源审判庭或环境资源合议庭
基层人民法院	→	经省高院批准可设立环境资源审判庭

图 5 - 1　环境资源出行审判机构改置图

上述构想在省级及以上人民法院环境资源审判庭的设置上以现有的行政区划为基础而设置。对各省的中级人民法院未要求按照行政区划设置环境资源审判机构，而是允许在省高级人民法院的统筹指导下，根据环境资源审判业务量，合理设立环境资源审判机构。案件数量不足的地方，可以设立环境资源合议庭。案件较多的基层人民法院经省高级人民法院批准，也可以考虑设立环境资源审判机构。这样就为各省内部根据实际情况设置环境案件的级别管辖和实现环境资源案件的跨区管辖提供了可能性。

1. 环境公益诉讼的级别管辖和地域管辖

《关于审理环境民事公益诉讼案件适用法律若干问题的解释》发布之前，我国并未针对环境公益诉讼这类新型的侵权案件的管辖法院作出任何明确的特别规定。在级别管辖上，成立环保法庭的各地方法院以现有民事诉讼法中级别管辖制度为基础做出了细化或变通规定。例如，2007年11月，贵阳市中级人民法院成立环境保护审判庭后，发布《指定管辖决定书》明确全市所有涉及环境保护的一审案件，包括环境公益诉讼案件，均由清镇市法院环境保护人民法庭集中管辖。2008年5月，无锡市人民法院成立后，联合无锡市人民检察院出台了《关于办理环境民事公益诉讼案件的试行规定》，环境民事公益诉讼案件的一审一般由基层人民法院的环境合议庭审理。① 2011年2月，玉溪市中级人民法院、玉溪市人民检察院联合发布的《关于办理环境资源民事公益诉讼案件若干问题的意见（试行）》中规定，玉溪市辖区内的环境资源民事公益诉讼一审案件由受到侵害的环境资源公共利益所在地基层人民法院管辖。在本辖区内有重大影响的环境资源民事公益诉讼一审案件由玉溪市中级人民法院管辖。2011年，海南省高级法院出台《关于开展环境资源民事公益诉讼试点的实施意见》规定，环境公益诉讼的一审案件一般由中级人民法院管辖，涉海洋环境公益诉讼案件由海口海事法院管辖，有重大影响的或者跨省陆源、海域污染的案件由省高院管辖。② 上述地方法院在环境公益诉讼的级别管辖问题上大部分规定由基层人民法院作为一审法院，对于本辖区内有重大影响的案件，与民事诉讼法的现行规定保持一致，由中级人民法院作为一审法院。而海南省高级人民法院规定由中级人民法院作为一审法院，对本辖区有重大影响的或跨省陆源、海域污染的案件则规定由省高院管辖。各地对于环境公益诉讼的一审管辖法院的确定做法极不统一。2015年1月发布的《关于审理环境民事公益诉讼案件适用法律若干问题的解释》规定了环境民事公益诉讼交由污染环境、破坏生态行为发生地、损害结果地或者被告住所地的中级以上人民法院管辖。提高了环境公益诉讼案件的一审审级，进一步勾勒了省属范围内跨地域的环境公益诉讼的集中管辖。

由于大多数的环境公益诉讼案件牵涉利益广泛，涉及众多当事人，具有跨地域性和开放性，属于在本辖区内有重大影响的案件，具备提高审级的适当性。此外，由中级人民法院进行一审，便于排除地方干预、整合审判资源，集中专门人才审理。在地域管辖上规定了与普通侵权案件相同的地域管辖连结点，由侵权行为发生地、损害结果地、被告住所地的法院对环境公益诉讼拥有管辖权。

2. 环境众益诉讼的级别管辖和地域管辖

我国目前没有环境众益诉讼管辖的特别规定，在级别管辖上根据案情的繁简程度、诉讼标的金额的大小以及当地的影响等情况来决定。在地域管辖上按照侵权案件的管辖规定，由侵权行为地和被告住所地人民法院来管辖。部分地区成立环境审判专门机构后，实行民事、行政、刑事三合一的审判模式，规定某些地区发生的环境诉讼必须由指定的环境审判组织进行审理，排除了其他法院的管辖权。如2007年贵阳市中级人民法院和清镇市人民法院成立两级环境保护专门审判机构。专门审理涉及两湖一库水资源保护、贵阳市辖区内的水土、山林保护的

---

① 贾海燕：《环境公益诉讼管辖制度研究》，中南大学2013年硕士学位论文，第10页；冯昌梅："环境民事公益诉讼'无锡模式'评析——兼论构建我国环境公益诉讼制度的基本思路"，载《湖北函授大学学报》2008年第4期，第45页。

② 胡娜："海南出台环境资源民事公益诉讼试点意见"，载《人民法院报》2011年7月3日。

一审、二审民事、刑事、行政执行案件,并按照上级法院的指定管辖决定,审理辖区外涉及两湖一库水资源环境保护的案件,① 建立了以水资源属性出发的环境案件跨区划的集中管辖模式。在地域管辖上,环境众益诉讼同样涉案人数众多,是不特定多数人私益的聚集,被称作多人公益。侵权行为的实施地和侵权结果的发生地是受害人最为集中的地方,对于侵权行为、侵权后果、因果关系的认定和保全措施的执行更为有利。

在级别管辖上,《关于全面加强环境资源审判工作为推进生态文明建设提供有力司法保障的意见》对于基层人民法院和中级人民法院环境资源专门审判机构的设立打破了现有的行政区划。对于一般的环境侵权纠纷案件,可以交由省高级人民法院批准设立的基层环境专门审判机构受理。由于环境众益诉讼当事人人数众多,涉案当事人居住范围较广,环境纠纷更为复杂,对于法官的要求更高,省域范围内的环境众益诉讼,可以由辖区内的中级人民法院的环境专门审判机构受理。对于跨省域范围的环境众益诉讼,由最高人民法院指定的案件较为集中地域的具有环境专门审判机构的人民法院进行审理。大部分群体性环境侵权案件都会由侵权行为发生地或侵权结果地的中级人民法院审理,便于群体性的公益、私益纠纷并入同一法院进行审理。在各省设立不同级别的环境审判专门审判机构后,各级别环保法庭的受案范围就必须更加明确,保证一审法院、二审法院均为环境专业审判机构。

二、受案标准

(一)环境众益诉讼和环境公益诉讼共同适用的受案标准

人民法院收到原告的起诉状以后,在审查起诉阶段,应从程序的角度审查原告的起诉是否达到受案标准。一是在原告、被告的主体资格,即当事人是否适格的问题上,贯彻程序当事人原则,环境众益诉讼中只要原告主张与争议的法律关系有直接的利害关系,即达到要求,至于原告是否是争议法律关系的真正权利主体,那是审理中需要解决的问题。原告诉请的被告必须明确、具体。

二是原告应当在诉状中写明具体的诉讼请求、事实和理由,并根据《最高人民法院关于民事诉讼证据的若干规定》第1条的规定即原告向人民法院起诉或者被告提出反诉,应当附有符合起诉条件的相应的证据材料。实践中很多法院对该条进行了曲解性的适用。如在渤海湾蓬莱19-3溢油事故中,众多受害渔民开始委托律师向天津海事法院、海南省高级人民法院、青岛海事法院递交诉状,提出

---

① 孙茜:"对设立环保法庭的几点法律思考——以贵阳市环保法庭为考察对象",载《法律适用》2008年第6期,第44页。

环境侵权诉讼。最后各法院均因"举证不足"而无法受理。"举证不足"主要有两点,无法证明损失和无法证明损失关联。虽然按照《最高人民法院关于民事诉讼证据的若干规定》,在环境污染侵权案件中,因果关系适用举证责任倒置,应由康菲公司来举证。但在实际操作中,还是需要原告能提出一定的鉴定证据才能立案:第一就是确实有石油泄漏并漂到海边;第二是证明这些溢油直接导致了海产损失。① 这种要求当事人提供对案件事实有"直接证明力"的主要证据方可受理案件的做法,是对程序基本逻辑的违反。须知庭审才是查明案件事实真相,判断当事人证据证明力有无和大小的正当场所,案件受理阶段只要提供初步的证据证明有石油飘到海面上,并且实际发生了损失就应当受理,而不需要当事人提供鉴定证据,充分地证明案件事实后方可受理案件。这种舍本逐末的做法把本已深陷于纠纷之中的当事人拒之于救济的大门之外。

(二) 环境公益诉讼中的特别标准

环境侵权诉讼中环境公益诉讼诉权行使的条件不以实际发生环境损害为要件,只要有证据初步证明某种行为将来有发生环境损害的可能性或危险,即应承认诉讼实体上的诉因的成立。如果环境损害发生的危险可以通过诉外的警告或环境保护行政主管部门的处理而消灭,则没有必要赋予当事人诉权。因此可以借鉴美国和加拿大的制度,在起诉之前设置一个程序性门槛,规定原告在起诉之前应当实施了起诉告知行为或者向国家环境保护行政主管部门提出了调查申请或者要求提供相关信息的申请,但并非强制性前置程序。② 如果诉前行政机关履行了监管职责,排除了公益损害发生的可能性,则原告提起的诉讼就不符合起诉条件。当事人也可在起诉后,由法院完成告知行为。环境公益诉讼中虽然将原告资格扩张到行政机关、检察机关、社会团体和公民个人,但这种扩张应当是有限度的,赋予提起环境公益诉讼的主体资格,仅仅指放宽了对于损害的解释而非废除了该标准,起诉者至少要证明其有最低限度的利害关系才能获得原告资格。③ 美国的公民诉讼条款虽然在对诉讼主体的描述中使用了任何人一词,但法院仍然要求原告证明事实上的损害、因果关系和可救济性,④ 并在司法判例中发展了事实损害的判定标准。

---

① 李妍:"律师称向康菲索赔面临环保法律体系薄弱等困境",载中国经济周刊,http://www.china.com.cn/news/txt/2011-09/20/content_23450053.htm,2011年9月20日。
② 蔡维力:《环境诉权初探》,中国政法大学出版社2010年版,第259页。
③ 齐树洁、郑贤宇:"环境诉讼的当事人适格问题",载《南京师大学报(社会科学版)》2009年第3期,第42页。
④ 邓一峰:《环境诉讼制度研究》,中国法制出版社2008年版,第89~90页。

（三）环境众益诉讼中的特别标准

环境众益诉讼在我国的诉讼形式为代表人诉讼，代表人诉讼的起诉条件除了要符合《民事诉讼法》第 119 条规定的条件外，还要符合以下几个条件。（1）当事人一方人数众多，超出了共同诉讼容纳的范围。根据关于适用《民事诉讼法》的解释规定，当事人人数众多，一般是指一方当事人在十人以上。（2）众多当事人一方的诉讼标的相同或者属于同一种类。对于人数众多且人数确定的代表人诉讼，诉讼标的可能相同也可能属于同一种类；当事人一方人数众多且起诉时人数不确定的，诉讼标的只能是同一种类的。（3）诉讼请求或者抗辩的方法相同或者对各当事人都能成立。多数人推举代表人进行诉讼，除了诉讼标的同一或者同类外，还应当具有相同的诉讼请求或者抗辩方法。如不相同，至少其请求或者抗辩方法，对于各个当事人都能成立，而且不能互相矛盾。例如，多数当事人全体都是请求法院判决责令被告停止侵害、赔偿损失；都否认对方的诉讼请求或者提出反诉。允许部分当事人可以推选自己的代表人。（4）代表人适格。适格的诉讼代表人要具备下列条件：必须是他所代表的一方当事人中的一员，与其他成员具有共同的利害关系；必须由依法定程序登记的权利人商定；具有相应的诉讼行为能力；能够正确履行代表义务，能善意地维护被代表的全体当事人合法权益。代表人适格，才能代表众多当事人的利益，判决才能对所代表的众多当事人产生效力；如果代表人不适格，代表人诉讼不能成立。（5）受诉人民法院对案件有管辖权。对比集团诉讼的确认条件，我国代表人诉讼的确认条件存在以下问题。

1. 我国代表人诉讼确认范围相对狭窄

美国、加拿大集团诉讼的确认条件要求集团成员拥有共同的事实问题和法律问题，且该共同问题在诉讼中占有优越地位，能够促进司法经济、接近司法正义和行为修正即可。该种确认条件比我国代表人诉讼的确认要求讼争法律关系同一或同一种类要相对宽松，能够确认为集团诉讼的案件范围更广。法官享有较大的确认上的自由裁量权。而我国的代表人诉讼在诉讼开始阶段即通过权利登记确定了下来，在范围上具有封闭性。简单的起诉受理和权利登记程序忽略了实践中环境众益诉讼中代表人诉讼确认的复杂性，限制了法院根据案件的具体情况对涉及共同事实问题和法律问题的分析并通过自由裁量为环境众益诉讼的确认寻找最佳审判方式的可能。对于大规模环境侵权纠纷中复杂多样诉讼请求的解决难以给予充分的救济。

2. 代表人诉讼的确认缺乏程序保障

我国目前代表人诉讼的确认审查仅限于书面审查，而美国、加拿大两国集团诉讼的确认通常采用听审的方式，对当事人集团诉讼的诉请通过举证和抗辩的方式进行严格的衡量和审查。这种方式有助于法官通过听审更好地了解案件事实，在听取双方当事人不同意见的基础上裁断是否确认集团诉讼。有助于法官对同一环境污染或生态破坏引发的多类纠纷在分类的基础上判断同类纠纷哪些适合通过代表人诉讼解决，在司法实践中丰富我国代表人诉讼的确认条件衡量时应遵循的标准。

3. 从诉讼经济的角度看，代表人诉讼需要适度改革来降低诉讼成本

从诉讼经济的角度来看，我国代表人诉讼中群体的确定是通过法院发出公告，权利人向法院登记完成的。群体诉讼的代表人需要全体权利人推选，"如果把代表人诉讼看成是一个达成契约的过程，这所有的过程都是要付出成本的。假定有四个受害人，每个契约的达成需要 1 元的成本，适用我国代表人诉讼需要花费登记成本 4 元，推选代表人需要达成 6 个契约，6 元的成本，选出的代表人进行诉讼需要 1 元的成本，如果代表人变更、放弃或者承认对方当事人的诉讼请求，进行和解，需要经过被代表的当事人同意，成本设置为变量 X，如果需要更换代表人，重新推选代表人，所需成本设为变量 Y。则受害人在代表人诉讼中，起诉成本至少为 11 元 + X + Y。日本的选定当事人诉讼，选定的当事人在诉讼中对诉讼请求的变更、放弃或者承认等虽然受法院的监督但不需要与被代表人协商。因此，日本选定当事人诉讼起诉的成本为 11 元 + Y。德国的团体诉讼中受害方要向消费者团体授权，需要成本 4 元，团体以自己的名义起诉，需要成本 1 元，总共需要成本 5 元。美国的集团诉讼是以默示的方式认可代表人，受害方只要有一方起诉，即可被认为是代表 4 个人起诉，因此起诉成本只需要 1 元。[①] 在上述 4 种群体诉讼形式中，代表人诉讼的起诉成本最高，而当代表人人数增多时，诉讼成本就越大，当诉讼成本接近或超过收益时，当事人一般不会愿意去从事起诉活动。无论哪种群体诉讼形式，要降低诉讼成本获得诉讼效率的明显改观，都必须对群体成员的诉讼权利作出较大的限制。代表人诉讼归根到底是共同诉讼的一种特殊形式，固守着传统的处分权理论，立足于对个人权利的保护，无法承担更大规模的多人公益的救济功能，也不可能具备集团诉讼上行为导向和政策制定的功能。[②]

（四）环境侵权群体性诉讼的合并

环境公益诉讼涉及化学、水文、地质等一系列的专业问题，环境污染往往跨省、跨流域，审判难度大，司法成本高，对审判人员的要求高。侵权行为的受害

[①] 郭云忠、张庆彬："群体诉讼的起诉成本分析"，载《国家检察官学院学报》2001 年第 4 期，第 26~27 页。

[②] 薛永慧："代表人诉讼抑或集团诉讼——我国群体诉讼制度的选择"，载《中国政法大学学报》2009 年第 5 期，第 105 页。

人多且较为分散，影响范围广、涉案人数众多，跨越不同的行政管理区域。通常一个环境公益诉讼案件或环境众益诉讼案件的侵权行为地都有两个甚至更多。影响较大的群体性环境侵权案件会面临着诉的合并问题。同时，在环境公益诉讼和环境众益诉讼并存时，由同一审判机构在同一诉讼程序中审判几个相互有关联的诉讼，有利于法院提高审判效率，避免矛盾裁判，减轻当事人的负担。例如，无锡市人民法院出台的《关于办理环境民事公益诉讼案件的试行规定》中规定，直接利害关系人并不具有提起公益诉讼的诉权，受害人或其他利害关系人可以申请或由法院依职权追加为案件第三人，法院可以判决污染者赔偿被害人的损失。如果人民法院判决的赔偿数额低于受害者的损失，受害者可以就未获得赔偿的部分另行起诉。①

第二节 我国环境侵权群体性诉讼中的证明规则

一、证明责任减轻制度

（一）环境侵权诉讼的证明困境

1. 科学证明上的障碍

环境侵权诉讼属于典型的"现代型诉讼"。原告被告之间实力悬殊，科学证明上的障碍使得原告取证上面临很大的困境。对于环境侵权来讲，很多案件并不是某种污染物直接作用于受害者那么简单，环境污染源来自于工业、农业、建筑运输业等多个领域。损害原因与致害过程也是一个相当复杂的过程，往往是由多种污染物经由环境介质代谢、转化或者与其他因素复合才致害。一些致害结果需要经过一个长期的累积过程方能出现。如日本富士山的骨痛病，该病的潜伏期短则 2~8 年，长则 10~30 年。日本的水俣病查出是有机汞中毒已经是在 15 年以后。致病因子与疾病之间的因果关系的认识往往经历了很长时间，由于环境侵权致害过程的复杂性和间接性，原告要想证明其受到的损害是原告的排污行为所致，需要对被告排放的污染物及相关污染物复合后的致害机理有充分的了解。对于普通的受害者来讲，专业知识有限，了解上述机理是十分困难的。

2. 证据偏在上的障碍

负有证明责任的一方当事人需要提出的证据资料被对方当事人占有而无法提

---

① 冯昌梅："环境民事公益诉讼'无锡模式'评析——兼论构建我国环境公益诉讼制度的基本思路"，载《湖北函授大学学报》2008 年第 4 期，第 44 页。

出证明其主张的相应证明材料。污染行为发生在加害人控制的危险领域范围内，生产场所、流程以及使用的生产原料、机器设备都在加害人的掌握范围之内，诉讼中，加害者出于趋利避害的本能，总是隐藏对自己不利的证据，放大对自己有利的证据。① 受害人通常无法获取相应的证据资料。

3. 待证事实的特殊性引发的障碍

一是环境侵权不以违法性作为承担责任的要件，不仅仅局限于过错行为下导致的可直接感知的损害结果，多数情形下造成环境侵权的原因行为在价值判断上具备正当性及合法性。二是对于环境公益诉讼而言，具有面向未来的预防性功能，损害结果往往并未实际发生只是有发生的可能，又或者已经发生但是在提起诉讼之时的科学技术水平还不能被感知，三是环境众益诉讼中，因受体差异的不同而导致不同程度及类型的损害结果均有可能出现。②

（二）我国环境侵权群体性诉讼中证明责任减轻制度

证明责任减轻是对难以证明的事项，采取合理法律技术或替代方法，适当减轻当事人的证明难度，以满足个案的妥当性要求和实质正义。是通过简化克服知识漏洞、减轻举证负担、避免通过证明责任作出判决的技术和方法。③ 证明责任减轻的方法既有实体法上的也有诉讼法上的。诉讼法上的方法包括证明责任的倒置、法律推定和事实推定、申请法院调查取证、证明标准的降低等。环境侵权等现代型诉讼是证明责任减轻技术应用的领域之一。在具有公益色彩的群体性环境侵权诉讼中，按照传统证明责任分配的一般理论进行审理，对受害人明显不利，有悖公平原则。为减轻环境侵权诉讼中受害人的劣势地位，立法及司法实践中形成了证明责任减轻制度。

二、待证事实

环境侵权证明责任的对象是环境侵权的要件事实。一般侵权的四个构成要件即侵权行为、损害后果、因果关系和主观过错。我国环境侵权民事责任的规定适用无过错责任原则，因此，环境侵权民事责任的构成要件只有三个，即只要对侵权行为、损害后果、因果关系进行证明即可。由于环境侵权与传统侵权迥异的特质，决定环境侵权责任构成要件上有其自身的特点：

---

① 王勇：“环境侵权诉讼证明责任的分配——兼评《侵权责任法》第 66 条"，载《华中师范大学学报（人文社会科学版）》2013 年第 4 期，第 98 页。
② 赵瑾：《试论环境公益诉讼证明责任之分配》，中国海洋大学 2011 年环境资源保护法学硕士论文，第 16~17 页。
③ 邵明："试析民事证明责任的减轻技术"，载齐树洁主编：《东南司法评论》，厦门大学出版社 2009 年版，第 285 页。

一是行为违法性要件的突破。按照传统侵权行为责任构成要件,行为只有是违法行为时,才可能构成侵权行为。对于环境侵权这样一种特殊侵权行为并不以行为人的违法作为先决条件。排污企业未超标排放污染物并不能保证不造成污染危害。二是损害结果要件的变更。传统民事责任以损害结果为要件,一个人只有在受到损害的情况下,才能请求民事法律补救。而在环境侵权案件中,加害人即使没有造成损害结果,加害行为有造成损害之危险时,也应当承担环境侵权的民事责任。环境侵权"损害结果"要件应变更为对"他人的人身、财产权益、环境权益造成危害"。[①] 环境侵权证明责任的对象有三个:侵权行为(无论是否违法),他人的人身、财产、环境权益造成危害,因果关系。

三、证明责任之分配

(一) 立法规定

我国环境侵权诉讼证明责任分配的法律规定较为单薄。理论研究主要集中于私益聚集型环境民事侵权证明责任领域。对环境公益诉讼证明责任分配方面的研究成果较少。《最高人民法院关于民事诉讼证据的若干规定》第 4 条提到:因环境污染引起的损害赔偿诉讼,由加害人就法律规定的免责事由及其行为与损害结果之间不存在因果关系承担举证责任。《侵权责任法》第 66 条规定:因环境污染造成的侵权损害赔偿之诉,污染者应当就法律规定的不承担责任或者减轻责任的情形及其行为与损害结果之间不存在因果关系承担举证责任。《固体废物污染环境防治法》和《水污染防治法》等都有类似规定。而对于环境公益诉讼,《最高人民法院关于审理环境民事公益诉讼适用法律若干问题的解释》并未确定举证责任的倒置原则,而是以法律推定的方式来减轻原告方的证明负担。该解释第 13 条规定:原告请求被告提供其排放的污染物的名称、排放方式、排放浓度和总量、超标排放情况以及防治污染设施的建设和运行情况等环境信息,法律、法规、规章规定被告应当持有或有证据证明被告持有而拒不提供的,如果原告主张的相关事实不利于被告,人民法院可以推定该主张成立。无论是环境私益诉讼还是环境公益诉讼,举证责任分配的基本原则是降低受害人的举证责任的负担,增加侵权人举证责任的负担,在环境众益诉讼中对侵权构成要件中的因果关系要件实行举证责任倒置,由加害人提出因果关系不成立的证据。但在环境公益诉讼中,则不适用因果关系倒置的原则,由原告承担因果关系的举证责任,如该证据处于被告的控制之下,而被告拒不提供对其不利的证据,推定该主张成立。关于

---

① 晋海、王文俊:"环境侵权民事责任构成要件分析",载《南京大学法律评论》2000 年秋季号,第 107~109 页。

适用《民事诉讼法》的解释第96条第3款和《关于审理环境民事公益诉讼案件适用法律若干问题的解释》第14条规定，对于审理环境公益诉讼案件需要的证据，人民法院认为有必要的，应当调查收集。确立了对环境公益诉讼案件法院应依职权调查取证的制度。

（二）证明责任的倒置

依据现行法律和司法解释的规定，我国环境侵权众益诉讼实行因果关系要件的证明责任倒置。按照"法律要件分类说"的一般理论，主张权利产生的一方应当就权利产生的要件事实承担证明责任。原告应当就侵权行为、危害事实和因果关系承担证明责任。但由于环境侵权诉讼中，受科学证明上的障碍、证据偏在障碍的影响，原告完成加害行为与损害结果或不良状态之间的相互关联性的证明十分困难。因果关系要件交由被告承担证明责任来均衡当事人的负担。首先由受害者提出证据证明侵害行为和损害事实。只有受害人完全履行了上述举证义务后，才能进入举证责任倒置。加害人对于免责事由的证明属于"谁主张、谁举证"的范围，对因果关系不成立的举证是举证责任倒置的要求。

司法实践中，一些法官在环境侵权案件并未适用明确规定的因果关系举证责任倒置。从我国环境法学者吕忠梅对我国近十年来近千份环境裁判文书的调研分析中证实，运用举证责任倒置的案件尚不到一半。"在环境污染案件的事实认定中，鉴定结论起着决定性的作用，因果关系的判断很少会运用到其他证据"[①]。以浙江省平湖师范农场特种养殖场诉五家企业污染侵权案（简称"平湖蝌蚪案"）为例，一审法院和二审法院均未适用因果关系举证责任倒置。因检察院抗诉引起的二次再审中，虽上诉人明确提出应适用举证责任倒置的规定，终审法院也承认因果关系应适用举证责任的倒置，但仍未能判决受害者胜诉的理由是："案件尚未达到使用证明责任倒置的前提，即养殖场所养殖的青蛙蝌蚪死因不明，故不能证明系被何特定物质所致，故养殖场所举证据未能达到适用因果关系推定的前提"[②] 反映出法官对于环境侵权中的侵权行为、危害事实和因果关系的界分及其证明问题上认识模糊，审判环境民事案件的能力不足。

环境侵权领域因果关系的判断是司法领域的一个典型难题。但证明责任的倒置并不是解决环境侵权案件中因果关系证明困难的最佳途径。证明责任是一种拟制和假定，拟制案件事实在穷尽一切证明方法后，仍处于真伪不明的状态，由负证明责任的一方当事人承担法律上的不利后果。法院应当尽可能地综合案件的证

[①] 吕忠梅、张忠民、熊晓青："中国环境司法现状调查——以千份环境裁判文书为样本"，载《法学》2011年第4期，第87页。

[②] 胡学军："环境侵权中的因果关系及证明问题评析"，载《中国法学》2013年第5期，第166页。

据资料解决主要事实真伪不明的问题,而不是简单地适用证明责任的规则,不应使"真伪不明"成为因果关系证明的常态,环境侵权因果关系证明责任分配不能代替具体证明机制的运行。证明责任的分配并不是解决环境侵权因果关系证明的唯一正解,应当通过完善具体的证明行为与证明评价机制来尽可能趋近案件事实。

四、因果关系的证明

对因果关系的证明有两种方式,一种是内部证明,通常依赖于科学证据。现阶段我国的环境诉讼司法实践中,对科学证据鉴定结论过于偏好,希望通过科学原理定律下采取演绎的证明方式,减少当事人对其自身公正性的质疑。但是目前我国真正具备环境科学鉴定条件的机构非常少,而且很多因果关系在现有的科学技术水平下并不一定能够被及时认识到。另一种是外部证明,依赖于经验证据。在环境侵权诉讼中,原则上应优先考虑因果关系的内部证明,但事实上,复杂环境侵权诉讼中的因果关系一般很难通过科学证据得以证明。此时,便需要借助经验法则运用事实推定的方式来进行填补。

因果关系的推定是一种事实推定,与证明责任的倒置性质上截然不同。因果关系推定是受害人提出初步的证据证明基础事实的存在,法官根据经验法则推定认为推定事实即自己受到的损害是由被告造成的,行为人惟提出反证证明损害与该事实无关时,始可免责。它是一种事实认定方式,目的在于清晰事实,明确因果关系,属于证明方法规范。因果关系证明责任的分配不发生任何变化,仍然由主张推定的污染受害者承担,但降低了受害人对因果关系存在的证明标准。只需提出证明基础事实存在的证据,法官根据经验法则形成心证,而无须提出证明因果关系存在的证据。如果没有使法官对基础事实形成心证或对方提出反证证明基础事实处于真伪不明的状态,则因果关系要件视为没有成立。致害人的反证则需要达到较高的证明标准。而证明责任倒置中,加害方对自己承担证明责任的事实要件仍处于真伪不明时,推定存在因果关系,属于证明责任规范。

对于证明责任的倒置,环境侵权因果关系的证明自始至终都是由排污者一方承担,污染受害者不再承担任何举证责任,仅需根据排污者的证明情况提出反证即可。[①] 作为事实认定方式的因果关系推定与作为证明责任分配表述的因果关系推定原则上不容混淆。证明责任倒置中所讲的因果关系的推定是一种不需要基础事实的直接推定,是法律预先规定好的。两者实现了相同的立法目的,即降低了污染受害者的证明难度或负担,保护了弱势群体的利益。但在证明责任倒置中,

---

① 王社坤:"环境侵权因果关系举证责任分配研究——论〈侵权责任法〉第66条的理解与适用",载《河北法学》2011年第2期,第5~6页。

受害方的证明负担最弱,对其保护程度最高。因果关系推定次之。很多学者在研究中将两者不加区分地同时论之,产生不必要的混淆,认为我国《最高人民法院关于民事诉讼证据的若干规定》的举证责任倒置规则实质上只是规定了与日本间接反证法相似的因果关系推定法。① 两种性质不同的推定概念的混用为法官的适用带来了混乱。

(一) 环境侵权群体性诉讼中因果关系的证明方法

事实上因果关系的推定是对直接证明有困难时的减轻方式,西方各国在司法实践中摸索出多种因果关系的证明方法。

1. 日、英疫学因果关系说

有的学者提出对于造成人身及生命健康威胁或损害的侵害,可以运用疫学的方法来证明侵害行为与损害结果之间的因果关系。日本的富山骨痛病诉讼和四日市栓塞症诉讼就是运用疫学上因果关系的典范。该学说是利用统计学的方法,调查各因素与疾病之间的关系,选择相关性较大的因素,对其作出综合性研究,以判断其与结果之间有无关系。② 是统计学、医学特定的经验法则在证明中的应用。首先运用临床医学检测一定区域的受害者发生了某种疾病,而且预断某种疾病的原因是由这种污染引起的,运用实验医学的方法确定该种污染是否可以导致受害人所感染的这些疾病。若结果是肯定的,受害人居住地附近的污染源恰好排放了此种污染物,则可推定受害人所发生的疾病与附近污染物的排放有因果关系。疫学因果关系的证明需要具备四个要件:一是污染前的一定时期内,发生问题的因子就已经存在并发生作用;二是该因子的作用程度越显著,该病患者的发生率就越高;三是该因子在一定程度上被消除,则该病患者的比例程度下降;四是该因子足以引发疾病并与生物学上的说明不发生矛盾。③ 对于受害人人数众多的环境侵权案件其作用是不可忽视的。但仅适用环境污染人体患病的公害事件,对于个体健康受害以及财产损害案件难以适用。

1965 年英国的医学统计学家 Austin Bradford Hill 提出了 9 项标准来帮助判断慢性病病因的因果关系。以癌症这类潜伏期较长的疾病为例,如何证明暴露于化学品等污染物中与此类疾病之间的因果关系,一般将因果关系的判断分为两个层面,一是总体判断(general causation),即暴露的化学物会引起所患的此种疾病;二是个体判断(specific causation),某人的疾病是由于暴露于该化学物引起的。在总体判断方面,一是流行病学的人群调查得出致病因子引起该疾病发生的危险

---

① 杨素娟:"论环境侵权诉讼中的因果关系推定",载《法学评论》2003 年第 4 期,第139 页。
② 宋宗宇:"环境侵权因果关系判断标准的理论歧向与体系建构",载《重庆大学学报(社会科学版)》2009 年第 1 期,第 92 页。
③ 于敏:《日本侵权行为法》,法律出版社 1998 年版,第 191 页。

度相对增高，并达到统计学的显著意义；二是致病因子与疾病的关系由不同的研究人员在不同的时间、地点和人群中得到证实；三是致病因子与疾病之间关系的特异性，即某种疾病在特定的工作环境中发病率比在一般环境中高；四是致病因子的暴露应在疾病发生之前；五是随着致病因子暴露剂量的增大，疾病的发病率也升高；六是致病因子和疾病的关系可由生物学理论作出合理的解释；七是致病因子和疾病的关系与疾病的自然发展史不相冲突；八是致病因子和疾病的关系通过干预性的人体的试验，对照双盲随机实验能够得到证实；九是致病因子和疾病的关系的类比合理性，即相似于先前已建立起因果关系的病例。致病因子符合上述的标准越多，是病因的可能性越大。根据该标准公认了暴露于石棉会引起石棉肺、恶性间皮瘤、肺癌等。具体案例中的个体判断层面应当明确的问题：一是原告有没有证据证明暴露的化学物的名称、剂量、时间和频率；二是依据 Austin Bradford Hill 的 9 项标准，该化学物对人的毒性和症状；三是患者表现的症状与该化学物理论上应引起的症状是否一致，暴露停止或减轻后，患者的症状是否有所减轻；四是有没有其他原因导致患者的疾病。① 环境侵权的间接性，必须查明致害的原因物质，根据流行病学的方法，证明某种物质造成危险的盖然性，加上动物实验数据。不是所有摄取过该种有害物质的人都会患病，患者都是介入了其他什么条件而发病的。但并不能否认他们之间的因果关系。②

2. 间接反证说

间接反证说起源于德国证据法上的间接反证，在日本的新潟水俣病判决中采用了该说。日本水俣病公害诉讼共发生了两次，一次是熊本水俣病诉讼，另一次是新潟水俣病诉讼。在 1969 年熊本水俣病诉讼中，日本厚生省（卫生部）曾作出了水俣病乃是因患者大量食用捕自水俣湾的鱼、贝导致食物中毒，其原因物质是由氮肥公司水俣工厂排出的甲基汞化合物。在 1967 年的新潟水俣诉讼中，厚生省特别研究班作出结论，本疾病的发生被视为与昭和电工鹿濑工厂的生产的甲基汞化合物密切相关，构成其基础。两起水俣病诉讼中水俣病是由甲基汞引起的致害因果关系已经由政府作出了结论。而在新潟水俣病诉讼中厚生省的描述比较暧昧，并且成为双方当事人诉讼中争执的焦点，原告认为是被告排放的污染物所致损害，而被告认为是由于地震时受灾的新潟西港的仓库中流失的汞农药所致。昭和电工公司在 1965 年前将残留在鹿濑工厂的乙醛制造设备从工厂撤出，并根

---

① Hill AB. The environmental and disease: association and causation? Proc R Acad Med, 1965, 58: 295 - 300. 转引自郑喜嘉、Ben Thomas:《毒性侵权案例中职业暴露和环境污染引起疾病的因果关系判断》，第三届环境与职业医学国际学术研讨会论文集，第 119～121 页。

② 丛选功:"公害案件诉讼中的举证责任——国外环境司法研究"，载《环境科学动态》1987 年第 2 期，第 10 页。

第五章 我国环境侵权群体性诉讼制度的程序构建

据总公司的指令将工厂流程作业图给予焚毁。在这种情况下,法官适用了间接反证法。① 责令被告就自己的行为与污染源无关提出证明。更是对被告妨碍举证的一种惩罚。

间接反证说认为如果原告能够证明其中的部分关联事实存在时,其余的部分事实则被推定存在,而由被告承担反证其不存在的责任。② 是因果链断裂时的部分因果环节上的事实推定。在公害案件中,判断因果关系是否存在应考虑以下几个问题:(1) 被害疾病之特征及其原因物质;(2) 原因物质到达被害人或被害地的途径;(3) 加害企业原因物质的排放。对于(1)(2)的事实,依据情况、证据的积聚,如果能够就因果关系的科学关联作出没有矛盾的说明,就应当解释为已经证明了法律因果关系的存在。如果企业不能证明自己的工厂与污染源无关,即应认为原告已经尽了法律上因果关系的证明,对(3)的存在做事实上的推定。③ 后来日本学界对新潟水俣病判决思路的反思,提出了更为严谨的间接反证学说,包括好美清光教授和竹下守夫教授共同提出的"好美·竹下说"与淡路刚久教授提出的"淡路说"两种,"好美·竹下说"将因果链锁的事实分为五个步骤,一是被告在企业生产过程中产生了有害物质;二是企业有将有害物质向外部排出的行为;三是有害物质经由环境媒介而扩散;四是有害物质到达了受害人的身体和财产之上;五是受害人有人身和财产上的损害发生。原告如果能证明上述第二项和第五项或第二项和第四项的存在,即可推定污染事实的存在,如果被告有异议,就应举证排除推定。"淡路说"基本沿袭了新潟水俣病判决的思考模式,但扩大了间接反证学说的适用范围,将因果关系的要件事实分为三个部分,一是损害发生的原因物质及其装置;二是原因物质到达受害人或受害人所在地的经过路程;三是污染企业内在原因物质的生成与排放。原告只要证明三要件事实中的任何二者就可以推定另一要件事实的存在。④ 间接反证说因果关系的要

---

① 1956年5月,日本九州地区熊本县南部水俣市的新日本氮肥股份公司水俣工厂排放的甲基汞对当地的水俣湾及水俣川周边合口地带造成水体污染,有机汞化合物由海水中的微生物通过食物链蓄积在海中鱼、贝类体内,沿岸居民因摄食这种鱼类而发生有机汞中毒,引发了日本最为严重的水污染公害事件。患者组织与氮肥公司签订了慰问金协议,患者的抗争一段时间偃旗息鼓,水俣病继续蔓延。1969年6月14日,112名原告向熊本地方法院提起了以氮肥公司为被告的诉讼。1965年在新潟县阿贺野川流域发生了第二次水俣病,1967年新潟的受害人中共有13人以昭和电工公司为被告向新潟法院提出了损害赔偿诉讼。参见日本律师协会主编:《日本环境诉讼典型案例与评析》,皇甫景山翻译,中国政法大学出版社2011年版,第63~94页。
② 杨素娟:"环境侵权诉讼中的因果关系推定",载《法学评论》2003年第4期,第137页。
③ [日]新潟地方裁判所:"1971年9月29日新潟水俣病第一次诉讼事件判决",载《公害·环境判例百选》,有斐阁1994年版,第50页,转引自杨素娟:"环境侵权诉讼中的因果关系推定",载《法学评论》2003年第4期,第137页。
④ 曹明德:《环境侵权法》,法律出版社2000年版,第182~183页。

· 143 ·

件事实由哪些要素构成学界尚有争论,原告究竟对哪些步骤和事实进行举证,各家学说存在的争议较大,容易造成司法适用上的混乱。推定发生的经验法则不是非常确定和明晰,以不明确的经验法则做出的因果关系推定,缺乏准确性和严谨性。

3. 盖然性因果关系学说

针对社会公害实践中对受害者索赔困难,日本得木镇教授最早提出了高度盖然性因果关系理论,以降低相应的证明标准。经过日本判例和理论界的发展,形成了优势证据说和事实推定说两种理论。优势证据说认为对双方当事人主张的不同事实进行司法认定,只要一方当事人主张的事实有超过50%以上的盖然性证明度,即可作出被告行为导致损害结果的结论。① 事实推定说认为,在公害诉讼中,作为诉讼中的因果关系的证明应当是根据经验法则,对现有证据的综合分析,待定事实与特定的结果之间具有高度的盖然性,且此种判断的真实性已经达到使一般人不产生怀疑的程度,则便可以认为存在法律上的因果关系。② 只要达到某种程度的盖然性即可。一是工厂排放的污染物到达了被害人居住的地区并发生了作用;二是该地区有多数同样损害的发生,则法院可以认定因果关系的存在。除非被告人提出反证,证明因果关系不存在,否则就不能免除其民事责任。③

4. 大致推定④

大致推定理论受到了美国法上事实说明本身和德国法上的表见证明理论的影响。"虽然法律上不存在有关推定的明文规定,也允许法官在满足一定要件前提下在适当的时候适用推定。如果某项事实 a 的发生,与大多数情况下均依他项事实 b 为其原因,于是在有以 b 为原因的高度盖然性经验法则的情况下,则可承认大致推定"⑤。很多证据由污染者掌握,受害者就侵权的事实和自己遭受到的损害进行大致的表见证明,对污染行为的存在和污染损害事态的发展外形作出概括性式的证明即可。法官对因果关系存在形成盖然性心证。但其证明程度究竟可以减少到什么程度,难以确定。但被告推翻大致推定的证明程度要高于原告。

---

① [日]加藤一郎:《公害法的形成与发展》,岩波书店1968年版,第29页,转引自杨素娟:"环境侵权诉讼中的因果关系推定",载《法学评论》2003年第4期,第138页。
② 日本最高裁判所1975年10月24日鞘膜注射医疗事故事件判决,载民事判例集第29卷9号,第417页. 转引自韩姨那:《环境民事侵权诉讼证明责任分配问题研究》,河南大学2012年诉讼法学硕士学位论文,第20页。
③ 曹明德:《环境侵权法》,法律出版社2000年版,第178~179页。
④ [德]汉斯·普维庭:《现代证明责任问题》,吴越译,法律出版社2006年版,第132页;高敏:"美国环境侵权诉讼",载《世界环境》2002年第5期,第18页。
⑤ 吕忠梅:"环境侵权诉讼证明标准问题研究",载《政法论坛》2010年第7期,第30页。

第五章 我国环境侵权群体性诉讼制度的程序构建

（二）适用因果关系的推定的合理性和必要性

科学上的不确定性使得环境侵权诉讼中的因果关系很难依据科学评价来得以证明。现代性的生产活动大多采用高科技手段进行，其对环境带来副作用的有无及大小，即使是使用最先进的技术手段、科学知识和经验进行判断也是非常困难的。面对人类认识能力和认识手段的限制，很多环境致害机理在现阶段还难以作出结论。如大气污染、气候变化、温室效应等损害后果的致害原因。一些多因子复合作用下的侵权需要一定的时间和技术手段才能达到明确的认识。同时，环境侵权的长期性决定了对于因果关系的认识需要经历长时间、大范围的观察。在此背景下，如采取传统的必然因果关系进行严格的证明，依赖于鉴定结论等科学评价，让原告来证明环境污染有引起特定损害发生之危险或必然引起特定损害的发生，排除是其他行为或事件造成损害结果的可能性。包括充分型（有 X 时必有 Y，无 X 时 Y 有无均可能）、必要型（无 X 时，必无 Y，有 X 时，Y 有无均可能）和充要型（有 X 时必有 Y，无 X 时必无 Y）三种因果关系类型。这对于原告来讲是一个不可能完成的任务。此时将证明责任分配给被告却可能比较容易证明。同一污染对于不同体质人或有其他因素介入时产生的损害结果会不同。被告比较容易通过证明其他因素也可能引起同样的损害，或者相同的受体并未发生显示的损害结果来说明侵权行为与损害结果之间不存在必然的因果关系。面对具体情况，环境侵权诉讼同大多数侵权因果关系的认定一样，通常采用降低因果关系证明度的方式来完成，即采用相当因果关系。首先，该事件是损害发生的不可欠缺的条件。其次，该事件实质上增加了损害发生的实质可能性。因果关系的判断标准属于非充分、非必要因，即有 X 时，Y 有无均可能，无 X 时，Y 有无均可能，但是有 X 时 Y 出现的概率大于无 X 时 Y 出现的概率。被告此时通过证明其他因素也可能引起同样的损害（无 X 时，亦有 Y）或者相同的受体并未发生显示的损害结果（有 X 时，亦无 Y）均不能否认因果关系的存在。特别是在一些群体性的环境侵权案件中，同一污染时间对于不同的体质或者由于其他因素的介入而导致损害后果不尽相同的情况非常普遍，有 X 时，亦无 Y 或存在无 X 时，亦有 Y 的情形很正常。因此，被告应从有 X 时 Y 出现的概率等于无 X 时 Y 出现的概率来证明因果关系的不成立。[①] 对被告来讲，无 X 时 Y 出现的概率的证明，即对于原告损害其他方面可能原因的证明，其证据资料更多的来源于原告掌控的领域。此外，环境侵权的广泛性、长期潜伏性、间接性、复合性导致侵害形式较

[①] 胡学军：“环境侵权中的因果关系及证明问题评析”，载《中国法学》2013 年第 5 期，第 170 页，第 175 页。

为复杂，因果关系的证明因其加害行为与损害结果之间的链接环节异常复杂而繁多。大都通过到达的因果关系——致害的因果关系——责任范围的因果关系这样一个因果关系的链条来进行司法认定。①

因此，仅仅单纯靠证明责任的倒置这种非此即彼的分配并不可能很好地解决环境侵权诉讼中因果关系的证明问题。并不可能从根本上改变受害人诉讼中不利的诉讼地位，实现原告、被告双方利益的平衡保护。反而因为证明责任的倒置的制度设计排除了传统因果关系理论和"盖然性因果关系说""疫学因果说"等新理论适用的余地。②明确采取何种因果关系并对传统因果关系概念作可操作性的重新界定的基础上，总结证明经验从具体的证明方法上寻找更精致的解决方案方为更合理的选择。"③盖然性因果关系说、疫学因果关系说等突破了传统因果关系理论以必然性做标准的窠臼，而以盖然性、可能性来判断因果关系的存在。并在环境侵权诉讼中因果关系的认定中采取了因果关系的推定。

（三）因果关系推定和举证责任倒置在司法实践中的适用

因果关系推定的实质在于降低了受害人对于因果关系存在的证明标准，因果关系构成要件的证明责任仍由受害人来承担，受害人用证据证明了因果关系可能存在的基础事实，法官根据经验法则，推定因果关系存在，允许加害人提出反证证明因果关系不成立。反证因果关系不存在的证明标准遵循因果关系证明理论的一般要求，即其他方面的原因引起损害的发生的可能性更大。我国目前的法律、法规尚无因果关系推定的明确规定，我国环境司法中对间接反证或者表见证明的运用在实践中都极为少见。实行举证责任倒置后，因果关系的事实上的推定运用的概率就很小。但是学界讨论甚为广泛，司法实践中也有多起环境侵权案件的判决中肯定了对因果关系推定原则的适用。如王娟诉青岛化工厂氯气外泄致人身伤害事件中，法院就王娟氯气中毒出院后患有的过敏性支气管哮喘与氯气中毒之间的因果关系的认定就采用了因果关系推定的方式。该案认定的基础事实为女工王娟在此次患病以前从未患过过敏性支气管哮喘，并且其本人无此类疾病之家族病史；医学证明氯气中毒可致人患过敏性支气管哮喘疾病；女工王娟患过敏性支气管哮喘疾病的时间正是在青岛市化工厂发生氯气外溢污染事故以后。综合考虑上述各种情况，法院认定，女工王娟患过敏性支气管哮喘疾病系青岛市化工厂氯气

---

① 杨素娟："论环境侵权诉讼中因果关系推定"，载《法学评论》2003年第4期，第134页。
② 雏雄："论环境侵权中因果关系的认定"，载《中国政法大学学报》2010年第2期，第79页。
③ 胡学军："环境侵权中的因果关系及证明问题评析"，载《中国法学》2013年第5期，第5页，第164页，第168页。

第五章 我国环境侵权群体性诉讼制度的程序构建

外溢污染事故所致。

在前述的日本公害诉讼的案例中，因果关系推定的方法因具体案件中因果关系的复杂性与多样性不同而有所差异，每一个推定方法适用的案件是有限的。其适用于举证责任倒置的效果差异何在，笔者从具体案例中需要证明要件的分配的视角进一步论证因果关系的推定和举证责任倒置在适用上的不同。环境侵权诉讼中待证的要件事实有三个：一是加害方实施了排污行为；二是受害方有遭受损害之危险或损害后果已经发生；三是排污行为与损害后果之间的因果关系。以浙江平湖师范农场特种养殖场起诉嘉兴市五家化工厂水污染致养殖的美国蝌蚪、青蛙大量死亡一案为例，原告提供了环保机关的水质检测报告，证明被告所排放的工业废水污染了包括原告养殖水取水河道在内的水域。原告养殖的青蛙出现大量死亡直至绝塘。本案中争议的焦点在于污染源到达损害发生地后的致害因果关系。青蛙、蝌蚪的死因与青蛙、蝌蚪体内所含的致死物质化学成分与五被告排放污水所含的化学成分是否相符，青蛙的死亡原因是否由水质污染引起。该案件自1995年12月提起诉讼至2009年最高人民法院作出再审判决，历时14年，经历了四级法院的审判。前三次判决法院均未适用因果关系的倒置，而是将致害因果关系交由原告来证明，认为原告提交的证据不能证明青蛙、蝌蚪死于水污染；原告因未申请鉴定，无法证明青蛙、蝌蚪的死因及其体内的致死物质化学成分与五被告排放污水所含成分相符，无法判定被告违法行为与损害事实之间存在必然的因果关系。直到2009年最高人民法院终审判决中才纠正上诉法院在因果关系认定中证明责任的错误分配。[①] 前三次审判，法院在判决中不仅适用必然因果关系，而且未将致害因果关系的证明责任倒置给被告来承担。如果现有的技术手段通过鉴定可以实现对蝌蚪死因的证明，应当优先依据科学评价来认定案件事实，根据《诉讼费用收费办法》，鉴定评估费等发生的费用，人民法院依据"谁主张、谁负担"的原则，决定由当事人一方直接支付给有关机关和单位。环境侵权中的鉴定评估费十分昂贵，鉴于受害方在人力、财力、对待证事实的证明能力和承受能力上都处于弱势地位，应当将致害因果关系的证明责任倒置给加害方来承担，由加害方提出鉴定负责证明因果关系不成立的盖然性因果关系。如果受现有科技手段和知识的限制，无法通过科学证明的方式实现因果关系的证明，此时适用因果关系的推定更有利于双方利益的平衡保护，将因果关系本身分解成若干要件，加害方只要满足了对部分要件事实的证明，即可根据经验法则推定因果关系的成立，由加害方提出反证证明因果关系的不成立。比将因果关系作为一个整体全部推给被告一方更有利于寻求事实信息的最大化，接近案件的事实真相，平衡双方

---

① 杨素娟："如何理解和适用环境侵权诉讼的举证责任倒置基于'蝌蚪案'的分析和思考"，载《中国环境法治》2012年第1期，第100~102页。

当事人利益的保护。

盖然性因果关系明确了环境侵权诉讼因果关系的证明标准，根据间接反证法适用的案例和衍生的诸多理论，环境侵权因果关系认定要件可以分为加害方是否排放了污染物质、排放的污染物是否到达受害对象所在区域、公众有受损害之危险或受害人所受损害及原因物质。到达的因果关系和致害的因果关系是因果关系证明中的两个关键环节。一些案例的原告在进行排污行为和损害后果的证明中已经证明了到达因果关系或致害因果关系中的一项，满足适用因果关系推定的条件。此时对已有的证明视而不见，一味教条地适用举证责任倒置不利于最大限度地获取接近案件事实真相的信息。对于污染引发人身伤害案例中的致害因果关系，可以分为除该特定污染物外不会导致疾病的产生或加重以及疾病的产生有多种原因两种情况，运用统计学、流行病医学等相关学科的实验、检测方法对因果关系存在的可能性进行综合性的评价。由于原告只需要完成因果关系成立的部分要件，即可推定因果关系成立，将反证因果关系不成立的责任交给被告承担，因此对于特定案例中较难证明的到达因果关系或致害因果关系和举证责任倒置的效果基本相同，由被告来承担。因果关系推定的方法和理论可以根据不同类型的侵权案件的需要进行因果关系构成要件的组合，在实现寻求信息最大化的基础上实现原告、被告双方利益的衡平保护。

环境侵权的致害状态包括损害危险和损害事实两种情况。对于尚未引起实际损害的环境侵权预防性诉讼，因为环境侵权行为的价值合理性、侵权行为的连续性和损害的不可恢复性，应对产业发展利益和公众环境权益进行价值衡量，在环境损害超过忍受限度的情况下，可以适用侵害排除。因此就需要原告证明排污行为和危害发生的可能性两个要件。由于环境公益诉讼的目的在于环境公共利益的维护和保全，对环境损害行为的抑制和预防，促进和鼓励环境公益行为，减轻原告的举证负担，鼓励公众提起诉讼。如果有严重的不可逆威胁和损害环境公共利益的危险存在，只要有表面证据的存在，就推断因果关系成立。①

五、证明标准

证明标准是法律规定的证明主体运用证据证明待证事实所要达到的证明程度。英美法系采取"盖然性占优"的标准，大陆法系则采用"高度盖然性"的标准。即当事人提出的证据资料必须使法官或陪审团确信其成立的可能性大于其不成立或不存在的可能性。② 这种事实存在的可能性是有一定幅度的，分为低的

---

① 吴勇："论环保法庭的举证责任分配规则"，载《环境保护》2014年第16期，第24~25页。

② 李学灯：《证据法比较研究》，五南图书出版公司1992年版，第397页。

第五章 我国环境侵权群体性诉讼制度的程序构建

盖然性即无法使法官获得认定事实的确信;较高的盖然性即证明已达到使法官确信其主张的事实有较大可能是如此;高度盖然性即证明已达到使法官相信待证事实极大可能或非常可能如此。① 我国目前关于证明标准的规定仅见于 2001 年《最高人民法院关于民事诉讼证据的若干规定》第 73 条,"双方当事人对同一事实分别举出了相反的证据,但都没有提供足够的证据否定对方证据的,人民法院应当结合案件情况,判断一方提供证据的证明力明显大于另一方提供证据的证明力,并对证明力较大的证据给予确认"。从学理上,该条确立了民事诉讼中高度盖然性的证明标准。随着新型民事案件的增多,单一的高度盖然性的证明标准无法适用多元化纠纷的特殊要求,对于环境侵权诉讼这类相对特殊的纠纷类型,更是需要建立多层次的、多元的证明标准体系。

　　环境侵权诉讼中,双方当事人的经济实力、取证能力等往往较为悬殊,受害人相对于污染方无论从人力、财力、技术手段都表现出双方力量的不对等。原告很难进入被告的企业调查、了解污染物的排放情况,污染防治措施,缺乏相应的检测手段和检测工具,对于复杂的环境侵权行为的成因缺乏相应的科学知识。"证明标准的过高阻碍了势单力薄的个体提起环境公益诉讼和环境众益诉讼,也放纵了实力雄厚的环境破坏者继续危害环境的行为"②。如果对原告、被告适用同样的证明标准,则不能达到原告、被告利益的平衡,使因果关系推定和举证责任倒置的目的落空。较高的证明标准也使得因果关系推定难以实现。各国的环境立法及相关的司法实践中均采取了各种方式降低原告的证明要求,如盖然性因果关系说、间接反证说、疫学因果关系说、大致推定说。而对于被告的反证则要求比原告更高程度的证明。

　　对于环境侵权诉讼证明标准的设定,德国的学者对证明程度进行了细致的划分,第一级为 1% ~ 24%,第二级为 26% ~ 49%,第三级为 51% ~ 74%,第四级为 75% ~ 99%,第一级是非常不可能,第二级是不太可能,第三级是大致可能,第四级是非常可能。③ 民事诉讼的普通证明标准应当是在第四级,环境侵权诉讼中原告侵权行为、因果关系要件的证明标准达到第三级即可推定因果关系成立,而被告反证依然适用第四级的证明标准。对于损害事实、损害后果、侵权行为等方面的证明对原告、被告应当适用相同的证明标准。

---

　　① 张卫平:《民事诉讼法》,法律出版社 2004 年版,第 212 页。
　　② 纪鹏辉、张营营:"环境公益诉讼证明标准降低之探析——基于近十年环境公益诉讼典型案例的实证分析",载《山东审判》2014 年第 4 期,第 14 页。
　　③ 汉斯·普维庭:《现代证明责任问题》,吴越译,法律出版社 2000 年版,第 108 ~ 109 页。

第三节 我国环境侵权群体性诉讼保障制度

一、保全制度

保全是指在民事诉讼中，可能因当事人一方的行为或其他原因，使得生效的裁判难以执行或者造成当事人的其他损失，为了保障生效裁判的顺利实现，避免当事人遭受难以弥补的其他损害，人民法院根据当事人的申请，可以裁定对其财产进行保全、责令其作出一定行为或禁止其作出一定的行为。当事人没有提出申请时，人民法院在必要时也可以裁定采取保全措施。保全不仅包括财产保全，还包括行为保全。"我国现行立法着重规定了民事保全应当具备的条件，法院在听取保全申请人单方面的陈述的基础上，作出准许保全申请与否的裁定。属于单方参与式的审理结构，缺乏程序保障的基本规则"①。2013年新修订的《民事诉讼法》对保全之规定为审判者提供了原则性的指导，针对环境侵权这类特殊类型的案件，目前无具体的程序规范和法理依据可循，并且缺乏程序保障的保全制度无法适应群体性环境侵权诉讼实践的需要。

（一）未能依据案件类型设置保全程序

群体性环境侵权危害大、波及面广，具有不可逆性，受害人在环境侵权面前往往面临着生存的危机，对损害的制止具有急迫的要求。在处理程序上更应强调事前预防。保全制度作为临时性的并能迅速阻止损害的进一步发生的救济措施，理应在群体性环境侵权纠纷的解决过程中得到重视。群体性环境侵权纠纷的不仅涉及个别当事人的私益，更涉及环境众益和环境公益，环境司法中往往需要进行利益的衡量，将经济和社会的发展和环境相关的权利或利益进行协调和平衡。如日本大阪机场噪声诉讼案中，原告要求法院判决禁止飞机在某时间段内起降，法官就需要衡量噪声污染受害者的利益和乘坐飞机的乘客之利益并作出判断。双方当事人之间的不对等使得法官应依据个案的具体情况自由裁量，是否要求原告对提出的保全请求提供担保，原告提出的保全证明材料应达到何种证明标准。但法官的自由裁量应建立在一定的程序保障的基础上，给当事人提供一定的攻击和防御的机会。②

环境纠纷的类型多样，不同类型的受害人对于保全需求的急迫程度不同，对

---

① 王福华："民事保全程序中的程序保障"，载《法律科学》2002年第6期，第95页。
② 郑贤宇："论行为保全制度的构建"，载《厦门大学学报（哲学社会科学版）》2012年第5期，第84~85页。

于群体性环境侵权诉讼中应选择何种方式作为保全的审理模式和证明标准,应针对群体性环境侵权纠纷的特点具体分析。对于将对受害者的人身和生态环境造成不可逆损害的环境侵权,法官对于释明①的标准应当适当降低,并可采取一面审理模式,即在审查保全申请人单方陈述和提供证据的基础上,不询问被申请人意见而直接作出相关裁定。以充分发挥保全程序便捷的功能。但为防止申请人滥用此权利,应对申请人的的权利采取必要的限制,设置类似美国临时禁令和初步禁令制度,将此种保全规定为临时保全,获得临时保全的当事人应继续申请初步保全,为被告提供参加听审、提出异议和口头辩论的机会。对于采光、通风、噪声等受损环境要素单一的长期性环境侵权以及申请人和被申请人需要维护之利益面临难以裁量的困境时,可适当提高释明的标准,并可采取本案化的审理模式,又称对审模式,即依照诉讼的审理方式来审理保全程序的审理对象,在申请人和被申请人言辞辩论的基础上,作出是否保全的裁定,以为申请人和被申请人提供严格的程序保障。②

对于担保的提供问题,我国民事诉讼法规定诉前保全强制申请人提供担保,诉讼中的保全则采用法院自由裁量的方式来决定是否提供担保,以提起保全申请的时间作为区分点过于僵化。对于环境侵权群体性诉讼来讲,受害人经济上的困境、诉讼目的的公益性都属于应当酌情裁定免除担保的合理情形。保全请求对加害方的影响的大小也属于是否要求申请人提供担保的具体情形,如要求加害人采取技术改进措施还是要求停工停产,针对上述问题,将是否提供担保的自由裁量权赋予法院而不是将其按照是否提起诉讼作机械的区分。2015《关于适用〈民事诉讼法〉的解释》第 152 条规定法官对于诉前财产保全是否提供担保的问题,如遇到特殊情况,可以酌情处理。

(二)保全类型较为单一

我国目前的保全制度,除了区分诉前保全和诉中保全外,尚缺乏针对案件解决的实际需要设置的多样化的保全类型。在美国,法院判处的有关禁止令的具体形式包括:确认某行为违法、禁止从事某违法行为,命令违法者采取必要的行动以纠正违法行为,要求行政机构采取某种行为等。③ 同时设置了丰富的禁令救济类型,除了禁止性禁令之外,还有预防性禁令、纠正性禁令、赔偿替代性禁令等形式。美国在环境侵权的判例中形成了禁令救济的中间性禁令④的判断标准和永久性禁令的判断标准。对于中间性禁令要求:一是如果没有禁令救济原告很有可

---

① 释明是使法官达到大致确信的推测,释明的标准低于证明。
② 王福华:"民事保全程序中的程序保障",载《法律科学》2002 年第 6 期,第 98 页,第 99 页。
③ 陈冬:《美国环境公民诉讼研究》,中国人民大学出版社 2014 年版,第 85 页。
④ 中间性禁令包括临时禁令和初步禁令。

能遭受不可挽回的损害；二是原告可能胜诉；三是该行为的伤害大于所获得的利益；四是基于公共利益应当禁止该行为。对于永久性禁令要求：一是原告已经遭受到了损害；二是现有可获得的法律救济，如货币损失的赔偿，对损害的补偿来讲是不充分的；三是对原告和被告利益的衡平，即如果准许发布禁令对原告或者被告可能产生困苦的比较；四是永久禁令的颁布不会对公共利益造成伤害。这些标准的适用借鉴美国的禁令制度，需要法官根据原告、被告双方的举证运用利益衡量理论通过自由心证作出裁量，美国不同法院的判例为我们把握行为保全具体的裁量标准有所启发。

二、环境司法鉴定

（一）我国目前环境鉴定中面临的主要问题

如前所述，我国环境侵权构成要件中因果关系、环境污染损害数额的证明具有极端的困难性，对环境侵权因果关系、环境污染损害数额的确认更多地需要运用科技评价的手段来认定。在现有技术能达到的情况下，几乎每一个案件都需要通过鉴定来确定因果关系。而我国现阶环境侵权救济法律制度中尚没有确立完善的因果关系鉴定机制、环境污染损害鉴定评估机制。在一定程度上影响了污染者负担原则的落实。环境侵权中私益性损害的赔偿远不能足额到位，对公益环境损害的赔偿更是很少涉及。缺乏具体可操作的环境污染损害鉴定评估技术规范和管理机制，对环境污染损害进行定量化评估，将污染修复与生态恢复费用纳入环境损害赔偿范围，科学、合理地确定损害赔偿数额与行政罚款数额。

1. 专门化、职业化和规范化的环境鉴定体系尚未形成

环境司法鉴定的目的主要是确定损害行为与损害结果之间法律上的因果关系，确定环境损害赔偿的数额和评估生态修复的成本，为环境侵权纠纷的解决提供技术保障。由于环境侵权因果关系鉴定的高科技性和复杂性，对于鉴定人员专业素养要求较高，必须熟练掌握检测技术、方法和操作规程，熟悉国家环境保护方面的政策、法规，目前国内具备承担此项任务资质机构很少，很多案件中环境侵权因果关系的鉴定实际处于鉴定无门的状态。立法上，没有明确法定的鉴定机构；实践中，专门化、职业化和规范化的环境鉴定体系尚未形成。

2. 环境司法鉴定事项本身较复杂

群体性案件因涉及面广、社会敏感，有资质的检测机构怕陷入长期纷争或迫于上级部门压力而选择规避，致鉴定无法进行。大气污染致农产品损害，检测时的状况与案件发生时的环境状况差别比较大，诉讼当事人没有意识保存物证和采样而无法开展鉴定。环境问题本身的复杂性、多源性致使司法鉴定难度大，很难确定因果关系。

3. 环境司法鉴定负担较重

据统计，在江苏省科学会开展的鉴定中有 24% 的当事人因未缴费而取消鉴定。① 我国环境损害赔偿和修复的鉴定评估制度几近空白，我国环境污染损害评估鉴定，没有做到污染损害的货币化计算，仅仅在损失计量方面做了些研究。② 因此，应建立统一的环境司法鉴定程序和技术体系，建立环境司法鉴定援助制度，对环境公益诉讼案件评估鉴定费用建立政府预支制度。在对鉴定意见本身的科学性审查时，环保法庭邀请具有丰富环境保护实践经验的专家作为陪审员参加庭审，并通过专家意见辅助法官对科学证据的审查和判断。

（二）环境侵权鉴定主体确定之争议

有学者建议，赋予环保行政机关出具因果关系鉴定意见的资格，首先是因为环境行政机关具有鉴定技术和相对的能力优势。我国已经建立了国家级、省级、市级和县级相对健全的环境监测制度。《环境保护法》第 17 条规定："国务院环境保护主管部门制定监测规范，会同有关部门组织监测网络，统一规划国家环境质量监测站（点）的设置，建立监测数据共享机制，加强对环境监测的管理。"环保机构不仅熟悉当地的环境质量状况、懂得环境科学技术知识，拥有环境检测手段和较为充分的环境监测信息等优势。而且在性质上，行政机关对于因果关系的行政鉴定不属于具体行政行为，不具有行政裁决的效力，而是属于鉴定行为，是一种辅助法官客观正确断案的证据而已。适用民事诉讼中关于证据采信的一般原理，其结论可以作为民事诉讼的证据，当事人不能就鉴定结论本身提起行政诉讼。当事人可以向环境行政机关提出鉴定要求，行政机关必须作出相应鉴定，否则当事人有权提起行政不作为之诉。鉴定程序的启动可以是当事人申请或人民法院的委托，如果环保行政机关在对环境侵权民事纠纷进行行政裁决，可以在裁决的过程中不经当事人申请，一并作出鉴定结论。当事人可以向侵权行为地的环保行政机关提出鉴定申请，如果侵权行为发生跨越了多个行政区划，当事人可以向不同地区的共同上一级的环保行政机关提出申请。行政鉴定机构的人员组成除了包括行政机关中的环保专业技术人员，还应根据需要聘请相应领域的专家学者参加，利用行政机关的设备、资料优势，进一步保证鉴定结论的公正性和科学性。③ 而有的学者认为，行政级别隶属下的环境司法鉴定结果的等级性与现行的

---

① 周杰："环境司法鉴定案例分析与思考"，载《环境监测管理与技术》2010 年第 3 期，第 7 页。

② 李海杰："环境污染损害鉴定案例分析与思考"，载《环境与可持续发展》2013 年第 5 期，第 83 页。

③ 陈洪、雏雄："浅谈建立我国环境侵权因果关系行政鉴定制度"，载《行政与法》2005 年第 6 期，第 101～103 页。

证据制度相矛盾,现有的环境监测站主要是为环保部门进行环境监管的需要而提供检测服务的,对于鉴定请求环境监测站既可以提供服务,也可以拒绝。建议应将环境检测鉴定机构从其所隶属的行政关系中解脱出来,成立专业性、中立性环境司法鉴定机构。从诉讼上、理论上为环境诉讼提供更具有专业性和权威性的证据。①

(三) 环境司法鉴定的改革方向

2005 年,全国人民代表大会常务委员会公布了《关于司法鉴定管理问题的决定》,规定人民法院和司法行政部门不得设立鉴定机构,侦查机关根据侦查工作的需要设立的鉴定机构,不得面向社会接受委托从事司法鉴定业务。只有依法设立的法人性质的鉴定机构、高等院校、指定医院、行业协会、专业部门等设立的鉴定机构,才可以承担社会性的鉴定服务。目前环境类的司法鉴定机构主要存在于农业、海洋与渔业、科技、教育及环保部门。如依托于农业部环境保护科研监测所的农业生态环境及农产品质量安全司法鉴定中心;山东、福建等省依托海洋水产研究所成立的海洋与渔业司法鉴定中心;依托于河北省科学技术协会的河北科技事务司法鉴定所等。环保部门成立的环境类司法鉴定机构不多,2004 年江苏省环境科学学会成立全国环保系统首家环境司法鉴定机构。一些环境监测站成立了环境司法鉴定机构,其他社会型环境检测资源也开始进入环境司法鉴定市场。由于环保行政主管部门所属的各级环境监测机构作为具有独立法人资格的公益性事业单位,在环境监测领域具有显著的专业和人才优势,依托环境监测部门设立环境司法鉴定机构有利于保证环境司法鉴定活动的独立性和科学性。②

环境损害鉴定机构因其内设方式的不同分为内设环境损害鉴定机构和独立环境损害鉴定机构,前者是环境行政管理机关根据行政管理的需要,经司法行政管理机关的批准,在环境行政管理机关内部设立的专门从事环境损害鉴定的机构。其成立的基础在于为环境行政执法活动提供证据材料,完成行政诉讼的举证责任,保证合法行政。后者是经司法行政管理机关批准,依法设立于环境行政管理机关外,独立从事环境损害鉴定活动的社会组织。与环境行政管理机关不存在隶属关系,不受行政机关任何命令、指示的约束,具有独立性,委托人与被委托人之间的法律地位是平等的,使环境损害鉴定组织与诉讼关系双方均不具有利害关系。③ 2011 年 5 月环境保护部下发《关于开展环境污染损害鉴定评估工作的若干意见》,提出组建专业队伍。依托环境保护系统内现有的科研技术单位的业务优

---

① 孙飞:"论环境司法鉴定机构的设置",载《中国司法鉴定》2008 年第 3 期,第 86 页。
② 黄卫:"环境司法鉴定机构建设初探",载《环境监测管理与技术》2010 年第 1 期,第 1 ~ 2 页。
③ 吴宇欣:"环境损害鉴定主体研究",载《环境与可持续发展》2013 年第 4 期,第 52 ~ 53 页。

势，组建环境污染损害鉴定评估管理与技术职称队伍。同时要与环境执法分离，保证其独立性与中立性。推动环境污染损害鉴定评估队伍逐步纳入国家司法鉴定体系。开始探索环境污染损害鉴定与评估的基本制度与框架。2013年环保部发布的《突发环境事件应急处置阶段污染损害评估工作程序的规定》规定了污染损害评估工作的主体、工作开展流程、完成时限和社会公开细则。因此我国现阶段的发展路径是从政府部门主导的在政府内部设立相关的鉴定评估机构到逐渐与环境执法分离，在时机成熟时后再过渡到社会化模式。

（四）环境侵权诉讼中科学证据的认定

环境问题的高度科技关联性，使得多数案件事实、因果关系的认定不得不依赖于科学证据，以减轻法官在环境侵权案件中面临的压力和风险。但是科学证据也不是绝对的正确，不可置疑。科学技术也可能被不正当的利用，专家所提供的证据有可能是受利益驱使欠缺理论依据的伪科学，法院对于鉴定意见、专家证言等科学证据不应当不加甄别地接受，而应当对证据的可采性进行审查。审判实践中，法院对于鉴定意见的审查流于形式，仅作形式上的合法性审查，由于缺乏对于鉴定结论科学性衡量的细致标准，很多法院盲目地采信初次鉴定。一旦遇到难以辨别证明力矛盾的科学证据或当事人提出异议，便启动重新鉴定。判决中对鉴定结果、专家证言的采信或不予采信的判断缺乏说理，难以让当事人信服其合理性，导致当事人对鉴定结果不服而上诉、申诉的情况增多，损害司法公信力。如何将不严谨与立场偏颇的鉴定意见甄别出来并赋予其较低的证明力，对于环境侵权诉讼实属重要。

目前我国科学证据主要包括鉴定意见，专家证言，但由于现有的环境损害鉴定机构较少，鉴定能力薄弱，远远不能满足实践的要求，2013年最高人民法院和最高人民检察院联合发布《关于办理环境污染刑事案件适用法律若干问题的解释》，在第11条规定：扩大了科学证据的范围，对案件所涉专门性问题难以确定的，由司法鉴定机构出具鉴定意见，或者由国务院环境保护部门指定的机构出具检验报告。县级以上环境保护部门及其所属监测机构出具的监测数据，经省级以上环境保护部门认可的，可以作为证据使用。人民法院对于上述证据应当依照民事诉讼法对证据的客观性、关联性和合法性进行全面、客观的审核。但法官毕竟对环境领域的专业知识并不精通，很难对鉴定意见本身的科学性进行审查。[1]《最高人民法院关于民事诉讼证据的若干规定》第61条规定："当事人可以向人民法院申请由一至二名具有专门知识的人员出庭就案件的专门性问题进行说明。

---

[1] 张敏纯："我国环境侵权诉讼中科学证据认定规则的构建——以美国经验为借鉴"，载《学术界》2014年第10期，第178～179页。

《民事诉讼法》第 79 条规定,具有专门知识的人就鉴定人作出的鉴定意见或者专业问题提出意见。以"专家来对抗专家"来辅助法官对科学证据的审查和判断。此外,部分环保法庭邀请具有丰富环境保护实践经验的专家作为陪审员参加庭审,保证审判公正性。立法方面,我国需要建立科学证据的审查标准,不仅要在程序上审查科学证据是否合法,还要从实体上审查该证据是否具备可采性以及作出此种结论的科学性、可靠性。在程序上,法官应审查鉴定程序的启动和受理是否符合法律的规定,鉴定机构、鉴定人员是否具备鉴定资质,鉴定人是否存在有碍中立的情况,是否需要回避,鉴定组的组成是否符合法律规定,鉴定依据是否合法,鉴定申请人或有关当事人是否到场等。

三、诉讼费用负担

根据我国当前的诉讼费用规则,原告需要预交案件的受理费、申请费、鉴定费等诉讼费用及巨额的律师费等其他诉讼支出,如果败诉还需承担被告诉讼支出的相关诉讼费用。《诉讼费用收费办法》(以下简称《办法》)中涉及的诉讼费用是狭义的诉讼费用,仅指审判费用,包括案件的受理费、当事人的申请费和证人、鉴定人员、翻译人员、理算人员出庭的交通费、住宿费、生活费和误工补贴费。对于当事人在诉讼中实际支出的律师费、鉴定评估费、食宿费、差旅费等当事人实际支出的费用需要私人承担被排除在诉讼费用的范畴之内。一次诉讼的成本包括国家为解决纠纷而耗费的"审理成本"即公共成本和当事人进行诉讼所支出的私人成本,包括诉讼费用和其他诉讼中实际支出的费用。《办法》的制定重新设置了公共成本和私人成本之间的比例,降低了当事人诉讼的私人成本。但对于如何分配环境众益诉讼中私人之间的诉讼成本规定得较少,对于环境公益诉讼中私人成本的分配未有涉及。

(一)环境众益诉讼的诉讼费用

环境众益诉讼在本质上属于共同诉讼,是受害人基于同一环境侵权事实而提起众多诉的主体的合并。对于共同诉讼中当事人诉讼费用的预交和负担如何分配,成为该类诉讼面临的一个重要问题。群体性环境侵权诉讼涉案人数众多,损害赔偿标的额较大,加之环境侵权诉讼中鉴定费用高昂,巨额的诉讼费用往往成为当事人对提起环境众益诉讼和环境公益诉讼望而却步的原因,成为造成群体性环境侵权诉讼困境的一个现实障碍。《诉讼费用交纳办法》对于共同诉讼中诉讼费用的预交问题未予规定。过去的实践中,环境众益诉讼属于具有同一种类的事实问题或法律问题引发的独立的诉合并到一个审判中进行的诉讼形式,各共同诉讼人可以选择合并审理也可以选择另行单独起诉,通常法院要对各共同诉讼人分别作出判决。各共同诉讼人应当根据各自的私益请求的性质和数额分别计算出各自负担诉讼费用的数额，分别缴纳。原告在规定的期限内未预交诉讼费用，又不提出缓交申请的，按撤诉处理，退出共同诉讼。2015年《关于适用〈民事诉讼法〉的解释》第194条规定，人数不确定的代表人诉讼不再需要预交案件受理费，结案后按照诉讼标的额由败诉方缴纳。环境众益诉讼中当事人难以负担高额受理费的问题得以解决。但高昂的鉴定费用仍然是当事人对提起环境众益诉讼和环境公益诉讼的现实障碍。此外，有学者建议，由于诉的合并有助于节约司法资源、提高审判效率，普通共同诉讼也应像被告提出反诉、有独立请求权的第三人提出的参加之诉的一件，减半交纳案件的受理费。因为诉的合并减少了公共成本的开支，节约了诉讼资源，私人成本也应相应地降低。笔者认为，该制度适用的前提是我国对于人数众多的环境众益诉讼有着完善的群体诉讼管理规则，能够降低公共成本方可适用。①

（二）环境公益诉讼的诉讼费用

环境公益诉讼的提起原告包括法律规定的机关、社会组织，从应然的角度讲，还应包括公民。对于公益诉讼的原告来讲，由于环境侵权损害赔偿波及范围大，受损的数额也很大，专业性较强，需要耗费大量的人力、物力、财力，按照《办法》，财产案件根据诉讼请求的金额或者价额，按照比例分段累计缴纳。诉讼成本动辄就几十万元甚至上百万元，原告可能因无力预付高昂的案件受理费而放弃诉讼。此处，公益诉讼的目的是公益而不是私益，原告不能从诉讼中获得相应的补偿或赔偿，还要独自承担巨额的诉讼费用和当事人费用，同时面临败诉的风险，严重挫伤了原告提起环境公益诉讼的积极性。环境公益诉讼的目的是维护社会公众的共同环境利益或人与自然共享的公共生态利益，原告是众多利益相关人的其中一员或代表公益的社会团体或有关机关，环境公益诉讼中主张的财产请求是由社会公众共同享有而不是由申请人直接享有的。原告不能通过谋求诉讼的胜诉来获得在时间、精神上的补偿，如果还要由原告来承担诉讼的巨额费用，环境公益诉讼将难以开展。

针对上述现状，《最高人民法院关于全面加强环境资源审判工作为推进生态文明建设提供有力司法保障的意见》第14条提出：环境公益诉讼的原告请求被告赔偿预防损害发生或者恢复环境费用、破坏自然资源等生态环境造成的损失以及合理的律师费、调查取证费、鉴定评估费等诉讼费用支出的，可以根据审理情况给予支持。该规定扩大了被告败诉时负担的范围，除了案件受理费、申请费以及《办法》中明确列举的诉讼中实际支出的费用外，当事人的律师费、鉴定评

---

① 夏旭丽、李华武："共同诉讼制度中的诉讼费用分配问题研究"，载《民族论坛》2010年第3期，第44~45页。

估费等实际支出的费用也应由败诉人负担。该意见的第 16 条规定，法律规定的机关和有关组织向人民法院依法申请缓交、减交或者免交案件受理费、保全申请费的，可以予以准许。探索构建合理的诉讼成本负担机制，探索设立环境公益诉讼的专项基金，鼓励从环境公益诉讼基金中支付原告环境公益诉讼费用的做法。

意见中规定，确立了我国环境公益诉讼诉讼费用的公共负担和社会负担原则。环境公益诉讼的费用理应来自公共财政和社会负担。财政机制以提供公共产品、公共服务满足社会公共需要为目标，法院为社会提供的司法服务也属于一种提供公共服务的行为，因此，国家财政应当在环境公益诉讼的诉讼费用问题上承担更大的份额，降低环境公益诉讼案件受理费的收费标准。社会公众作为环境公益诉讼的受益者，社会公众分担一部分诉讼费用符合"受益者付费"这一环境资源法的基本原则。设立环境公益诉讼援助基金，基金的主要来源为政府拨款、社会捐助、赔偿款中按比例提取、发行彩票等，原告在需要援助的时候可以向该基金提出申请。如果原告败诉，则诉讼费用及原告实际支出的费用由国家、社会按比例负担，而被告的实际费用则应由原告、国家和社会共同负担。建立原告奖励制度，原告在胜诉后应当得到一定的奖励，用于弥补原告的时间、精力的消耗和经济损失，也有利于鼓励公众更多地参与到监督环境违法行为、提起环境公益诉讼的行动中来。

四、非讼基金和诉前和解

（一）群体性环境侵权诉讼中的非讼基金

环境行政主管部门在处理群体性环境事件中，往往作为公益的代表对生态环境的损害赔偿与加害方进行协商谈判，同时作为中间方对众多受害者遭受的损失实施行政调解或通过与加害方谈判设立非讼基金。如在康菲溢油事故中，康菲石油中国有限公司（以下简称康菲公司）和中国海洋石油总公司（以下简称中海油）在同农业部的谈判中同意支付 16.83 亿元，用于溢油事故对海洋生态造成损害的恢复。另康菲公司、中海油与农业部达成协议，将出资 10 亿元用于解决河北省、辽宁省部分区县渔民的损害赔偿和补偿问题。[①] 针对这 10 亿元赔偿基金的分配我国目前也缺乏明确的程序规则，民众只能在没有机会行使诉权和缺乏程序保障的情况下无奈地接受政府主导下的赔偿分配结果。而美国非讼基金设立后将成立专门机构运作该基金，如美国墨西哥湾溢油事故，美国总统最终说服 BP 公司创建一笔 200 亿美元的基金，并建立"墨西哥湾索赔便利机构（GCCF）"运

---

① 陈柳钦："康菲溢油周年祭 为了忘却的纪念：康菲的傲慢与偏见"，载《中国能源报》，http://www.china-nengyuan.com/news/38425.html，2012 年 9 月 15 日。

第五章 我国环境侵权群体性诉讼制度的程序构建

作该项基金。并由律师费恩伯格负责掌管的由三位法官组成的小组负责监督,并处理对申诉的裁决。如果受害者各种资料齐全,可以向墨西哥湾索赔便利机构(GCCF)申请直接获得赔偿而不用上法庭。GCCF提供了紧急提前支付(Emergency Advance Payments)、最终支付(Final Payment Awards)、临时支付(Interim Payment)、快速支付(Quick Payment)四种救济类型。第一种紧急提前支付是针对未来损失,其余三种是针对已发生损失,其中过渡支付和快速支付选择要求当事人放弃未来向BP和其他责任主体提出溢油引发的法律主张的权利。因此,我国应在借鉴国外经验的基础上为非讼基金的分配设置裁决程序,在不影响快速解决纠纷的前提下保障受害者的程序权,并允许其在快速裁决、和解和诉讼三种纠纷解决方式中自由选择。

(二)环境侵权群体性诉讼中的诉前和解

在康菲溢油事故中,10亿元的非讼基金未将山东地区的渔民包括在内,在中国法院拒绝受理此类案件的情况下,2012年7月2日,500位中国山东渔民被迫在美国得克萨斯州联邦法院状告康菲公司,要求其向原告支付8.7亿元人民币的直接损失。[①] 诉权的保障是探讨制度完善的前提和基础。在保障诉权实现的基础上借鉴美国的和解集团诉讼制度完善我国群体性环境侵权诉讼的审前和解和诉中和解制度。首先,指定主审法官、成立专家审判小组,将所有登记到法院与该环境侵权有关的案件按类别(如公益类和私益类)划分主张束,为归入一类的案件找到适合的管辖法院,赋予当事人对于案件合并的反对权和发表意见的权利。其次,设立预审和发现程序,在律师中选出原告指导委员会主要负责引导和以合并等方式协调诉讼预审发现程序的进行。如向法院提出发现程序开始、进行和完成的时间表。代表原告提出必要的发现请求、为诉状与预审发现需要准备的相关文件,探索所有诉讼登记案件中可能的和解选择方案;保持预审事务登记的完整性,保持文件在合理的条件下所有的诉讼原告及律师均可获取;准备原告指导委员会工作进展的定期状况报告。同时在律师中指定群体联络律师,主要职责是负责群体诉讼的管理。代表联络群体从法院接受命令和通知,并负责准备并传递命令和通知的复印件,履行法庭决定的其他任务。在预审和发现程序中,法庭应发布各当事人部分同意这些诉请和部分否认该诉请的命令和理由。开庭审理前,如双方已经初步达成了和解协议,将会进入集团的确认和协议的审查阶段。以合理的方式给集团成员直接的、可识别的通知。如果初步地确认被同意并且伴随着通知和退出程序,法庭举行最终公平听审会议去审查协议的条件是否公平、合理和充分,以决定最终是否批准和不批准和解。如果没有理由去怀疑它的公正

---

① 徐海洋:"山东渔民跨国索赔康菲总部",载《潇湘晨报(数字版)》2012年7月3日。

性，没有明显瑕疵，没有不正确给集团代表或部分成员优惠待遇，没有对律师的额外赔偿，在可能批准的范围内法庭将认可。如果有部分问题，法庭会初步不同意并建议修改。对于和解方案初步批准的反对需要在法定期限内向法院提交书面陈述，包括一个详细的原因，包括任何一份证据和法律规定等可以支持其反对意见的材料。

五、众益诉讼中赔偿金的分配

对于环境众益诉讼中赔偿数额的确定和分配程序，各国在司法实践中形成了一些有益的经验。普通法系国家的环境侵权集团诉讼通常通过和解或者判决确定一揽子的解决方案后，再通过赔偿数额的确定和分配程序来完成对集团成员的个别赔偿。主要包括个别性估算方法和整体性估算方法两种。个别性估算法需要个体成员对自己遭受的损害分别给予证明，来实现成员之间的准确分配。难以胜任复杂诉讼中对成员提供普遍权利救济的情况。因此复杂集团诉讼中更多采取整体性估算的方法来完成。但也需要法官根据具体的案件裁量两种方法适用的限度。① 加拿大科尔伯恩港口居民诉国际镍业有限公司环境侵权集团诉讼案中具体地呈现了法官在损害赔偿分配程序中应考量的因素。日本在其诉讼实践中形成了"综合性同额赔偿方法"和"包括请求的方式"。前者根据受害者的病情分开等级，根据已定型的类型在每个类型内部不考虑受害者的个别情况，千篇一律算定赔偿额的方法。"包括请求方式"是指在因同一原因致害的损害赔偿案件中，将受害人所造成的人身损害、财产损害和精神损害全部包括在内的以"抚慰金"为目标的请求形式。上述方法为我国众益诉讼中赔偿金的分配提供了可借鉴的经验，同时也需要法官在司法实践中根据案件的具体情况灵活运用。

---

① 王福华："如何向集团赔偿——以集团诉讼中的赔偿估算和分配为中心"，载《法律科学》2009年第1期，第152~155页。

结　语

梳理全书的主要内容，本书的主要观点体现在以下几个方面：

第一，重新界定了环境侵权的概念，环境侵权是指因产业活动或其他人为原因致使环境介质的污染或生态破坏，进而间接对他人人身权、财产权和环境权益造成损害或有损害之危险，依法应当承担民事责任的行为。本书通过对环境法中"环境侵权"概念的重新界定，使环境侵权概念更具有包容性，从而适应环境损害救济的要求。

第二，在诉讼法上与实体法的界定相呼应，重新审视和界定了"群体性诉讼"的概念。认为广义的环境侵权群体性诉讼包含环境众益诉讼和环境公益诉讼两大类。群体性环境侵权诉讼是指在生产、生活过程中因环境污染或生态破坏引起的环境损害，同时或进而引起众多当事人人身权、财产权受到损害，群体中有相同利益的一方因同一或同因的事实问题和法律问题推选出适格的少数代表人或由法律规定的公益代表主体代表一定范围内的受害者起诉侵权人，法院裁判的效力对代表人及其代表的受害者均具有约束力的一种特殊民事诉讼制度。

第三，明确我国环境侵权群体性纠纷解决模式构建中的三大基本原则：预防优先原则、诉讼一体化原则、诉讼多样化原则。在我国环境侵权群体性诉讼模式的选择上，建议环境公益诉讼借鉴瑞典行政复议与行政诉讼一体化的经验，改革我国行政复议和行政诉讼制度以更好地预防环境侵权纠纷的发生，同时建立社会主导型的环境公益诉讼制度。改革我国的代表人诉讼制度，建立多元的环境众益诉讼形式，为当事人提供更多纠纷解决选择上的自由。通过细致的分析，得出环境众益诉讼通过授权的方式赋予社会团体是我国目前诉讼上较为经济和较容易实现的选择。

第四，在具体的程序规则上，完善环境公益诉讼和环境众益诉讼的衔接规则，如既判力扩张规则、私益赔偿优于公益赔偿的规则等。同时论述了环境公益诉讼和众益诉讼不同的诉讼要件和各自的受案标准。论述了环境侵权群体性诉讼中因果关系证明时举证责任的倒置和因果关系推定在司法实践中的适用原则，环境公益诉讼和环境众益诉讼有区别的证明标准。为不同特征的环境侵权群体性纠纷设置不同的保全申请释明标准和审理模式。赋予法院对保全申请是否提供担保的自由裁量权，影响的因素包括诉讼目的公益性、保全请求对加害方影响的大小等。构建专门化、职业化和规范化的环境司法鉴定体系。探索了合理的诉讼成本负担机制，非讼基金机制、诉讼和解制度和众益诉讼中赔偿金的分配规则等。希望通过本书的研究能为我国环境侵权纠纷解决机制的完善提供一些有益的启示。

参考文献

一、论文类

1. 杨朝霞、黄婧. 如何应对中国环境纠纷 [J]. 环境保护, 2012, Z1: 66-68.
2. 吕忠梅. 论环境纠纷的司法救济 [J]. 华中科技大学学报（社会科学版）, 2004, 4: 45.
3. 肖爱. 我国环境侵权民事诉讼立案的困境与对策 [J]. 凯里学院学报, 2010, 10: 32.
4. 刘超、林亚真. 环境侵权诉讼中损害认定的困境与争议 [J]. 湖北行政学院学报, 2010, 2: 40.
5. 徐丰果. 论环境侵权救济中的交易行为与交易制度 [J]. 云南大学学报（法学版）, 2007, 5: 109.
6. 周纪昌. 构建农业环境污染突发事件中农民维权的法律支持体系——以淮河流域水污染突发事件的调查为例 [J]. 农业环境与发展, 2008, 1: 80.
7. 邓永清、危永波. 武汉市环境司法现状、问题与对策 [J]. 长江论坛, 2009, 5: 17.
8. 邹雄. 论环境权的概念 [J]. 现代法学, 2008, 5: 38.
9. 吴泽勇. 建构中国的群体诉讼程序——评价与展望 [J]. 当代法学, 2012, 3: 116.
10. 吴会君. 环境法中环境概念的初步分析 [J]. 湖北成人教育教育学院学报, 2006, 1: 39.
11. 刘波. 英美法妨害与德国法不可量物侵害比较与借鉴——兼评《物权法》第89条和第90条 [J]. 广西政法管理干部学院学报, 2012, 3: 89-96.
12. 王明远. 法国环境侵权救济法研究 [J]. 清华大学学报（哲学社会科学版）, 2000, 1: 15.
13. 杜万平、张梓太. 论我国污染受害者救助制度的设计与安排——兼论侵权法（草案）中的环境责任条款 [J]. 求索, 2008, 6: 127.

14. 吕忠梅、张宝. 环境问题的侵权法应对及其限度——以侵权责任法第65条为视角［J］. 中南民事大学学报（人文社会科学版）. 2011，3：109.

15. 陈泉生，周辉. 论环境侵害与环境法的理论发展［J］. 东南学术，2007，3：125.

16. 朱谦. 对公民环境权私权化的思考［J］. 中国环境管理. 2001，4：13.

17. 陈泉生. 论环境侵权的诉讼时效［J］. 环境导报，1996，2：12.

18. 张弛、韩强. 民事权利类型及其保护［J］. 法学. 2002，12：55.

19. 吴卫星. 环境权内容之辨析［J］. 法学评论，2005，2：141-142.

20. 白平则. 论环境权是一种社会权［J］. 法学杂志，2008，6：63.

21. 侯茜、宋宗宇. 环境侵权因果关系理论中的间接反证说［J］. 西南民族大学学报（人文社科版），2008，10：212.

22. 陈泉生. 环境时代与宪法环境权的创设［J］. 福州大学学报（哲学社会科学版），2001，4：24.

23. 徐祥民、邓一峰. 环境侵权与环境侵害［J］. 法学论坛，2006，2：9-12.

24. 陈泉生. 环境侵害及其救济［J］. 中国社会科学，1992，4：172.

25. 王刚、毛建容. 环境侵权与环境侵害解析［J］. 中共青岛市委党校青岛行政学院学报，2010，6：105.

26. 庹继光、李缨. 我国环境公益诉讼主体立法掣肘与破解［J］. 西南民族大学学报（人文社会科学版），2012，11：97.

27. 刘凤霞. 关于组织与群体等概念关系的探讨［J］. 齐齐哈尔师范学院学报，1994，2：34.

28. 张宗亮、解永照. 群体性纠纷相关问题思考［J］. 东岳论丛，2011，2：175.

29. 钟其. 当前浙江环境纠纷及群体性事件研究［J］. 观察与思考，2012，2：63.

30. 吴继刚. 环境侵权类型探析［J］. 山东师范大学学报（社科版），2003，48（6）：119.

31. 赵红梅. 个体之人与集体之人——私法与社会法的人像区别之解析［J］. 法商研究，2009，2：120.

32. 吕霞. 环境公益诉讼的性质和种类——从对"公益"的解剖入手［J］. 中国人口·资源与环境，2009，3：56.

33. 杨凯. 从三起环境关联诉讼案例看环境公益诉讼之开端——在私益与公益诉讼之间徘徊的环境权益保护司法救济模式之选择［J］. 法律适用，2010，Z12：98.

34. 中国行政管理学会课题组. 群体性突发事件研究专辑［J］. 中国行政管理，2002，5：203.

35. 墨绍山. 环境群体事件危机管理：发生机制及干预对策［J］. 西北农林科技大学学报（社会科学版），2013，5：145.

36. 顾明、徐丰果. 突发性环境污染事件中的企业环境信息公开问题研究——以紫金矿业水污染事件为例［J］. 长沙铁道学院学报（社会科学版），2011，1：34，

37. 汤维建. 论团体诉讼的制度理性［J］. 法学家，2008，5：102.

38. 刘长兴. 环境污染侵权的类型化及责任规则探析［J］. 宁夏大学学报（人文社会科学版），2010，3：129.

39. 潘世钦、潘小江、石维斌. 我国环境公益诉讼模式选择［J］. 青海社会科学，2009，3：172.

40. 陈开梓. 环境侵权类型化探析［J］. 行政与法，2008，5：56.

41. 李刚. 群体性环境污染与法律救济［J］. 资源与人居环境，2006，6：49.

42. 戴景华. 试论集团诉讼对于环境公害纠纷解决之借鉴［J］. 赤峰学院学报（汉文哲学社会科学版），2010，12：45.

43. 张敏纯. 环境审判专门化省思：实践困境及其应对［J］. 中南民族大学学报（社会科学版），2011，1：134.

44. 徐刚. 生态环境司法专业化研究［J］. 重庆与世界：学术版，2013，5：123.

45. 杨朝霞. 论环境公益诉讼的权利基础和起诉顺位——兼谈自然资源物权和环境权的理论要点［J］. 法学论坛，2013，3：102-103.

46. 白佳玉. 船舶溢油海洋环境损害赔偿法律问题研究——以"塔斯曼"海轮溢油事故为视角［J］. 中国海洋大学学报（社会科学版），2011，6：12.

47. 陈伟. 论作为概念群落的环境权［J］. 南京大学法律评论，2014年春季卷，293-303.

48. 杨严炎. 当今世界群体诉讼的发展趋势［J］. 河北法学，2009，3：41.

49. 罗云飞. 环境权诉讼刍议［J］. 南京航空航天大学学报（社会科学版），2005，4：40.

50. 李蒙. 武汉锅顶山环境诉讼难立案［J］. 民主与法制，2014，24：11.

51. 徐祥民、邓小云. 环境公益诉讼对"环境权"说的拒绝［J］. 浙江工商大学学报，2009，6：12.

52. 陶建国. 德国环境行政公益诉讼制度及其对我国的启示［J］. 德国研究，2013，2：71.

53. 薛永慧. 代表人诉讼抑或集团诉讼——我国群体诉讼制度的选择 [J]. 中国政法大学学报，2009，5：104.

54. 刘水林、王波. 论环境公共实施与私人实施的结合与衔接 [J]. 甘肃政法学院学报，2011，11：61、65.

55. 翁潞梅. 美国集团诉讼与我国代表人诉讼制度之比较 [J]. 甘肃行政学院学报，2004，4：89.

56. 齐树洁、徐雁. 群体诉讼的困境与出路——示范诉讼制度的构建 [J]. 中州学刊，2009，1：75.

57. 杨严炎. 示范诉讼的分析与借鉴 [J]. 比较法研究，2007，3：136.

58. 吴泽勇. 群体性纠纷解决机制的建构原理 [J]. 法学家，2010，5：97.

59. 徐昕. 法律的私人执行 [J]. 法学研究，2004，1：20.

60. 王皓月、李贺娟. 环境诉讼代表人与受害人诉权行使竞合探析 [J]. 公民与法，2013，4：

61. 孙飞. 论环境司法鉴定机构的设置 [J]. 中国司法鉴定，2008，3：86.

62. 胡学军. 环境侵权中的因果关系及证明问题评析 [J]. 中国法学，2013，5：170、175.

63. 杨素娟. 论环境侵权诉讼中因果关系推定 [J]. 法学评论，2003，4：134.

64. 雏雄. 论环境侵权中因果关系的认定 [J]. 中国政法大学学报，2010，2：79.

65. 杨素娟. 如何理解和适用环境侵权诉讼的举证责任倒置基于"蝌蚪案"的分析和思考 [J]. 中国环境法治，2012，1：100-102.

66. 纪鹏辉、张营营. 环境公益诉讼证明标准降低之探析——基于近十年环境公益诉讼典型案例的实证分析 [J]. 山东审判，2014，4：14.

67. 郑贤宇. 论行为保全制度的构建 [J]. 厦门大学学报（哲学社会科学报），2012，5：84-85.

68. 王福华. 民事保全程序的程序保障 [J]. 法律科学，2002，6：98-99.

69. 周杰. 环境司法鉴定案例分析与思考 [J]. 环境监测管理与技术，2010，3：7.

70. 李海杰. 环境污染损害鉴定案例分析与思考 [J]. 环境与可持续发展，2013，5：83.

71. 陈洪、雏雄. 浅谈建立我国环境侵权因果关系行政鉴定制度 [J]. 行政与法，2005，6：72.

72. 黄卫. 环境司法鉴定机构建设初探 [J]. 环境监测管理与技术，2010，1：1-2.

73. 吴宇欣. 环境损害鉴定主体研究［J］. 环境与可持续发展，2013，4：52-53.

74. 张敏纯. 我国环境侵权诉讼中科学证据认定规则的构建——以美国经验为借鉴［J］. 学术界，2014，10：178-179.

75. 夏旭丽，李华武. 共同诉讼制度中的诉讼费用分配问题研究［J］. 民族论坛，2010，3：44-45.

76. 吴俐. 环境群体诉讼一体化研究［J］. 商业时代，2010，1：74.

77. 徐刚. 环保法庭审判模式的规范化思考——以三审合一模式为视角［J］. 中国人口·资源与环境，2014，5：112.

78. 刘萍. 我国环境民事公益诉讼模式的选择［J］. 湖北社会科学，2010，10：145.

79. 张式军. 德国环保NGO通过环境诉讼参与环境保护的法律制度介评——以环境公益诉讼中的'原告资格'为中心［J］. 黑龙江政法管理干部学院学报，2007，4：95.

80. 张大海. 论我国环境保护团体诉讼的建构——以德国环境保护团体诉讼制度为参考［J］. 法律适用，2012，8：36.

81. 王灿发. 从一起大气污染集团诉讼案件的判决看我国的环境诉讼［J］. 中国环境法治，2006，1：102、104.

82. 高敏. 美国环境侵权诉讼［J］. 世界环境，2002，5：18.

83. 肖建国、谢俊. 示范性诉讼及其类型化研究［J］. 法学杂志，2008，1：33.

84. 冯珂. 诉讼要件与我国民事起诉条件研究［J］. 研究生法学，2006，5：53.

85. 王勇. 环境侵权诉讼证明责任的分配——兼评《侵权责任法》第66条［J］. 华中师范大学学报（人文社会科学版），2013，4：98.

86. 吴泽勇. 集团诉讼在德国：'异类'抑或'蓝本'［J］. 法学家，2009，6：108.

87. 孙茜. 对设立环保法庭的几点法律思考——以贵阳市环保法庭为考察对象［J］. 法律适用，2008，6：44.

88. 齐树洁、郑贤宇. 环境诉讼的当事人适格问题［J］. 南京师大学报（社会科学版），2009，3：42.

89. 郭云忠、张庆彬："群体诉讼的起诉成本分析"，国家检察官学院学报，2001，4：26-27.

90. 冯昌梅. 环境民事公益诉讼'无锡模式'评析——兼论构建我国环境公益诉讼制度的基本思路［J］. 湖北函授大学学报，2008，4：44.

91. 晋海、王文俊. 环境侵权民事责任构成要件分析 [J]. 南京大学法律评论, 2000 年秋季号, 107－109.

92. 吕忠梅、张忠民、熊晓青. 中国环境司法现状调查——以千份环境裁判文书为样本 [J]. 法学, 2011, 4: 87.

93. 王社坤. 环境侵权因果关系举证责任分配研究——兼论《侵权责任法》第 66 条的理解与适用 [J]. 河北法学, 2011, 2: 5－6.

94. 丛选功. 公害案件诉讼中的举证责任——国外环境司法研究 [J]. 环境科学动态, 1987, 2: 10.

95. 侯茜、宋宗宇. 环境侵权因果关系理论中的间接反证说 [J]. 西南民族大学学报（人文社科版）, 2008, 10: 212.

96. 罗丽. 日本公害健康被害救济制度及其对我国的启示 [J]. 中国环境法治, 2010, 1: 210.

97. 宋宗宇. 环境侵权因果关系判断标准的理论岐向与体系建构 [J]. 重庆大学学报（社会科学版）, 2009, 1: 92.

98. 郑金玉. 我国民事诉讼实践中的诉讼要件问题 [J]. 甘肃政法学院学报, 2009, 5: 97.

99. 陈开梓. 论环境侵权群体性诉讼处理机制的完善 [J]. 湖北民族学院学报（哲学社会科学版）, 2009, 5: 119.

100. 胡敏飞. 论美国的环境侵权集团诉讼 [J]. 法学评论, 2007, 3: 84.

101. 吕忠梅. 环境侵权诉讼证明标准问题研究 [J]. 政法论坛, 2010, 7: 30.

102. 吕忠梅. 环境友好型社会中环境纠纷解决机制论纲 [J]. 中国地质大学学报（社会科学版）, 2008, 3: 5－6.

103. 杨严炎. 论美国的和解集团诉讼 [J]. 环球法律评论, 2006, 4: 486－487.

104. 胡中华. 论美国环境公益诉讼中的环境损害救济方式及保障制度 [J]. 武汉大学学报（哲学社会科学版）, 2010, 6: 930.

105. 崔华平. 美国环境公益诉讼制度研究 [J]. 环境保护, 2008, 12: 8.

106. 陈冬. 公民可否成为我国环境公益诉讼的原告——兼与美国、我国台湾地区相比较 [J]. 清华法治论衡, 2012, 2: 99－101－102.

107. 陈冬. 美国环境公民诉讼管窥 [J]. 郑州大学学报（哲学社会科学版）2004, 1: 108.

108. 陈冬. 气候变化语境下的美国环境诉讼——以马萨诸塞州诉美国联邦环保局案为例 [J]. 环球法律评论, 2008, 5: 86.

109. 巫玉芳. 美国联邦环境法的公民诉讼制度 [J]. 现代法学, 2001,

6：23.

110. 陈冬. 环境公益诉讼的限制性因素考察——以美国联邦环境法的公民诉讼为主线［J］. 河北法学，2009，8：164.

111. 石磊生. 美国墨西哥湾溢油事件损害赔偿法律适用问题的启示［J］. 中国海洋大学学报（电子版），2011，1726：4.

112. 汤维建. 论团体诉讼的制度理性［J］. 法学家，2008，2：102.

113. 陈亮、刘强. 纠缠于正诉激励与滥诉预防之间：美国环境公民诉讼中'败诉方负担'规则之考察［J］. 法律适用，2007，8：90.

114. 张颖. 环境公益诉讼费用规则思考［J］. 法学，2013，7：141.

115. 王彬辉. 加拿大环境公民诉讼制度及对我国的启示［J］. 湖南师范大学社会科学学报，2014，3：88.

116. 任凡. 论美国法院对听审请求权的保障——从联邦最高法院判例谈起［J］. 法律科学，2010，6：150.

117. 王福华. 如何向集团赔偿——以集团诉讼中的赔偿估算和分配为中心［J］. 法律科学，2009，1：153.

118. 李云峰. 日本公害治理及赔偿的历程、经验及对中国的启示［J］. 环境与发展，2014，3：114.

119. 胡敏飞. 中美环境侵权群体诉讼之比较［J］. 中国地质大学学报（社会科学版），2006，3：89.

120. 颜运秋. 论公益诉讼对传统诉讼的挑战. 湘潭大学社会科学学报，2003，3：56.

121. 杨朝霞. 论环保部门在环境民事公益诉讼中的作用［J］. 太平洋学报，2011，4：12.

122. 刘超. 疏漏与补足：环境侵权纠纷中进退失据的环境行政调解制度［J］. 河南政法管理干部学院学报，2011，3：107、110.

123. 吕忠梅. 水污染纠纷处理主管问题研究［J］. 甘肃社会科学，2009，3：18－19.

124. 王红岩、王福华. 环境公害群体诉讼的障碍与对策——从环境公害诉讼看我国代表人诉讼制度的完善［J］. 中国法学，199，5：98.

125. 陈亮. 环境侵害下我国的代表人诉讼制度：功能局限于制度创新［J］. 河北法学，2008，1：123.

二、著作类

1. 吕忠梅等. 侵害与救济：环境友境友好型社会中的法治基础［M］. 北京：法律出版社，2012：2.

2. 吕忠梅. 沟通与协调之途——论公民环境权的民法保护［M］. 北京：中国人民大学出版社，2005：66.

3. 徐祥民主编. 环境与资源保法（第二版）［M］. 上海：科学出版社，2013：2.

4. 曹明德主编. 环境与资源保护法（第二版）［M］. 北京：中国人民大学出版社，2013：4.

5. 杨立新. 侵权行为法学［M］. 上海：复旦大学出版社，2005：6.

6. 吕忠梅、高利红主编. 环境法原理［M］. 上海：复旦大学出版社，2007：2-3.

7. 尚玉昌. 普通生态学［M］. 北京：北京大学出版社，2002：1-7.

8. 雏雄等. 环境侵权法疑难问题研究［M］. 厦门：厦门大学出版社，2010：3.

9. 吴贤静. "生态人"：环境法上的人之形象［M］. 北京：中国人民大学出版社，2014：126.

10. ［日］原田尚彦. 环境法［M］. 于敏译. 北京：法律出版社，1999：4-5.

11. ［美］肯尼斯·S. 亚伯拉罕、阿尔波特·C. 泰特选编. 侵权法重述——纲要［M］. 许传玺、石宏等译. 北京：法律出版社，2006：258.

12. 曹明德. 环境侵权法［M］. 北京：法律出版社，2000：9.

13. 陈泉生. 环境法原理［M］. 北京：法律出版社，1997：8.

14. 张梓太. 环境法律责任研究［M］. 北京：商务印书馆，2004：53.

15. 金瑞林主编. 环境法学［M］. 北京：北京大学出版社，1990：163.

16. 韩德培主编. 环境保护法教程［M］. 北京：法律出版社，1986：226.

17. 沈百鑫. 德国环境法中的司法保护. 曾晓东. 中国环境法治·2011年卷·上［M］. 北京：法律出版社，2011：217.

18. 侯怀霞. 私法上的环境权及其救济问题研究［M］. 上海：复旦大学出版社，2011：62.

19. 马骧聪. 环境保护法［M］. 成都：四川人民出版社，1998：141-142.

20. 薄晓波. 生态破坏侵权责任研究［M］. 北京：知识产权出版社，2013：49.

21. 王明远. 环境侵权救济法律制度［M］. 北京：中国法制出版社，2001：13；

22. 周珂. 环境法［M］. 北京：中国人民大学出版社，2000：156.

23. 胡保林编著. 环境法新论［M］. 北京：中国政法大学出版社，1992：315.

24. 吕忠梅. 环境法学［M］. 北京：法律出版社，2004：217.

25. 蔡守秋主编. 环境资源法学教程［M］. 武汉：武汉大学出版社，2000：273.

26. 吕忠梅. 环境法新视野［M］. 北京：中国政法大学出版社，2000：123.

27. ［日］大须贺明. 生存权论［M］. 林浩译. 北京：法律出版社，2001：194－207.

28. 吕忠梅等. 理想与现实——中国环境侵权纠纷现状及救济机制构建［M］. 北京：法律出版社，2011：165.

29. 许明月、宋宗宇，邵海等著. 公民环境权的民事法律保护［M］. 重庆：西南师范大学出版社，2005：2－3.

30. 周纪昌. 中国农村环境侵权问题研究［M］. 北京：经济科学出版社，2007：49－53.

31. 薛永慧. 群体纠纷与群体诉讼研究［M］. 北京：知识产权出版社，2009：9－12.

32. 汤维建. 群体性纠纷诉讼解决机制论［M］. 北京：北京大学出版社，2008：7－8.

33. 陈慈阳. 环境法总论［M］. 北京：中国政法大学出版社，2003：338.

34. 苏永钦. 走向新时代的私法自治［M］. 北京：中国政法大学出版社，2002：12.

35. 张梓太主编. 环境纠纷处理前沿问题研究——中日韩学者谈［M］. 北京：清华大学出版社，2007：74.

36. 吴敬琏、江平主编. 洪范评论［M］. 北京：中国法制出版社，2007：196.

37. 王福华. 变迁社会中的群体诉讼［M］. 上海：上海世纪出版集团，2011：47.

38. 钱颖萍. 瑞典群体诉讼制度研究［M］. 北京：中国政法大学出版社，2013：17.

39. ［美］米尔依安·R. 达玛什卡. 司法和国家权力的多种面孔［M］. 郑戈译. 北京：中国政法大学出版社，2004：131.

40. 苏永钦. 走向新时代的私法自治［M］. 北京：中国政法大学出版社，2002：12.

41. 张梓太主编. 环境纠纷处理前沿问题研究——中日韩学者谈［M］. 北京：清华大学出版社，2007：74.

42. 吴敬琏、江平主编. 洪范评论［M］. 北京：中国法制出版社，2007：196.

43. 章武生. 民事诉讼法学［M］. 杭州：浙江大学出版社，2010：171.

44. 章武生等. 外国群体诉讼理论与案例评析 [M]. 北京：法律出版社，2009：59.

45. 陈冬. 美国环境公民诉讼研究 [M]. 北京：中国人民大学出版社，2014：42，48-52，57-58.

46. [美] 约瑟夫·L. 萨克斯. 保卫环境：公民诉讼战略 [M]. 王小钢译. 北京：中国政法大学出版社，2011：98.

47. 廖永安等. 诉讼费用研究——以当事人诉权保护为分析视角 [M]. 北京：中国政法大学出版社，2006：330.

48. [意] 莫诺·卡佩莱蒂. 福利国家与接近正义 [M]. 刘俊祥等译，北京：法律出版社，2000：70.

49. 张艳蕊. 民事公益诉讼制度研究——兼论民事诉讼机能的扩大 [M]. 北京：北京大学出版社，2007：18.

50. 余贵忠、杨武松、余计灵. 环境公害诉讼研究 [M]. 成都：西南交通大学出版社，2013：9.

51. 日本律师协会主编，王灿发监修，皇甫景山翻译. 日本环境诉讼典型案例与评析 [M]. 北京：中国政法大学出版社，2011：4.

52. 周训芳. 环境权论 [M]. 北京：法律出版社，2003：141.

53. 沈冠伶. 诉讼权保障与裁判纷争的处理 [M]. 北京：北京大学出版社，2008：199.

54. [日] 中村英郎. 新民事诉讼法讲义 [M]. 陈刚等译. 北京：法律出版社，2001：152.

55. 蔡维力. 环境诉权初探 [M]. 北京：中国政法大学出版社，2010年：258.

56. 邓一峰. 环境诉讼制度研究 [M]. 北京：中国法制出版社，2008：89-90.

57. 邵明. 试析民事证明责任的减轻技术 [A]. 齐树洁主编. 东南司法评论 [M]. 厦门：厦门大学出版社，2009：285.

58. 于敏. 日本侵权行为法 [M]. 北京：法律出版社，1998：191.

59. [德] 汉斯·普维庭. 现代证明责任问题 [M]. 吴越译. 北京：法律出版社，2006：132.

60. 李学灯. 证据法比较研究 [M]. 台北：五南图书出版公司，1992：397.

61. 张卫平. 民事诉讼法 [M]. 北京：法律出版社，2004：212.

62. 王治卿主编. 集约型一体化管理体系创建与实践 [M]. 北京：中国石化出版社，2010：102.

63. 张旭东. 民事诉讼程序类型化研究 [M]. 厦门：厦门大学出版社，

2012：205.

64. 郑妮. 示范诉讼制度研究［M］. 成都：四川大学出版社，2014：38.

65. 徐昕主编. 司法程序的实证研究（第二辑）［M］. 北京：法律出版社，2007：5.

66. 徐昕. 英国民事诉讼规则［M］. 北京：中国法制出版社，2001：93.

三、外文文献

1. Thomas E. Willging, Laurel L. Hooper & Rober J. Niemic, An Empirical Study of Class Actions in Four Federal District Courts：Final Report to the Advisory Committee on Civil Rules, Federal Judicial Center Study 11（Jan. 1996）. 71 N. Y. U. L. Rev. 74,1996.

2. Hari M. Osofsky, Kate Baxter-Kauf, Bradley Hammer, Ann Mailander, Brett Mares, Amy Pikovsky, Andew Whitney, Laura Wilson, Environmental Justice and the BP Deepwater Horizon Oil Spill, Environmental Law Journal, Volume 20, Issue 1, pp. 32 – 36.

3. Deborah E. Greenspan, Matthew A. Neuburger, Settle or Sue? The Use and Structure of Alternative Compensation Programs in the Mass Claims Context, Roger Williams University Law Review, 2012, Vol. 17：97, p. 98.

4. Linda S. Mullenix. Mass Tort Funds and the Election of Remedies：The Need for Informed Consent, The Review of Litigation, 2012. Vol. 31：4, p. 833.

5. Kenneth S. Rivlin & Jamaica D. Potts Proposed Rule Changes to Federal Civil Procedure May Introduce New Challenges in Environmental Class Action Litigation, 27 Harv. Env. (2003). p. 522.

6. John C. Coffee, Jr. Understanding the Plaintiff'：Attorney：The Implications of Economic Theory for Private Enforcement of Law through Class and Derivative Actions, 86 Columbia. Law. Review 669 (1986).

7. Eric J. Murdock, Andrew J. Turner. How "Extraordinary" is Injunctive Relief in Environmental Litigation? A Practitioner's Perspective. 2 Envtl. L. Rep. News & Analysis. 10464,10465 (2012).

8. Eric J. Murdock, Andrew J. Turner. How "Extraordinary" is Injunctive Relief in Environmental Litigation? A Practitioner's Perspective. 2 Envtl. L. Rep. News & Analysis. 10464,10465 (2012).

9. Kenneth S. Rivlin & Jamaica D. Potts Proposed Rule Changes to Federal Civil Procedure May Introduce New Challenges in Environmental Class Action Litigation. 27 Harv. Envtl. L. Rev. (2003). p. 522.

10. Reconciliation After Winter: The Standard fro Preliminary Injunctions in Federal Court, 111COL. L. REV. 1522, 1533(2011).

11. W. A. Bogart, Jasminka Kalaydzic, Ian Mathews, Class actions in Canada: A National Procedure in a Multi-Jurisdictional Society, A report prepared for The Globalization of Class Action Conference, Oxford University, December 2007, p. 6.

12. Lindell. Bengt, Sweden, In International Encyclopedia of Laws: Civil Procedure, edited by Piet Taelman, Alphen aan den Rijn 21, 39 – 40 (Kluwer Law International, 2013).

13. Per Henrik Lindblom, National Report: Group Litigation in Sweden, Oxford Conference, December, 2007.

14. Roverth Nordh, Group Actions in Sweden: Reflection on the Purpose of Civil Litigation, the Need of Reforms, and a Forthcoming Proposal, Duke Journal of Comparative & International Law, Vol:11.

15. Jan Darpö, Justice through Environmental Courts? Lessons Learned from the Swedish Experience, Environmental Law and Justice 2 (Ed. Ebbesson & Okawa, 2009).

16. Peter Westberg, The Role and Functions of Courts in Sweden, Swedish Legal System, Edited by Michael Bogdan 204 (Elanders Sverige AB, Mölnlycke, 2010).

17. Jan Darpö, Justice through Environmental Courts? Lessons Learned from the Swedish Experience, Environmental Law and Justice 2 (Ed. Ebbesson & Okawa, 2009).

18. Environmental Sweden in Brief: *Who does what*, Government Office of Sweden, at: http://www.sweden.gov.se/sb/d/5400/a/43490 (last visited on June 13, 2014).

19. Chris Tollefson. Advancing an Agenda? A Reflection on Recent Developments in Canadian Pubulic Interest Environmental litigation. University of New Brunswick Law Journal, 2002, 51 U. N. B. L. J. 175.

20. W. A. Bogart, Jasminka Kalaydzic, Ian Mathews, Class actions in Canada: A National Procedure in a Multi-Jurisdictional Society, A report prepared for The Globalization of Class Action Conference, Oxford University, December 2007, p. 6.

21. Lindell. Bengt, Sweden, In International Encyclopedia of Laws: Civil Procedure, edited by Piet Taelman, Alphen aan den Rijn 21, 39 – 40 (Kluwer Law International, 2013).

22. Per Henrik Lindblom, National Report: Group Litigation in Sweden, Oxford Conference, December, 2007.

23. Roverth Nordh, Group Actions in Sweden: Reflection on the Purpose of Civil Litigation, the Need of Reforms, and a Forthcoming Proposal, Duke Journal of Comparative & International Law, Vol:11.

24. Jan Darpö, Justice through Environmental Courts? Lessons Learned from the Swedish Experience, Environmental Law and Justice 2 (Ed. Ebbesson & Okawa, 2009).

25. Peter Westberg, the Role and Functions of Courts in Sweden, Swedish Legal System, Edited by Michael Bogdan 204 (Elanders Sverige AB, Mölnlycke, 2010).

26. Annika Nilsson, Environmental Law, edited by Michael Bogdan 484, (Elanders Sverige AB, Mölnlycke, 2010).

27. Per Henrik Lindblom, Group Litigation in Scandinavia, 10 ERA Forum 13, 7-35(2009).

28. Lars Emanuelsson Korsell, Big Stick, Little Stick: Strategies for Controlling and Combating Environmental Crime, 12 Journals of Scandinavian Studies in Criminology and Crime Prevention 142, 127-148 (2010).

29. Detlef Haß. Die Gruppenklage Wege zur proyessuralen Bewältigung von M Hill AB. The environmental and disease: association and causation? [J]. Proc R Acad Med, 1965, 58:295-300.

30. Annika Nilsson, Environmental Law, edited by Michael Bogdan 484, (Elanders Sverige AB, Mölnlycke, 2010).

31. Lars Emanuelsson Korsell, Big Stick, Little Stick: Strategies for Controlling and Combating Environmental Crime, 12 Journals of Scandinavian Studies in Criminology and Crime Prevention 142, 127-148 (2010).

32. Per Henrik Lindblom, National report: Group Litigation in Sweden, Global class actions exchange, November 2008.

33. Per Henrik Lindblom, Group Litigation in Scandinavia, 10 ERA Forum 13, 7-35(2009).

34. Hill AB. The environmental and disease: association and causation? [J]. Proc R Acad Med, 1965, 58:295-300.

35. The Aarhus Convention: An Implementation Guide, Second edition, 2013, United Nations Economic Commission for Europe. Para 11.

36. Edward F. Sherman. The BP Oil Litigation and Evolving Supervision of Multidistrict Litigation Judges, Mississippi College Law Review, Vol. 30:237. pp. 252-253.

37. Geraint Howells, "Litigation in the Consumer Interest", ILSA Journal of

International & Comparative Law, fall, 2002.

38. Brendan Selby. RE: Oil Spill by the Oil Rig "Deepwater Horizon" on the Gulf of Mexico, On April 20, 2012, Order, Aug. 26, 2011. Harvard Environmental Law Review. Vol. 36. 2012. p. 564.

39. Eric J. Murdock, Andrew J. Turner. How "Extraordinary" is Injunctive Relief in Environmental Litigation? A Practitioner's Perspective. 2 Envtl. L. Rep. News & Analysis. 10464, 10465 (2012).

40. Kenneth S. Rivlin & Jamaica D. Potts, Proposed Rule Changes to Federal Civil Procedure May Introduce New Challenges in Environmental Class Action Litigation. 27 Harv. Envtl. L. Rev. (2003). p. 522.

41. John C. Coffee, Jr. Understanding the Plaintiff: Attorney: The Implications of Economic Theoryfor Private Enforcement of Law through Class and Derivative Actions, 86 Columbia. Law. Review 669 (1986).

42. Geraint Howells, "Litigation in the Consumer Interest", ILSA Journal of International & Comparative Law, Fall, 2002.

43. Brendan Selby. RE: Oil Spill by the Oil Rig "Deepwater Horizon" on the Gulf of Mexico, On April 20, 2012, Order, Aug. 26, 2011. Harvard Environmental Law Review. Vol. 36. 2012. p. 564.

44. Edward F. Sherman. The BP Oil Litigation and Evolving Supervision of Multidistrict Litigation Judges, Mississippi College Law Review, Vol. 30:237. pp. 240 – 241.

四、电子文献

1. Fiona Harvey. Planet most polluted sites [EB/OL]. The Financial Times. 2007 – 09 – 13.

2. 王姝. 我国环境群体事件年递增29%，司法解决不足1% [EB/OL]. 新京报，2012 – 10 – 27.

3. 郄建荣. 全国已建立环保法庭95个 [EB/OL]. 法制日报，2012 – 11 – 20.

4. 我国已成立180多个环保法庭"无案可审" [EB/OL]. 南方周末，2014 – 06 – 13.

5. 高国辉、王泉. 77个环保法庭门庭"门庭冷落" [EB/OL]. 南方日报，2012 – 06 – 08.

6. 沈远东、张文. 渝北：环保法庭保两江碧水 [EB/OL]. 人民法院报，2012 – 05 – 12.

7. 郄建荣. 各级法院受理环境公益诉讼案件53件［EB/OL］. 法制日报, 2012－12－03.

8. 刘晓星. 3个月全国仅4起立案, 环境公益诉讼为何叫好不叫座？［EB/OL］. 中国环境报, 2015－03－31.

9. 李妍. 律师称向康菲索赔面临环保法律体系薄弱等困境［EB/OL］. 中国经济周刊, 2011－09－20.

10. 环境群体性事件年均递增29%说明什么［EB/OL］. 光明网, 2012－10－27.

11. 鲍小东. 环境公益诉讼"里程碑式"破局［EB/OL］. 南方周末, 2011－11－01.

12. 史少晨. 中国环境污染导致的群体性事件开始凸显［EB/OL］. 搜狐科学, 2008－03－20.

13. 2010年《社会蓝皮书》发布暨中国社会形势报告会［EB/OL］. 中国网, 2009－12－21.

14. 四川什邡事件舆情分析［EB/OL］. 新华舆情, 2013－10－23.

15. 江苏启东群体性事件［EB/OL］. 人民网, 2013－07－16.

16. 雷蕾. 污染新昌江致工厂停工京新药［EB/OL］. 东方早报, 2005－07－14.

17. 赵鹏璞. 登封"乡政府买断尘肺病人"调查［EB/OL］. 中国安全生产网, 2013－05－29.

18. 王尔德、平亦凡. 康菲溢油环境影响报告出笼870平方公里海水遭严重污染［EB/OL］. 21世纪网, 2012－07－10.

19. 李妍. 律师称向康菲索赔面临环保法律体系薄弱等困境［EB/OL］. 中国经济周刊网, 2011－09－20.

20. 郄建荣. 各级法院受理环境公益诉讼案件53件［EB/OL］. 人民网, 2013－12－03.

21. 罗艾桦. 广东首宗基层法院受理环境公益诉讼案一审胜诉［EB/OL］. 人民网, 2010－09－16.

22. 蒋朝晖. 云南首例环境公益诉讼案终审判决［EB/OL］. 凤凰网, 2011－06－06.

23. 公民个人提起环境公益诉讼首案开庭［EB/OL］. 法律图书馆, 2012－10－09.

24. 刘玲. 云南首例环境公益诉讼案昨开庭被告喊冤［EB/OL］. 云南网, 2010－12－14.

25. 今年起环境公益诉讼有法可依, 地方法院仍不受理［EB/OL］. 新京报,

2013 - 06 - 19.

26. 康菲及中海油为漏油埋单16.83亿[EB/OL]. 新闻晨报，2012 - 04 - 28.

27. 于澄. 云南陆良铬渣公益诉讼案开始庭审[EB/OL]. 法制网，2012 - 05 - 22.

五、学位论文

1. 李钰. 环境污染健康损害赔偿制度研究——以宁夏回族自治区为例[D]. 北京：中央民族大学，2012.

2. 梅宏. 生态损害预防的法理[D]. 青岛：中国海洋大学，2007.

3. 侯怀霞. 私法上的环境权及其救济问题研究[D]. 青岛：中国海洋大学，2008.

4. 蔡永民. 论物权法视野下的水资源法律保护[D]. 北京：对外经济贸易大学，2007.

5. 吴畅. 论环境侵权[D]. 湘潭：湘潭大学，2007.

6. 丁兴锋. 环境权司法保障研究[D]. 上海：复旦大学，2013.

7. 唐忠辉. 环境共同侵权研究[D]. 北京：中国政法大学，2011.

8. 邓一峰. 环境诉讼制度研究[D]. 青岛：中国海洋大学，2007.

9. 辛帅. 论民事救济手段在环境保护当中的局限[D]. 青岛：中国海洋大学，2014.

10. 郭歌. 环境侵权纠纷解决机制研究[D]. 北京：中国人民大学，2005.

11. 曹夏琼. 我国环境侵权的民事责任制度研究[D]. 重庆：西南政法大学，2008.

12. 杨延兰. 环境侵权中的因果关系[D]. 重庆：重庆大学，2008.

13. 马怀宇. 论环境侵权的归责原则[D]. 重庆：重庆大学，2009.

14. 蒋文玉. 利益衡量方法在我国环境侵权案件中的适用研究[D]. 重庆：西南政法大学，2011.

15. 何红丽. 论环境侵权诉讼的证明责任分配[D]. 太原：山西大学，2013.

16. 翟娜. 环境侵权救济机制研究[D]. 济南：山东大学，2013.

17. 齐学坤. 我国环境侵权法律制度研究[D]. 济南：山东大学，2009.